REVOLUTION +1

Book

きょうRECORDS

第 一 章

木澤佐登志
佐々木敦

REVOLUTION

+1

Book

重力と恩寵　——『REVOLUTION＋1』を巡る雑感

木澤佐登志

　　*"それは、重力のように圧倒的にのしかかる。どうして、そこから解き放たれ
　　るだろうか。重力のようなものから、どうして、解き放たれるだろうか。"*
　　　　　　　　　　　　　　　　　　　　　　　　　——シモーヌ・ヴェイユ[1]

　銃を「撃つ」。映画を「撮る」。どちらも英語では"shoot"と表されるという事実は
意味深い。奇しくも（？）、『REVOLUTION＋1』は、幾度も報道でうんざりするほど
繰り返し流されたフッテージからはじまる。二〇二二年七月八日、奈良県奈良市
は大和西大寺駅北口の駅前広場。聴衆を前に、安倍晋三元首相がスピーカーを手
に街頭演説を行っている最中、突然の銃撃音。二発。

　それは安倍元首相を「撃った」(shot)瞬間を「撮った」(shot)映像であるという
点において二重の"shoot"に貫かれている。このフッテージは当然のことながら
足立正生監督の手によるものではない。それにも関わらず、この誰が撮ったのか
も知らない「作品」が冒頭に配置されている。そこに、何か因縁めいた必然性を感
じずにはいられない。

　ケネディ暗殺の瞬間を捉えたフッテージが典型的にそうであったように、人間
（それも要人）が射殺される瞬間を（偶然）捉えてしまう、という意図せずして生み
出されてしまったスナッフフィルムには、人間の根底にある名付け得ない情動を
喚起させる力があるように思える。誤解を恐れずに言えば、優れた映画の作り手
とは、この名付け得ない情動を巡る弁証法的なプロセスの中から作品を生み出す
者のことをいう。

　二つのショット(shot)。すなわち、拳銃とカメラ。何かをカメラで撮影する
(shoot)ことは、その何かを拳銃で撃つ(shoot)、つまりはその対象を射殺する
ことと、どこかで通底してしまっているのではないか、という倒錯（？）したオブ
セッション。たとえば、マイケル・パウエルの『血を吸うカメラ』は、まさしくその
ことだけをテーマにした映画（「殺す」ことと「撮影する」ことを名付け得ない情動
が媒介する）だったし、ミケランジェロ・アントニオーニの『欲望』には、銃＝カメ
ラというアナロジーがスマートに、だがこれ見よがしに提示されていた。

　ここで極端な仮説を立ててみる。もし、山上徹也による安倍殺害が自作銃で
はなく、たとえばナイフで行なわれていたとしたら、足立監督は彼の映画を撮ろ
うとしただろうか。筆者の答えは「否」だ。ナイフなどではなく、銃でなければな
らなかった。安倍元首相は、銃によって撃ち殺されなければならなかった。そし
て、その様子を誰かが撮影していなければならなかった。ここにおいて、ふたつ
の"shoot"が交差し、ひとつの映画が立ち上がるのである。

足立はとある談話のなかで、「銃は彼(引用者注：山上)の発言でした。銃で発言したということは非常に決定的です」と述べている。[2]この言葉は文字通りの意味で捉えられるべきだ。銃は彼にとって発言の武器だった。足立にとってカメラが武器であるのと同じように。

　二重の"shoot"は映画をどこか根源で支えている名付け得ない情動、映画の無意識下で媒介する情動と深く関わっている。足立はそのことに敏感だった。だから、そう、安倍射殺のフッテージが冒頭に置かれたのは偶然ではなかった。それは冒頭に置かれなければならなかったのである。そして以降の本編は、さながら冒頭のフッテージを中心に旋回しながら展開し、そして最後にふたたび還ってくる、といった円環構造の様相を呈するのである。

　このあたりで、『REVOLUTION+1』の特徴ともいえる要素をひとつ挙げておきたい。それは、足立監督の主人公川上(≒山上)への(やや過剰ともいえる？)同一化だ。たとえば、原一男によるドキュメンタリーの金字塔『ゆきゆきて、神軍』のような、対象(奥崎謙三)との張り詰めた緊張感を伴う独特の距離感は、そこにはない。そもそも『REVOLUTION+1』はドキュメンタリーではなく山上をモデルにした劇映画なのでそれも当然といえば当然なのだが、足立は端から俯瞰的な視点から(対象から適切な距離を取って)批評的な構えで山上を撮る、という作業を(あえて)放棄した。むしろ、足立は潔いほどあっさりと川上に同一化してしまう。たとえば、前述の談話で、足立は次のような発言もしている。

　"この映画では一部の報道にもとづいて父親を一九七二年五月、テルアビブ空港での銃撃戦＝リッダ闘争で死んだ安田安之と同級生で雀友という設定にしています。安田たちは銃撃戦で「死んだらオリオンの星になる」と言っていましたが、映画の山上は、父は星になろうとしなかったのか、俺は銃撃して星になれるのか、なれるなら何の星になれるのかなと、行為の前も行為の後もくりかえし自問し続けていて、これが映画の経糸になっています。そこで私自身のことも重ねながら、宗教二世の問題を、革命二世という主題を入れてみることで別の次元に置き換えたかった。"[3]

　足立は、山上を苦しめる宗教二世というアイデンティティに、足立自身のアイデンティティをためらいもなく交差させる。そう、川上はもはや足立にとって単なる他者とはいえない人間なのである。だが前述した、二重の"shoot"を念頭に置くならば、疑問はたちどころに氷解するだろう。映画監督としての足立は、言い換えれば"shoot"に携わる足立は、安倍に向けて銃を"shoot"する川上に、もうひとりの自分の影を見て取ったのである。

　もっとも、ここからがある意味で凄いところで、つまり足立が川上にあまりに

も容易く転移し、同一化してしまったがゆえに、逆説的ながら、山上徹也の過度な英雄化や殉教者化を回避することにギリギリ成功してしまっているのである。もし、『REVOLUTION＋1』が山上の陳腐な英雄として描き出されていたとしたら、偉大な殉教者として故・安倍を祀り上げた、あの国葬という名の見世物（サーカス）と、コインの表裏のような関係に陥っていただろう。もちろん『REVOLUTION＋1』が、老人男性たちによる一六億円をかけた自作ポエム朗読会からもっとも遠く離れた作品であることは今さら言うまでもないことだが。

　したがって、本作が政治的な作品であるより以前に先ず以て実存的な作品であったとしても不思議なところは何もない。その通り、本作は川上の内面が監督によって饒舌に描かれている（川上とは監督の分身なのである）、言い換えれば、監督の実存を川上の実存に仮託している。その意味で（？）、本作はマーティン・スコセッシの『タクシードライバー』（1976）やトッド・フィリップスの『ジョーカー』（2019）の系譜に連なる作品と言えるのである。
　たとえば、本作を観た者は、必ずと言っていいほど『タクシードライバー』の終盤のとあるシーンを想起するだろう、いや、そもそも山上徹也自身が現世社会においてトラヴィスの役割を押し付けられた人間だったとも言え……。
　だが、『タクシードライバー』や『ジョーカー』とは興味深い相違点も存在している。たとえば、『タクシードライバー』終盤にはトラヴィスが身支度をするシーンがある（『ジョーカー』でいえば終盤における鏡の前でのメイクシーン）。入念な身支度だ。なにせ、次に彼が登場するときには髪がモヒカンになっているのだから。彼が髪を剃り落とすのは「内なる迷いを捨てた」ことを意味する。トラヴィスは、それ以前との自分から己を決定的に切断することで、決断の主体へと生成変化する。一言でいえば、断髪はそのために行なわれる。事実、以降のトラヴィスの行動には一切の迷いが消去されている（このことは『ジョーカー』についても当てはまる。ジョーカーの主人公は、ピエロメイクによって迷いを断ち切り、殺人とそれに続く階段でのダンスシーンに至るのである）
　それに対して、『REVOLUTION＋1』の川上の身支度はあっさり終わる。朝にシャワーを浴びる。それだけ、ただそれだけだ。他方で、その後の川上の行動は特異に映る。その日、川上は現場の下見を軽くした後、その場に留まるのでも身を隠して時を待つのでもなく、小さな裏路地のような空間に入り込む。そこで行きつ戻りつ、苛立ちと緊張の表情を見せながらひたすら逡巡するような様を、大友良英による痙攣的なギターの音色を乗せながら、微睡むようなワンシーン・ワンショットで映し出すのである。筆者が個人的にもっとも印象を受けたシーンはここだ。そこには、マグマのように苛烈な憤怒を煮えたぎらせながらも、最後まで迷いを捨て切れなかった人間が映し出されている。この先に訪れる未来を想って、それが必ずしも恩寵ではないかもしれない未来を想って葛藤に引き裂かれる―

個の実存がそこに確かにある。

　「事件」に至るまでのプロセスは丹念に描く一方で、結果はあまりに淡白だ。銃声、そして取り押さえられる川上。これだけだ。だが、それでいい。この映画は、結果ではなく、そこに至るまでのプロセスをひたすら丁寧に描く映画だからである。そのことは川上が自作銃を組み立てる作業を淡々と映し出すシーンにも明瞭に当てはまる。これは完全に筆者の勘でしかないのだけれど、足立監督が山上に惹かれたのは、山上が銃を自作していた、すなわち「ものづくり」に携わってたから、というのもどこかであるのではないか。それは言ってしまえばクリエイター同士が惹かれ合うのにも似ている。

　上の足立監督の発言「銃は彼の発言でした」をふたたび思い起こそう。山上は銃によって発言した。「ペンは剣よりも強し」という諺があるが、山上にとって「銃とはペン」なのである。そう、山上の銃はここに至って（筆者の生業でもある）文筆とも交差してくるのである。それでは、山上の銃制作が文筆作業だったとして、その読者は誰なのか。言うまでもない。安倍晋三である。山上のペンは、彼のたったひとりの読者である安倍の心の臓を（文字通りの意味で）撃ち抜いた。山上のペンは、銃弾は、彼が想定していた読者に正確に、あまりに正確に届いたのである。文筆家の端くれとして、私は彼を羨むべきなのだろうか。

　だが、事はそれだけに留まらない。彼の放った言葉としての弾丸は、その余波として大きな波紋を日本に生み出した。山上がどこまで想定していたかは不明だが、しかし実際に彼の銃弾は、統一教会と自民党を巡る日本政治の暗部をもさらけ出したのだ。まるで銃弾が生んだ波紋が次の波紋を呼び起こすように、次々とこの国の政治と宗教を巡る腐敗と暗部がまろび出てくる。この誤配（？）によって、結果的に山上の銃弾が日本でもっとも多くの読者を得るに至ったのは皮肉であろうか。

　山上≒川上は持たざる者だった。所有せざる人々。汚辱に塗れた人々の生。彼は、何も持たない代わりに銃を握ったのだろうか。彼は劇中で「星になりたい」と言った。それ自体は退屈なクリシェでしかない。だが、そこには切実な実存が賭けられている。星になること。一言でいって、それは重力からの解放だ。私たちの生を押し潰す、あの酷薄な重力からの。

　　"だれでも苦しんでいる人は、自分の苦しみを知らせたいとつとめる──他人
　　につらく当たったり、同情をそそったりすることによって、──それは、苦しみ
　　を減らすためであり、事実、そうすることによって、苦しみを減らせる。ずっと
　　低いところにいる人、だれもあわれんでくれず、だれにもつらく当たる権限を
　　もたない人の場合（子どもがないとか、愛してくれる人がいないとかして）、そ
　　の苦しみは、自分の中に残って、自分を毒する。"

"それは、重力のように圧倒的にのしかかる。どうして、そこから解き放たれるだろうか。重力のようなものから、どうして、解き放たれるだろうか。"[4]

　川上は重力から解放されたのだろうか。彼には果たして恩寵が訪れたのだろうか。「だが、しかし、そのまえに、すべてをもぎ取られることが必要である。何かしら絶望的なことが生じなければならない。まず、真空がつくりだされねばならない。真空、暗い夜」。[5]

　「僕らは泣くために生まれてきたわけじゃない」。川上が病室で少女と口ずさむTHE BLUE HEARTSの「未来は僕等の手の中」。それを、『ジョーカー』の主人公が口ずさんでいた、フランク・シナトラの「That's Life」と比較してみること。「頂点もどん底も味わって、ひとつわかったことがある。俺はどんなに打ちのめされても、そのたびに這い上がってきたんだ」。頂点もどん底も味わったシナトラにしか書けないリリックだが、資本主義の倫理に忠実なアメリカン・マインドとあまりに調和的でもある。川上は、成り上がることなど求めていなかった。ただ、彼を打ちのめすこの重力から逃れること、それだけが望みであった。
　結局、哄笑を上げながらツァラトゥストラ的なダンスを踊る、重力から解放されたジョーカーと川上は遂に無縁であった。川上は最後まで重力から逃れることはできなかった。川上は安倍に銃を発砲したのち、周りのSPによって地面に組み伏せられる。地面の重力に屈しながら、川上は果たしてそのとき、笑っていただろうか。救いを得ることができていただろうか。未来を手の中に掴むことができたのだろうか。彼の口元はマスクで隠されていて見えない。

注釈

1　シモーヌ・ヴェイユ『重力と恩寵―シモーヌ・ヴェイユ『カイエ』抄』（ちくま学芸文庫）田辺保訳、筑摩書房、一九九五、一五頁
2　足立正生「映画で山上を引き継ぎたい――なぜ『REVOLUTION＋1』を撮ったのか」、『7・8元首相襲撃事件　何が終わり、何が始まったのか？』、河出書房新社、二〇二二、二五三頁
3　同上、二五四頁
4　前掲書、シモーヌ・ヴェイユ、一五頁
5　同上、二五頁

＋1とは何か？

佐々木 敦

　二〇二二年七月八日、私の誕生日は「安倍元首相の命日」になってしまった。このことが決定づけられた時、当然ながら私は複雑な気分に陥った。向きはどうあれ、ある種の人たちにとって今後「七月八日」は特別な日になってしまうのだろうと。まだ一年後が来ていないのでどうなのかわからないが、いずれにせよ次の誕生日からは外で人から「おめでとう」と大声で言われるといささか身構えてしまうと思う。逆に言えば、私は安倍元首相が撃たれた日が「七月八日」であることをけっして忘れることはない。そこに特に何か意味があるわけでもないが。

　足立正生監督がこの事件を映画にする、それも緊急に、ということを知った時は、なるほどと思った。だが最初のヴァージョンはタイミング的に観る機会がなく、今回この原稿を書くためにようやく拝見した。言うまでもなく、この映画は非常に強い動機と問題意識とメッセージ性、そしてアクチュアルな実効性へのベクトルを帯びた作品である。企画自体に対しても内容に対しても公開方法に対しても、さまざまな反応や意見が噴出したことは記憶に新しい。だが、ここではそういった話題には具体的には立ち入らない、私が書いてみようと思うのは、自らそれだけのものではないと宣言しているとも思われるこの映画を敢えて一本の映画として観た個人的な感想である。そしてそれは私が以前からそこはかとなく抱いていた考えというか疑問（？）と関係している。

　足立正生さんとは一度だけお話ししたことがある。『REVOLUTION＋1』の音楽は大友良英だが、同じく大友が音楽を手がけた『幽閉者 テロリスト』（二〇〇七年）のサウンドトラックアルバムを私が主宰しているレーベルＨＥＡＤＺからリリースさせてもらい、その発売記念イベントのトークでご一緒したのである。その時の話の内容は忘れてしまったが、飄々とした物腰の内に只事でないような鋭さを湛えた独特の佇まいは記憶に残っている。なぜこのことを記したのかといえば、両作を観ている方なら同意していただけるのではないかと思うのだが、私は『REVOLUTION＋1』を観ながら、すぐに『幽閉者』を思い出したからである。同じ監督の作品なのだから当たり前ではあるし、題材からしてそりゃそうだろうと思われるかもしれないが、『幽閉者』がテルアビブ空港襲撃事件の主犯のひとり岡本公三を、『REVOLUTION＋1』が安倍元首相銃撃事件の山上徹也容疑者を、それぞれ「モデル」にした「劇映画」であるということだけではなく、二本の映画は題材の処理というか現実の事件の物語化＝フィクショナライズの基本的な姿勢がよく似ているのである。むろん多くの違いはあるし、まったく同じアプローチであると言いたいわけではない。だがしかし、少々誤解を招きかねない言い方をするが、

二つの作品は、リアルからファンタジーへの架橋、現実から幻想への突破の身ぶりが明らかに共通している。足立監督は『REVOLUTION+1』の製作のきっかけについて、こう述べている。「事件を知って、大変なことが起こったと思うと同時に、映画を作ってきた身としては、これは映画で表現すべきだと感じました。山上の内面に迫ろうと思いました」。そう、問題は「内面」なのだ。『幽閉者』も「テロリスト」の「内面」を描こうとした作品だった。そして、ここでの「内面」すなわち精神世界は、幻想＝ファンタジーへの志向をあからさまに有している。これも両作に共通する、すでに獄中にある主人公の回想というナラティヴは、記憶の再現という範疇をいつのまにか超えて、夢の中のような、悪夢の中のような、暗く曖昧な質感を帯びていく。そうなると次第に、一見、現実的に思われるシーンでさえ、実際に起こった出来事なのかどうか、判然としなくなってくるのである。

　私は『幽閉者』を観た時、どうしてこのようなスタイルを足立監督は選択したのだろうか、と素朴に思った。なぜ、実在する「犯人」を物語るにあたって、その「内面」を想像してみせるという方法を選んだのか？　それはもちろん、他でもない彼らが実在しているから、というのが第一の答えだろう。『幽閉者』を観て岡本公三の話だと思わない観客はいないだろうし、『REVOLUTION+1』の場合は尚更にそうである。だからこそ名前は変えなくてはならないし、事実そのままに描くわけにはいかない。そしてむしろそのような製作条件自体がイマジネーションのいわばアリバイとなって、映画はドキュメンタリーではなく劇映画としての顔を獲得し、そこでの「内面」の追求が自然と非現実的な様相を帯びていくことになったのだと。それはそうだろう。

　だが、あくまでも私個人の感覚ではあるが、『幽閉者』も『REVOLUTION+1』も、そのような配慮（？）以上の幻想味、夢か現かわからぬようなダーク・ファンタジックなイメージに嵌り込んでいく。どうしてそうなってしまうのかといえば、極論であることを承知で書くが、そもそも彼らの起こした事件、その動機であり原因である衝動や信念や思想や観念といったものが、一種の幻想性を拭い難く帯びていたからなのだ、と私には思われるのだ。いや、もっと端的に言えば、ある種の政治運動、とりわけ革命運動は、「外界」を相手取っていると同時に、常に必ず、それらの主体にとってそもそも「内面」の問題なのではないか。言い換えるなら、それは「自己実現」の問題であり、もっと言えば「表現」の問題なのである。

　おおよそ、このような感じを私は『幽閉者』を観つつ抱き、しかしいまだもってだからそれがどういうことなのか、その先をうまく考えられないでいる。だからまるきり間違っているのかもしれないし、この書き方では伝わり難いようにも思うのだが、しかし私は『REVOLUTION+1』を観て、やはり同じように感じたのだ。これは起きてまもない現実事件を描いた生々しい映画であると同時に、紛れもないファンタジーだと。これは断じて悪口ではない。そうではなく、結局のところそれしかない、それ以外にないのだ。なぜなら、現実がそうなのだから。

「岡本公三」を「モデル」にした『幽閉者』の主人公は「M」という頭文字で呼ばれる。「山上徹也」を「モデル」にした『REVOLUTION＋1』の主人公は「川上達也」という役名である。「M」が彼（ら）の信じる「大義」によってテロ事件を起こしたのに対して、「川上」の動機の出発点はいわば私怨である。前者は資本主義を打倒する世界同時革命のためには一般人の犠牲もやむなしと考え、後者は自分の家族を崩壊させた統一教会の「表象＝代理」として、かつては私淑していたこともある「安倍晋三」を射殺する。だが足立監督（と共同脚本の井上淳一）は、そんな「山上＝川上」の映画を『革命＋1』と名付けたのである。しかしこの「革命」は、あくまでも彼の革命なのであり、それゆえに切実であり、それゆえに虚しくもある。そしてこの作品があらためて逆照射しているのは、『幽閉者』はそうではなかったということではなく、それも同じだったのだ。いや、成功しなかった、完全には成功し得なかった「革命」に残されるのは、それに挑んだ者たちの「内面」のファンタジーなのだ。このファンタジーという語をヤワな意味に受け取ってはならない。幻想という言葉も批判ではない。リアルとファンタジー、現実と幻想、現と夢の表裏一体、その二重性に耐えることからしか、世界も、社会も、そして自分も、変えることなど出来ないのだ、おそらくは。

　だがしかし、ここでの「革命」には「＋1」が付加されている。では足されている「1」とは何なのか？　監督自身がどこかで語っていそうだが、寡聞にして私は知らない。しかし映画を最後まで観ると、その「＋1」とは、おそらく「川上」の「妹」が体現しているものなのだろうと思う。それは「内面＝幻想」をもう一度「外界＝リアル」へと裏返す力強さと清々しさを放っている。そこには明らかに希望のような何かが微かに光っており、足立監督もそのつもりで撮っているように思われる。むろんそれは楽観論ではない。むしろ現実が悪夢にあまりにも近づいた結果、いわば祈りのような「＋1」が召喚されたのだと言ってもいいのかもしれない。だがあの唐突なラストはやはり感動的だったし、あの続きを私は観たいと切に願っている。

第二章

「LOFT/PLUS ONE」「LOFT9 Shibuya」
「Loft PlusOne West」
国葬に向けてのダイジェスト版公開トークイベントより採録

2022.9/26 新宿　足立正生×宮台真司×ダースレイダー×井上淳一
2022.9/27 渋谷　足立正生×栗原康×ダースレイダー×井上淳一
2022.9/28 大阪　足立正生×鈴木創士×山崎春美×赤坂真理×井上淳一

完成版「REVOLUTION+1」について
　足立正生
　井上淳一
　栗原康
　ダースレイダー
　鈴木創士×嘉ノ海幹彦

REVOLUTION
+1
Book

足立正生監督の6年ぶり新作は、8月末に密かにクランクインし、8日間の撮影を経て、現在、怒涛の編集作業中。描くは、安倍晋三元首相暗殺犯の山上徹也容疑者。劇場公開に先駆け、クランクインから一月後、国葬の日に緊急上映決定！

出演:足立正生
トークゲスト:宮台真司、ダースレイダー
司会:井上淳一

[日時]2022年9月26日(月)19:00〜(上映50分)、上映終了後〜トークイベント
[場所]LOFT PLUS ONE

安倍元総理銃撃事件の映画を「国葬」前日に公開！「悲惨な底抜け状態に置かれている若い世代と対話できるようになろうというのが、山上容疑者を取り上げた本意」〜9.26足立正生監督作品『REVOLUTION＋1』上映後のトークイベント
2022.9.26

○足立正生
◎宮台真司
★ダースレイダー
●井上淳一

【国葬の日に足立正生監督作品『REVOLUTION＋1』を語る】

●それでは、登壇者の皆さんをお呼びします。宮台真司さん、ダースレイダーさん、そして、「俺ひとりでも撮るんだ」と、ものスゴイ牽引力と瞬発力を発揮して、この短期間で映画一本、本当に撮ってしまった御年83歳足立正生監督です。足立さん、まずは最初に一言。

○じゃあ一言。明日の国葬粉砕！！！　以上です(笑)。

★粉砕っていうほどのなんかじゃなくて、最初からしょぼいという説もあるんですけど(笑)。

○しょぼくはなってるけど、それでも粛々とやるじゃないですか。だからあくまで我々はそれに反対するというのを言い続けた方がいいと思います。そうですよね。

◎そうですが、この国葬が途中で中断されないでここまで引っ張ってきたことが、まさに国辱の恥さらしになっているということが、私はとても嬉しいです。G7誰一人来ないしね(笑)。

★今日も産経新聞で「世界から弔意を持った方々が次々と」って言ってね(笑)。もちろん素晴らしい方々です。最初にタンザニアの方から紹介されていて、それで今日はベトナムの方と会っていて、弔問外交も盛り上がってるみたいでいいなと思います。
でもやった方が良かったと思うんです、国葬は。それは映画の最後でメッセージがあって、やっぱり国葬はやってくれた方が、今の日本がどういう状況かってみんなが分かる、実力も含めて。

◎しょぼい日本が話題になるじゃないですか。僕はカナダのトルドー首相だけは来るのかと思ったら、来ないことになったそうですね。さっきダースさんから伺ったら。

★ハリケーンの被害があったからね。

◎トルドー首相もほっとしてるだろうね。

★今日本も台風で静岡が大変です。でも岸田さんは葬儀委員会の委員長として国葬をやるということなんでね。そこでも差をつけられちゃうのかなみたいな感じはあります。

〇宮台さんこの映画見てどうなの?

◎本当に素晴らしかったです。改めて申しますと僕は中学2年の時に学園闘争のど真ん中で、初めて足立さんが脚本された『ゆけゆけ二度目の処女』(若松孝二監督　1969年)っていう映画を観たんですね。これがはっきりと僕の人生を変えたんです。なぜかというと麻布に入って中1の時から1年間ぐらい学園闘争があって、中2から僕も加わるわけです。けれども、途中から闘争目標を達成したということもあって、要するに校長代行を追い落とすということです。その後、何やってるかよくわからなくなって、一体僕たちは何しているのかなーっていうその疑問に一挙に答えてくれたのが『ゆけゆけ二度目の処女』という作品なんです。
ちなみに僕は足立さんが中東から送還されてきて旅券法違反の裁判を受けているときに、何度か傍聴させていただいて。裁判では判事よりも検事よりも弁護士よりもですね、威厳あり最も権威ある存在としてふてぶてしく、まさに法廷の

星のような存在で、すごいなーって思いました。どういう経緯か忘れましたが、若松監督などを通じてちょっと親しくさせていただいて、ある映画の原案も出させていただいたりして、まあそれはいいとして。

○ここまで言われたら立つ瀬ないだろう（笑）。

◎ちなみにですね今日僕はすごく緊張してきたんです。というのはね十数年前に足立さんのこういうイベントに招かれた時に、今日と同じで大学院の入試の仕事があって遅れたんですよ、40分です。すいませんって入って言ったら、足立さんが「宮台殺すぞ、こらっ」って怒鳴ったんですよ（笑）。ビビりました（笑）。なので今日は本当にスタッフにお願いしてどうしても出なきゃいけないイベントがあるからということで早めに出させていただきました（笑）。
今回のこの『REVOLUTION＋1』は僕が初めて触れた足立脚本作品ととても構造がよく似ていたんですね。最も驚いたのは、1969年の作品がある種リプライズするような時代になったっていうことにまず驚きました、そのリアリティですね。1968年や69年作品のモチーフや構造が、こんなに今にフィットすることにすごく驚きました。よく似ているのは主人公がここではないどこかに出ようとしているということ。しかしどこに出口があるかわからないこと。そこに例えば『ゆけゆけ二度目の処女』の少女小桜ミミ、主人公の秋山未痴汚を演じるですね。後にスーパー編集者になる主人公と同じ世界に入るんですね。同じ世界に入ることが雨で示されているんです。この作品でも、川上っていう主人公の世界は雨で示されているんです。この主人公の川上が面白いなあと思うのは、銃を作る孤独なシーンが『ゆけゆけ二度目の処女』だったら、中村義則っていう人の現代詩を口ずさむというそのシーンにすごく被るんですよね。さらにその同じ世界に入っている女が「私のこと抱いていいよ」っていう風に言うところも『ゆけゆけ二度目の処女』と全く同じじゃないですか（笑）。

○昔のことは忘れました（笑）。

●ちなみに川上を演じたタモト清嵐君は、『止められるか俺たちを』という1970年前後の若松プロを描いた映画で秋山未痴汚さんを演じてるんですよ（笑）。さらに劇中映画で『ゆけゆけ二度目の処女』のあの青年も演じている。

◎マジですか（笑）。

【安倍晋三銃撃事件により暴露された内在する日本社会の共同性の問題】

◎「ママ、僕出かける」って全部通しで歌えるんですよ。1994年の若松孝二イベントで10人ぐらいしか来てなかったんだけど、質問タイムでその歌を通して歌ったら若松孝二監督が「いったい君は何者だ」と怒鳴られたことがありました（笑）。いずれにしても、すごく構造的によく似ているんですね。

それが僕にとってはすごくリアリティを持って迫ってきた。ただし違うところももちろんあって、たくさんある中で一番重要なのは、一番最後で妹がカメラ目線で「私はオルタナティブな道を探す」という風に言っていることです。その「オルタナティブな道」としてとりあえず指し示されているのは統一教会を潰せる政治家を選ぶことっていうことになっているんだけれども、僕らはそれを真に受けるのもいいでしょうし、真に受けないでもいい。じゃあオルタナティブな道は何なんだろうって考えることが大事なんですね。

ちなみに皆さんご存知のように僕はこの7月8日の銃撃事件の1週間後ぐらいですか、朝日新聞にある記事を出した。それが最も重要な部分について、朝日新聞から削除され、すったもんだあったんですけども、出ないよりはマシだっていうことで記事が出ました。その後どこが削除されたのかってことをJ-CASTニュースで2回にわたってバラしました。どこをバラしたのかっていうのは横に置くとして。

僕はこの記事で言いたかったのは国家権力がまともに働かない時には自力救済しかないということなんですね。これは17世紀の半ばにトマス・ホッブズ（1588-1679）っていう人が『リヴァイアサン』っていう本で書いていることなんです。これは政治学や社会学の古典なんです。どういう本かというと大体皆さん間違って理解しているんだけど、こういうことです。僕らは昔から自力救済でやってきた、やられたらやり返す、盗まれたら盗み返す、殺されたら殺し返す、犯されたら犯し返す、「同害報復」といいます。ずっとこれでやってきているわけですが、そこで我々は国家権力を作る統治権力を容認するというのはどういうことかっていうと、自力救済を止めて国家のその暴力を信頼する代わりに自分たちは経済活動や社会活動に勤しみますという、こういう図式なんですね。これはもう当時から僕は、裏を返せば統治権力がまともに機能せず信頼不可能な時には自力救済しかないという議論なんですよね。これはもちろん無政府主義の発想にも一部つながることなんだけれど、例えばスペインのバルセロナなどから出てきたら「ミュニシパリズム」（共同体自治）という発想は国家に頼れないから我々で我々を小さなユニットで統治していこうということなんですね。でもこれには条件があって「コミュナリティ」（共同性）って言いますけれども、ある程度の分厚い仲間意識がなければ共同体自治って無理なんですね。日本はどの国よりも真っ先にですね地域も家族もすっからかんに空洞化したので、ミュニシパリズム共同体自治の基盤がないんですね。だから自力救済っていう風になると個人が自力救済するしかない。個人が自力救済するときには、怨念を抱いているだろうし絶望も抱いているだろうから暴走しがちなんですね。なのでこの記事だけじゃなくて以前から大量

無差別殺人事件、殺戮事件が日本だけじゃなくて、アメリカでは毎日のように起こっていますけども、これも実は自力救済しかもコミュニティも共同性仲間意識がなくなったところでの自力救済が暴走するという節理を示しているのであって、だからこれからもこれは続くのだっていう風に朝日新聞にも書いておきました。ということは、ふたつしか道はないんです。統治権力が信頼される存在になるか、それは妹さんが最後に言ったようなことだけど、もう一つはコミュニティミニスパリズムで、自分たちが連帯して国家はどうでもいいや、俺たちは俺たちを統治するっていう風にして小さなユニットの自治的な共同体を各所に作っていき、それと矛盾のない形で上のレイヤーを構成していくっていうしかないでしょう。と考えると日本は本当に絶望的だなっていうのが朝日新聞の記事の趣旨だったんですけどね。統一教会と自民党のズブズブの安倍政権以降のっていうのは削除されました。あるいは今の自力救済問題も紙面版からは削除されました。僕が大学に入った頃の統一教会のフロント団体である原理研究会の勧誘活動についての部分も削除されました。それはそれでいいとして、しかしWEB版では今の自力救済の部分は復活していますので、今では読むことができます。

○それだけ削除されたら中身が残らないでしょ。

◎だから紙面版本当に残ってないんですよ。被害者対策弁護士連合会の方から「ぬるいなあ、この原稿は」って言われてちょっと切れたんですよ。あの重要な部分が削除されて無いんで、まずTwitterでこういう部分があった、こういう部分もあったって呟いたら、なるほどどおりでいつもの宮台さんの記事と違うと思ったってその弁護士の方がおっしゃったんです。だったらトータルにということでJ-CASTニュースで朝日新聞がどんなにデタラメな新聞なのかって。これは安倍っていうのはある種の日本の切り口であって、日本全国どこを切っても安倍の顔なんですよ。映画の世界だろうが音楽や芸能の世界でもあったじゃないですか、オリンピック問題云々関連とか、詳しいこと言いませんけれども電力の世界であろうが、大学のアカデミズムの世界であろうが、どこでも上を忖度し平目ですよ、横をきょろきょろとキョロ目ですよね。まさに三島の言う「空っぽな人間たち」が無様に蠢いている。これを僕は日本人の劣等化っていう風にずっと言ってきましたけど、それが今いろんな形でオリンピック疑獄あるいは統一教会ズブズブという形で表に出たっていうのはいいことでね。

なんで表に出たんですか、これは。安倍晋三氏っていうビンの蓋が取れたからでしょう。なので、これは山上徹也容疑者が何をどこまで想像していたのかっていうことは横に置くとして、機能としては、いいですか、「世直し」として機能してますよね。いや、「山上を美化するのか」。違うよ、なんで山上のこの事件で世直しが初めて作動するようなこの体たらくを我々が政治家が市民がとりわけ朝日新聞

などのマスコミが放置してきたのかということが問題でしょ。朝日新聞がそういうのを放置してきたってことは、僕の記事を削除したってことで明らかじゃないか（拍手）。

★今の宮台さんの話でその逆にテロリストだったり、あるいは連続殺人を犯す、『ニトラムNITRAM』（ジャスティン・カーゼル監督　2021年）という映画もあります。孤独でコミュニケーション能力がない人たちがこういう事件を起こすんだという説明のされ方をしていますが、むしろ社会は、人がそういうふうに暴走することを前提として知恵として共同体という生活様式をずっと長い時間かけて作ってきたわけです。なんで一緒に暮らすのかといえば、人間ひとりだと大体頭おかしくなっちゃって、おかしいことやって、それが大概は良くないことになるから、みんなでそれぞれ「まあまあ、分かるけどさ」といった話ができる集団を作って、それぞれの気持ちのバランシングをしていく。その中で失われていった、でも何とかしなきゃいけないと言う個々の気持ちをどこに、どうやって預けるのかという順番で設計されてきたコミュニティーの設計図がある。それを分かっていない行政が、そうしたコミュニティをコスパが悪いからと破壊してしまう。あとはそれぞれ個人で行政に縦で繋がっていればいいだろうという考え方にしてしまったから、結局元々の暴走する可能性のある個の人間に戻っちゃったわけですよね。

◎それは、一般的に資本主義の悪って呼ばれることが多いでしょ。つまりそこにまだ共同性/仲間、そういう人間関係を通じて調達できる便益があるんだったら、それはマーケットで調達させればいいじゃないかっていう風にすると、資本の自己増殖に役立つわけですよね。そこを食い止めるのっていうのは基本的には価値観や倫理しかないんだけど、日本人は空っぽなので安全便利快適なんだったら、市場マーケットや行政を頼ればいいでしょっていう風になってここまで来ているって事でね、これはもちろん政治家行政官僚あるいは様々な資本のある種のリーダーだけじゃなくて、我々はそれを良しとしてきたということが問題ですよね。

ダースさんがおっしゃったように、元々人間弱いんですよ。マイケル・サンデル（1953-）も言うように人は凸凹なんですね、ある部分が良くてもある部分がダメとか、それぞれのいい部分と悪い部分が凸と凹になっていて、それを組み合わさるのが仲間＝共同性なんだよっていうことなんだけれど、分断されると残念なことだけど全部自分でやらなきゃいけないことになっちゃって、つまりそれを「自己責任」って言ってるんだけど「、自己責任」なんていうか言葉に惑わされてはダメだよね。

【すでに底が抜けている日本社会】

〇まさにその点が一番気になりますね。

そういう論理的にしっかり言うことは僕はできませんが、日本の社会もはっきり言えば、日本の政治ももう底が抜けて中身ってのはもう無くなってる。そういう中でじゃあ生きるためにはどうするかというのが問題であって、それはお前らが「自己責任」で頑張ればいいじゃないかって、実はこの社会がそこ抜けっていうのをみんなが大声で言えば「自己責任」で自分たちの社会作れるのかと、そういう中身ももう一回作り直さないとダメなところに来てるなと思ったんですね。

そういうことを山上容疑者が自分の底のなさ、「星になる」なんて今頃そんなの寝ぼけた考えを若者が持つわけないとみんな言うけれども、自分を求めたり自分と向き合ったら自分が作り出す以外具体的なものはないわけですよ。だからそういうところにみんな来てるなと思って、そういうことを考えてみると今の若者って、僕らの若い頃より、あなたの若い頃より、ダース君の若い頃より、もっと悲惨な底抜け状態に置かれているからその人たちと対話できるようにしようというのが山上を取り上げて作った映画の本意なわけですね。

ですから、そこへ問題を返すにはどうしたらいいかというところを、もう少し自分で実行しているダース君とか言ってみたらどうなんだ。

★はい（笑）。山上だったりこの映画の主人公川上は、ある種その「自己責任」を取ったわけじゃないですか。

◎自力救済だよな。

★「自己責任でなんとかしろ」って言ったらこういうことになるよという、すごくわかりやすい証拠です。川上は、結局仲間もいなくて友達もいないから、自分の責任を取るための問いを自分に対してしかできなくて、一人で部屋でずっとしゃべり続ける。もちろん、それに答えてくれる人もいない。そういう状態で責任を取るってことになったら、それは今回のようなやり方になる可能性がありますよということが明確に映画として描かれている。

　僕も片目なので、あの兄には親近感があります。文春報道などによれば兄が癌の手術で失明してしまった時にも、野球が好きだったから野球をやりたかったのに、母親が野球のボールが当たったらどうするんだとか心配して、それこそ安全安心という発想で野球をやらせなかったんですよね。そうやってお兄さんは病気になったのも自分のせいじゃないのに、母親が「あなたのためだ」と言ってやりたいこともやらせてもらえない。これは映画の中で、野球バットで暴れ回るシーンの背景にある心情ですよね。お兄さんは野球をやりたかったんだという気持ちを

前提としてみると、グッとくるシーンです。

　先日「ゆめ風であいましょう」という障害者支援団体のイベントに出演した時に、そこで即興ラップをしました。イベント冒頭でその団体の元代表と代表の方が挨拶をしていました。80歳の方と50歳の方で2人とも車椅子で子供の頃からポリオで足が不自由で、育った土地は違うけれども2人に共通の思い出があるんだという話をしていました。子供の頃、2人とも三角ベースをやってたんです。仲間たちが「一緒に野球やろうぜ」と集まる。「でも俺は走れねえよ」「お前打てるだろう、バッターボックス入って打ちゃあいいから」「でも走れないからどうすんだ」「じゃあ一塁まで行けないんだったら半分までいったら一塁に行ったことにしようぜ」というアイデア出されたり、あるいは「じゃあ代走のやつを用意して、あの足速いやつに代わりに走らせよう」「お前打つだけでいいから」。そうしたら今度は代走の人が打つ前から走っちゃって、「いやそれ打つ前に走っちゃダメだよ」「でも一塁に先についた方がいいんだろう」「じゃあ打って背中を押したら走れ」みたいなルールを子供たちで話し合って決めてるんですよ、自分達でルールを作るんです。

　子供たちの共同体があって一緒に遊ぶっていう仲間がいて、その時に打てるけど走れないってやつがいても、一緒に遊ぶんだったらどうやってそいつが入れるかということをみんなで考えることが、かつての日本社会ではできてたんです。そういう環境があれば、山上のお兄さんも野球ができるはずなんです。片方目が不自由でも、野球やりたいんだからやり方をみんなで考えてやらせてあげればよかったのに、母親がやらせなかった。閉じ込めさせて開かなかった。出来ること出来ないことをみんなで考えて助け合うっていう経験を親がさせなかった。それを弟として山上は見ているわけですよね。こういう構図は日本社会のあちこちにあると思います。

◎いくつか重要な論点を踏まれいるんだけどね。僕らが小さい頃って障害を持ってなくったって違った年齢の集団で遊ぶのが当たり前でしょ。例えば僕だったら弟がいる、そうすると「みそっかす・ルール」、北関東ではお豆っていうらしいけどお豆ルールつーのがあって、みそっかすの子たちも参加できるように、そういうハンディキャップのいくつかのルールというのを考えてやってましたよね。
つまりこれは、凸と凹が補うっていうその共同性を別に誰から説教されなくても子供たちがやるっていうのは、僕のゼミなどではよく「個体発生は系統発生を模倣する」って『ヘッケルの法則』エルンスト・H・P・A・ヘッケル（1834-1919）を拡張して議論するんです。受精卵が2分割4分割8分割16分割って分裂していくこの「発生」っていうんですけど、「発生」ジェネシスのプロセスでは皆さんご存知のように、例えば最初は顎があって尻尾があって、それで尾が取れていってという風にして、ちょうど脊椎動物の進化のプロセスをお腹の中で反復してるん

ですよね。同じことはお腹から外に出てもあってね、子供たちって実際母語が英語や日本語など違った言葉で喋ってる人たちも子供たちで集まりしばらくすると仲良く遊び始めるって事があるんです。だから子供の言葉の習得が早いのは、頭の柔らかさってことがあるけど、そうじゃなくて言葉が通じなくても一緒に遊べるっていう感覚があるからです。これは誰から教わったわけでもないわけですよね。凸と凹が補うっていうのもそういう子供たちがもともとあらかじめ知っているって事は、多分僕たちも大人たちも昔古い時代には言葉が通じなくてもある種の掛け声のような発声で一つになれたし、さらに子どもたちのように何かハンディキャップがあればそれを補うように連帯して行動するということがあったとすると、今それが壊れたってことですよね。壊れたってことの中にはもちろん責任問題は横に置くとして、何が起こっているかというとさっき安全安心便利快適なシステム、マーケットや行政がそこに入り込んだということもあるし、さらにそこで不安になった人間たちを仲間たちが、ケアしてあげるんじゃなくて宗教教団に頼るという、そういうことにもなっている。だから僕たちのある種の連帯的な行動が空洞化した部分に様々なものが掘っていて、それを僕らが良かれと思って選んでいるっていう事実を忘れてはいけないってことですね。

【宗教的問題について】

○宮台さんは宗教に誘われたことないの？

◎僕は反原理研共闘です。要するに78年に東大入りましたけど、当時はそういう大学では原理研があって、反原理共闘っていうのもあって、語学クラスの仲間たちがポツポツいて、特に地方でエリートだったけど東大に入ってきてみたらただの人で勉強以外取り柄がなくてみたいな。そういう奴らが狙い撃ちされて勧誘されていくのをいかにして奪還するかっていうことをやってましたね。当時セクトの勧誘もあったし民青（日本民主青年同盟）の勧誘もあったけど、僕はそれはある種勉強だと思って、いちいち論破する、どんな勧誘でも全て、民青も論破するし（笑）。

○それ楽しいでしょ（笑）。

◎めちゃくちゃ楽しかったですけど、それが最初の論破の訓練でしたね（笑）。

○私も大学生時代がありまして（笑）。
その時は全セクトや創価学会その他も来ましたよ。僕はその話を聞くのが楽しく

て、それでいろいろな質問をぶつけている間に相手は質問されてるとは思わないのね。自分たちが持っている原理の欠点を指摘されているというぐらいに感じるのか、僕はおかげでその頃からずっと日本にいる間は党派にも入ったこともないし、宗教は九州の時代は浄土真宗のせがれでしたけれども、それ以後宗教に関わりたくても関われなかった。だからそういう経験は似たようなもんだなと思うんですね。

◎ただし僕はもう15年ぐらいクリスチャンなんです。洗礼と堅信を受けているんですけど、それはちょっと複雑な話があるので、また機会あったら言いますけど。

○僕も向こうの刑務所にいるときにクリスチャンになったんですよ。

◎僕は、教会で神父の説教に疑問があったんで、「説教は全部間違っていると思う」という風に言って、「僕は中学2年から聖書読んでるけど、こういう風に解釈するべきじゃないか」って言ったら神父様が、「いや実はその通りで、1962年にカトリック教会の聖職者たちの合意が変わったと」それは第2バチカン公会議って言うんですけれども、ただそれは信者には言えない、なぜかというと教会にも間違いがあるということになってしまうということでね。なので宮台のような人間が聞いてきたらイエスと答えるって事には合意している、という風に言われたんです。

○間違いを認めるというのは宗教がやるといいですよね。

◎そうですね。でも教会って神の代理人なんですよね。

○君にも聞きたいけど、経験ないの？

★僕は全然無宗教ですが、ロンドンのユダヤ人地区に住んでいたので、金曜日に友人の家に呼ばれるとそこのおじいちゃんがその一族の歴史を語ってくれる。僕はキッパー（ユダヤ教徒の男性がかぶる帽子のようなもの）を渡されてお祈りをした後で、ユダヤ人の食事をいただくというのは小さい頃にはありました。
その時に同じ地区でユダヤ人ばかり住んでいたんですが、アラブ人の家族も住んでたんですよ。そこの兄妹とは子供だから一緒にサッカーやったりBMXに乗ったりとかして遊んでたんですが、ある日アラブ人とユダヤ人が殴り合いの喧嘩が始まっちゃって「何してんの」って驚いた。ちょうど84年でイスラエルとパレスチナの関係がすごく悪くなったタイミングで、親がそういう話をしているのが子供に伝わって子供が殴り合いの喧嘩を始めちゃう。僕はなんで喧嘩しているのかわか

らないので「やめろよ」って言ったら、「こいつらとは絶対に遊べないから」みたいになって、その後すぐにアラブ人一家は引っ越していなくなっちゃうんです。その後別の街で遊んでたそのアラブ人一家の妹にばったり会った。「なんで一緒に遊べなくなったの？」って聞いたら「ごめんね」しか言ってもらえなくて、その時は僕は何が何だかわからないままでした。イスラエルとパレスチナの戦争が、遠くロンドンまで影響が来るんだということは後になってわかりましたね。

【ユダヤ教に代表される宗教的問題について】

◎今ユダヤ教の話をされたのでね、ここに宗教にもいくつか種類があるっていうことをちょっと知っていただいた方がいいと思うんだけど。
ユダヤ教って民族宗教って呼ばれるんですね。なぜかというと今ダースさんが紹介してくださったように、「金曜日の晩餐」とか翌日の会堂（シナゴーグ）の集まりを通じて、ひたすらユダヤ的な生活形式を伝承し続けるんですよね。それを一般には「613のミツワー（戒律）」って言うんですけれど。だからこの生活形式を持っているユダヤ人にしか意味がないのがユダヤ教なんですね。ところがイエスがある時期出てきて「613のミツワーは神の言葉ではない、神の言葉はモーセの十戒プラスアルファである」ということを言うわけです。その結果、「そうか、生活形式＝律法あるいは戒律を守ることがその神への忠誠心の証ではない」と。イエスの言い方だと「神の命令を守れば救われるという風にして神に這いつくばるということを神は実は望んでいない」と。だってそれだと自分あるいは自分たちが救われるための善行（善なる行い）になりますよね。

〇そこは重要ですよね。

◎そう、サマリア人の例えにあるように、3つの福音書に書いてありますけれども、助けたいから助ける、そこでその結果自分が律法を守ったんだから神様が取り立ててくれるだろうなと思う奴はいない、というね。そういうやつこそが誰もが隣人にしたいし、神も祝福するのであるって発想なんですよね。僕はこの教義はすごくいいと思うんだけど、それは別としてね、なぜこの紀元の変わり目あたりにエッセネ派とかイエスのような人が出てきたのかっていうと、これよくあることですが、イスラエルの共同体が昔の共同性がなくなって階層分化も生じて、「戒律を守れ、律法を守れ」って言うけど、金持ちは守れるけど貧乏人は守れない、守っていたら生きていけないっていう、分裂や分断が生じたところに、つまり共同体に亀裂が入ったところにキリスト教が入ってくるんですよ。
これは非常に重要なことでね、従来の生活形式が急速に崩れて社会学でアノミー

（社会の規範が弛緩・崩壊することなどによる無規範状態や無規則状態）って言いますが、どうしていいかわからない人たちが出てくるとその人たちに目がけて新しい宗教が出てくるという形式をここで確認することができるんです。なのでカルト宗教にいろんな問題を軌跡するカルト宗教のせいだっていう風に言うのは簡単なんだけど、どうして我々はその一部がカルト宗教を要求してしまうんだろうかってこともやっぱりよく考える必要があるということですね。

足立さんの今回の映画がすごく重要なのは、確かに2002年に母親が破産していて、それを非常に恨みに思っている、その前のお兄さんのエピソードでもいろんな恨みに思っている、でもその後の2022年までの20年間彼はロスジェネとして映画でも描かれているように報われない生活をしてきたんですよね。これは加藤智大とかともよく似ている秋葉原事件のね。統一教会の怨念にだけ帰属するのは問題かもしれないが、統一教会への怨念がなければ事件は起こらなかったと思います。でも20年間のロスジェネ生活がなければ、やはりこの事件は起こらなかったと思います。そういう風にして必要条件を数え上げていくと、統一教会に対する恨みが全ての原因ではなくて、この社会で彼が見放されていたということ、もちろん統治権力からも見放されていたけれども、近隣からも親族からも見放されていたということが非常に重要になるんですね。そういうところに宗教が入ってきて、さらに分断を推し進めるということになるわけです。

★この映画でも父親の自殺があり、母親がそのタイミングでまさにアノミーになっている状態で宗教に救いを求める。宗教だったら救ってくれると思ってしまう。統一教会の教義が亡くなった先祖、死んだ自分の関係者を救うっていう構造になっていることに、救いを求めてしまう背景があるのだろうと想像してしまう。それを川上は見ているわけですよね。この宗教二世問題って、生まれた時からそういった家に育っている宗教二世の方とこの川上みたいに途中で母親が入信して、しかも入信したきっかけがこれであろうということも想像できてしまう場合、所与のものとしてそういう家に育っているのとはまた別の複雑さがあるでしょう。こうした背景があって、それを解決する方法が結局どこからも与えられない。それから20年、例えば就職すればとか学校行けばとか大学行けば何かしらそうした苦しみに対する答えがあるのかと思いきや全くなかった。その苦悩がこの映画でも繰り返し描かれているのは、すごく大事だと思いますね。

◎だからこれもね、さっきのユダヤ教とユダヤ人のあの生活形式での絡みで理解すると分かりやすいですよね。ユダヤ人とかあるいは中国の有力な家柄って血縁主義なんですよね。血縁主義ってあのわかりやすく言うとですね、血縁のネットワーク上にあるというだけではなく、顔見知りであろうがなかろうが、そのリソースをシェアし全面的なホスピタリティを見せると。だからユダヤ人や中国人

の有力な家の人たちが留学をしたり外で仕事をしようとする時には、単身乗り込むってことは絶対なくて、現地にあるネットワークを多用し、彼らは失敗してもいつでも帰ってこいっていう引力の中で実際帰って、帰還して再びエネルギーをチャージしてリセットして、またバトルフィールドにリエントリーしていくっていうね。

だからこれはユダヤ人の今や世界的な金融ネットワークになる背景なんですね。その背後にあるのはそのホームあるいはホームグランド・ホームベースの共同性と外でのバトルフィールドという厳密な区別があって、そのバトルフィールドで戦うのは個人の我欲のためじゃないんですよ。仲間にシェアするためっていうね。

○そこは大きいよね。

◎これは日本には全くないでしょ今。昔知縁があった時にはまだあったけど、知縁っていうのは近代化でどんどんどんどん空洞化していっちゃうんです。だから日本の皆さん含めてホームベースありますか。困った時にバトルフィールドで傷ついた時に帰ってリターンしてリセットして、例えばバトルフィールドにリエントリーできるようなホームベースありますか。ないでしょ。だから日本人は永久にグローバル化競争に勝つことはないし、さらに今後どんどんどんどん心を病み自力救済に勤しむ人たちも出てくることは間違いないということなんですね。

○ただ底が抜けてるでしょ。だからもう知縁血縁も底が抜けてしまっているわけですよね。そこに対してどういう具合に僕らが今一緒に、生きるというようなことが可能なのかという、そういう問題提起をしていかないといけないと思ってます。

で、お前司会だろう(笑)。

【『REVOLUTION＋1』についての考察①】

●今日は会場にいろんな人がいるんで、その人たちの声を聞きたいと思います。まず、『死刑』という著書がありながら、「僕は死刑は反対だけど、安倍だけは死刑になってもいいと思ってた」と言っていた森達也さん[拍手]。

森達也
何を何言えばいいですか(笑)。

●映画と国葬のことを。

森達也
編集途中なのに、なぜ普通編集途中っていうのは長いんですよ。なんで編集途中で50分なのかなと思ったけど、おそらく今日足立さんが出てきたけど、あそこに何かが入ってくるんだろうな本編では、と思ってます。
何を言えばいいかわかんなくなったけど（笑）。

●ちなみに、安倍晋三が一番壊したものは何ですか？

森達也
誰もが「日本の民主主義」っていうでしょうけど、一番壊したものは僕の平穏な生活を壊した。もうこんなにこの10年間殺気立って暮らしたことはないなと思ってね。もっと幸せな生活をしたかったと思います（笑）。はい以上では次の方（笑）。

●では、漫画家の石坂啓さん。

石坂啓
こんにちは、漫画家の石坂です。すごく楽しみにしてきました。あの事件を最初にテレビで見た時に、うちは「でかした」って言ったんですね。私の夫は山上様って呼んでます（笑）。あんまり外で言っちゃいけないと思ってたのが、これだけ同じ仲間がいるなと思って共謀罪で一網打尽にここの連中は捕まるなと勝手に思いながら、非常に勇気づけられました。新鮮だったのはやっぱり映像で映画の作品として、安倍晋三を見ることができたことです。これやっぱり勇気がいるなあというか、そういう風にしてテレビの映像も見ることができてなかったんだなということに気づかされました。監督、でかしたなと思います。山上くんの一撃で、その後の統一教会のニュースでも今自民党がガタついているのも岸田さんが足元揺らいでいるのも、オリンピックのことが来ているのも、全部やっぱり蓋が飛んだ感じがするんですね。この映画もさらに色々と波動を起こしてくれることを楽しみにしています。ありがとうございます。

●ありがとうございます。足立さん、今回撮影の高間（賢治）さんに「お前の撮る映画は情緒的過ぎる」って言ったそうですが、なぜ情緒がダメなんですか。

○高間がいるからあんまり悪口は言わないけど（笑）。やっぱりカメラマンっていうのは現実にないものを撮るのが、ドキュメンタリーじゃないから、フィクションの映像なんだけど。自分が実在しない世界を再現するときにどうしても美しく

撮るという弱点があるのよ、カメラマンて。

◎叙情的になっちゃうんですよね、多分ね。

○その通り。だから「髙間さん、抒情はやめてくれ」っていうのが、僕の提案なんだけどやっぱりどうしてもそういう具合に美しくなるんですね。それをどういう具合に全体像として山上を描くかというと、髙間許せ、やっぱり山上密着映画であるから山上を美しく撮らない、というのが必要なんですよね。だけど寄り添ってしまうと美しくなるんだよね、髙間そうだろう。タモト清嵐君の姿が美しく映りすぎているだろう。

●髙間さん、何かありましたら。

○すみません本当に。

髙間賢治
まあその通りですね（笑）。大島渚が「カメラマンは自分の情緒に慕って撮ってるのが許せない」っていうこと言っていたって話聞いたことあるけど、それと通じるところが足立さんにもあるんじゃないかなって思いました。色々勉強させてもらいました、ありがとうございました（笑）。

●僕、この時期、京都で『福田村事件』（監督・森達也/脚本・佐伯俊道・井上淳一・荒井晴彦）の撮影をやっていて、こっちの撮影にまったく関われなかったんですけど、足立さんから電話があって、「お前、京都にいるなら奈良は近いだろう。撮休の日に実景撮ってこい」と言われて。最初はスマホでいいって話だったんですけど、だんだん「そっちのカメラマンは誰だ？　機材もいいのがあるんじゃないか」みたいな話になって。いやいや、ウチも大変なんだから撮休の日に連れて行けるわけないじゃないですか、みたいな。それで、メイキングで来ていたジャーナリストの綿井健陽さんにお願いして、大和西大寺駅まで撮りに行ったんです。でも、1カットも使われていないという（笑）。

○じゃあ、本編には1カットや2カットは使って（笑）。

●期待しています（笑）。次に翻訳家の池田香代子さん、お願いします。

池田香代子
川上が部屋で踊るところありますよね、あれが私はすごい良かったです。

◎僕もぞっとしました。力をおろす感じがするよね。

池田香代子
あの俳優さんはダンスができる方なんですか。すごく体が出来ているなーっていう感じで、あそこに持っていく、そして最初に使ったニュース映像がまた出てっていうので、すごくあそこが私は良かったです。だけど同じアパートに革命二世の女がいるっていうのが私はちょっとピンと来なかった。

○ああいう子はどこにでもいるんですよ（笑）。あなたの後ろに私の娘が座ってますけど、あれはもうそっくりそういうものですよ（笑）。

●だから、僕は第一稿で、革命二世のお父さんは映画監督って書いてたんです。そしたら足立さんがそこだけしっかり切ってきたという（笑）。

池田香代子
それはいいこと聞きました（笑）。

★これもちょっと言わしてもらえば、今日来て楽屋で入場の時に待機しててね、あの娘さんがおにぎりを差し入れしてくれて、で、すごい美味しくいただいたんですけど。その時に足立さんが「見る前にちょっと謝っとかなきゃいけないことがあるんだけど、革命家二世というのが出てくるけどあんま怒らないでくれ」っていう（笑）。

●どうでしたお嬢さん、革命家二世が出てきて（笑）。

（足立娘）
こんばんは、皆さんいらしていただきありがとうございます。作品になってとても嬉しいです。私はあの女優さんのような感じではないのでちょっと（笑）。感じが似てなくもない気がしてちょっとゾッとしましたけど（笑）。本編も楽しみにしております。ありがとうございます。

○怒ってないね（笑）。

◎ただね、映画の革命家二世にしてもそうだったけど、革命家を自称する人間に対する免疫はできますよね。本人が言ってるじゃないですか。僕は大学教員でメディアに出てるでしょう、うちの娘たちは僕も完全免疫できてて偉そうに見える奴って、所詮こんなもんかみたいな感じです。だからそういう意味で二世ってそ

ういう面も本当はあるはずなんですよね。

〇さっきから日本の社会は底が抜けてるというけどね。やっぱりあの親子とか友達関係の中にはまだものすごいエネルギーの渋滞みたいなものがいっぱいあるから、僕はそういうのは、この日本の社会を変える可能性というかそういうエネルギーの姿になっていくんじゃないかなと思ったりはするんですね。

【『REVOLUTION＋1』についての考察②‥星について】

◎だから僕もそこにしかもう頼みの綱がないので、『社会という荒野を仲間と生きる』っていうタイトルの本もあるし、それをずっと言ってきているんです。だってここから先、国を頼れるとか、役人を頼れるとかっていう状態になると思います？　日本だけじゃなくていいと思うんだけれども、これは、今日は時間がないのであまり言うことができないけど、構造的にもう難しいんです、それはね。なので自力救済は自力救済でも仲間で助け合うみたいな、さっきの音楽の話があってですね、カメラの話、そのカメラマンを奈良に連れてこい（笑）みたいな無茶を言って仲間同志として通ることもあるんですよね。それが素晴らしい。
最近足立監督はすごく上品なんですけど、昔は僕をイベントに誘う時は「宮台来るよなあ」って言ってとても断れる雰囲気ではない。これが仲間的なというか絆的な関係のいいところだなあっていうふうに思う。ちょっと最後にっていうかね、星の話をしたいんですよ。
星って一人だけに見える星ではなくて、星っていうのは重要なシンボルでみんなからも同じ星が見えるということなんですよ。だから映画では「オリオンの星」とか言ってましたっけ。アラブの星でも何でもいいんだけれども、「昔は星がはっきり分かった、でも今は星が何なのかわからない」って主人公が言うのはすごく象徴的だよね。つまりみんなで同じ星を見ることがない、みんなで何か光を、同じ光を見ることがない、だから星がわからないということなんですよ。しかしこの後に及んで、これだけみんなが苦しい状況にあってよく考えれば、因果関係、何がどうなって自分たちがこうなっているってことが明らかであるのに、相変わらず「中国が悪魔だ、男は敵だ」とかって、みんな好き勝手なことをギャーギャー言ってる状態、これでどの人にとっても皆から見える星だっていうふうに言える状態にはならないんですよ。社会学的に言うと「うよ豚」とか「クソ権威的なもの」っていうのは実は結果であって、安倍晋三もそうで結果なんですよね。どうしてああいう人が出てくるのか、ああいう人が力を持つのか、そういう言葉の自動機械的な、ある種の症状的なシンプトマティックな言説が力を持つのかっていうと、それは僕たちが、もう仲間を失っていて仲間で同じ光を見ることがもうないからで

すよね。ご都合主義的にいろんなところからつまみ食いしてきて、自分に好都合な世界観を作ると。実はそうしたところにカルト宗教もまた、すごく役立つことになるというね。だから星とか星をもう一度取り戻そうっていうのが実は仲間を取り戻そう、同じ光を見る仲間を取り戻そうというメッセージにつながっているということで、実は素晴らしいんですね、メタフォリカルな構造として。

●ちなみに、タイトルも決まるまでスッタモンダあったんですけど、足立さんが出したタイトルは『星に・なる』だったんです。それこそ叙情的じゃないかと反対にあって『REVOLUTION＋1』になっちゃいましたけど（笑）。

★でも川上が星になりたいって思うのは、誰からも見られない存在である自分っていうのが、みんなに見られる可能性のある星になるっていう希望を持つっていうのはそこも繋がってくる話ですよね。
この映画って本当に上映される前にこんなに評判の悪い映画あるのかってぐらい、見てない人からの悪口がすごかった。僕はそれはすごくいいことだと思っていて、何かを語る人の本質、見てないでものを語ってる人が偉そうにしてるっていうのはすごく可視化されてて（笑）。

◎頭が腐ってるんじゃない、見ないで言ってるって。

★今日この会場も100人のところに150人ぐらい入れちゃったっていうしね。ぎゅうぎゅうなんですけども、いろんな年齢層も含めていろんな方が来ていて、これも「国葬反対は高齢者ばかりだ」とかって言ってる人がいたんですけど、賛成してるのも麻生さんとか二階さんでしょ（笑）。いろいろと本質的なことを避けて、見ないで喋った方が楽ですよね。そんな中でこの映画をこのタイミングで公開して突きつけた。そこが足立さんのエネルギーだと思うし、そういったエネルギーがあちこちでポツポツと沸き起こってくる時代背景になってきてるのは、宮台さんが説明しているようなもうバラバラになって国も頼られないという時代。やっぱりエネルギーが湧いてくる状態、僕はそれを乱世だと言ってます。

○ここまでバラバラなんだから、これからでしょう。

★これからすごいエネルギーがいろいろ出てくる。この映画はそこに反応した表現だと思います。

◎僕の師匠の小室直樹（1932-2010）も「社会がダメになると人が輝く」っていうんだよね。それまでは、社会あるいはシステムに依存できてたものがシステム

あるいは社会がバラバラになり空洞化していくと、やっぱり人を頼るあるいは人に頼りにさせるということが非常に重要になってくるんです。この作品すごく素晴らしいと思うのは、山上容疑者がどのような境遇に置かれていたのかっていうことを1つのパッケージ化された作品として、一部デフォルメされていようがパッケージとして残すってことがすごい重要で、かつて安倍銃殺が起こったその容疑者ってどんな境遇に置かれていたのか、「はいそれは、足立さんの『REVOLUTION＋1』を見れば大体わかるよ」って言えるようになっている。こんなに歴史的に重要な偉業はないと思いますよ。だから僕は本当に素晴らしいと思います[拍手]。

●こうやって皆さん褒めてるので、悪口言いたくてウズウズしてるんじゃないかと思うんですけど、足立さんの弟子で僕の師匠でもある荒井晴彦(1947-)さん、お待たせしました。

荒井晴彦
敵に回すのは嫌なんだけど、完成作品は何分なの。

〇後30分ぐらい、全部で90分以内だよ。

荒井晴彦
あと30分に期待したいと思います(笑)。
今日見たのは再現ドラマ以上のものではありません。映画としては全然面白くない。新聞やテレビでやってる情報をなぞっただけです。あと30分。

〇勉強になんなかった？

荒井晴彦
映画にしてください(笑)。勉強にならない。

●荒井さん、それだけでいいですか。
じゃあ、金子修介監督(1955-)、お願いできますか。髙間さんのプロフィールに「金子修介(1955-)や三谷幸喜(1961-)の撮影」と書かれていたのをどう誤読したのか、この映画を撮影しているのが金子さんだと勘違いされて、炎上したんですよね？

金子修介

それほどじゃないですけど、今おっしゃる通りで、ごく一部金子修介がカメラを
回したという噂がありました。金子です、どうも。

抒情的な感じで、清嵐君は魅力的だなと思いました。だから髙間さんのカメラも
叙情的かなと思いました。情報として、安倍さんがイベントで演説してるのがこ
んなに長かったのかって思って、もっと長いんですよね、本当は。ビデオメッセー
ジ、あれをもっと聞きたいなっていう感じがしました。

今年の年頭の「日本映画はなぜ政治を描かないのか」っていうイベントで、足立さ
んが「ちゃんとやれ」って最後にどやされたのを思い出しまして、こういうことか
と勉強いたしました。ありがとうございます。

● 切通理作さん、お願いします。

【『REVOLUTION＋1』についての考察③‥銃とカメラと壁と弾痕と星について】

切通理作

足立さんや宮台さんと初めてお会いしたのが、この「ロフトプラスワン」のトーク
ショーの時の楽屋で、宮台さんが足立さんの前で『ゆけゆけ二度目の処女』の先ほ
ど話題に出た「ママ僕でかける」の詩を完全に諳んじてたっていうのがものすご
く思い出に残っていて、その同じ空間で足立さんのこのような新作を見られるの
がすごく感激です。

この映画の存在を知って、足立さんにも電話して今日のことを知ったんですけれ
ども、やがてあそこに貼ってあるビジュアル（『REVOLUTION＋1』のポスター）が
ネットで公開された時に、僕は震撼しました、映画を見る前です。映画を見る前
に、この1枚の写真でまず震撼しました。それは何かっていうと、彼が持っている
銃はカメラに偽造した銃なわけですよね。撮影の人材のふりをして、彼は入って
いってそれを撃った。そのことは情報としては知っていた。そのことは足立さん
が映画にするっていうことも情報としては知っていた。だけどあれを見た時に
「あ、そうだよな、カメラが銃であり、銃がカメラである」とそのことを知った瞬
間、これは足立さんのことをネットでいろいろ悪口いう人もいます、「足立さんが
なんでこんな映画を作るんだ、足立正生って何者だ」とかいう人がいて。「いやそ
うじゃないんでこれを見た時にこれは映画にすべきことなんだ」というふうに
思ったんですよね。その瞬間、下の方にスクロールしていったらタモト清嵐さん
が「誰かがやるんだったら俺がやる」って言ってたんですよ。それを読んだ時にも
う雷が走ったかのようにこれは僕は見るべき映画なんだというふうに思いまし
た。

それで実際に映画を見た時に、以前足立さんに勧められて見た『オマールの壁』（ハニ・アブ・アサド監督　2013年パレスチナ）のように、その国情は違えど目の前に壁があって、その壁を突破できないで生きている人っていうのがいる。星っていうのはキラキラした綺麗な星、ロマンティシズムということだけじゃなくて、その壁に穿たれた弾痕なんだと僕は思っていて、「その弾痕の向こうからこっちを見ている目もあるんだよ」とそのことを俺たちは知らなきゃいけないっていうふうに思って映画を見ていくうちに、でもなんだか知らないけど解放されていく自分がいる。どんどん彼が他の選択肢がなくなって、ああいう行動にまで追い詰められている過程を描いている映画であるはずなのに、どんどん自分が解放されていくような不思議な感じがしました。そしてそれをどういう風に受け止めていいかわからなかったら、足立さんが出てきた、画面に。「あ、そうか」と思った。これは佐々木浩久（映画監督　1961-）さんが「ラッシュを公開するのか」とか、「それは映画監督としてどうなの」って言ったけど、いやそうじゃないんだ、今、今日と明日とかに見えているこのバージョンていうものが一つの今見れるこの過程なんだっていうことが分かって（拍手）、そして完成された作品では、さらにまた別の過程の作品が見れる、また作新していくことができるんだっていう風に思いました。

でも荒井さんの感想に近いものも一方で僕は感じました。「なんかさわやかだ、なんでこんな爽やかな気持ちになってしまうんだ、なんかもっとあの違和感っていうかちょっと気持ちが悪い、なんで変なもの手渡されたんだ」っていうようなものは残りの何十分間にあるんじゃないかということを期待して終わりたいと思います。

●撮影現場に2度も3度も足を運んでくれて、この映画の宣伝番長のように応援してくれました東京新聞の望月衣塑子（1975-）さんお願いします。

【『REVOLUTION＋1』についての考察④・・安倍政治が壊したものについて】

望月衣塑子
一番初めに井上さんが、初期の台本をたたき台なのかな、3日で考えてその後1ヶ月ぐらい推敲を重ねたというのを見て、初めはラストの割と重要なシーンを見落としていて、ただ山上容疑者の壮絶な人生っていうのは、皆さん文春も含めていろんな報道を見て読むたびにすごく胸が痛くて、私は全く生い立ちも違う、でも同じ状況に置かれていたら彼のようにまっすぐ進めたかなって。それは足立さんが決していいことをやったわけじゃないけれど、自分の苦しみに愚直に向き合い続けた、酒に逃げたり女に逃げたりタバコに逃げなかったっていう彼のまっすぐ

な軌跡は、自分が投げられた側として描いてあげたいって話をしてて。私も決して肯定はできないんですけども、やはり彼の真っすぐさとそして結果として彼に誰も手を差し伸べなかったし、誰も彼をその殺人に向かうことを止められなかったのはこの社会の責任だし、そしてメディアも全くと言っていいほど統一教会問題を2009年以降取り上げなかったその責任はやっぱり私にもあるんだなっていうのを痛感しました。

それでこの何年間か安倍菅政権を見てきて、本当にメディアが萎縮してしまって私が聞いてることって普通のことなんだけれど、それがすごく異常に、ようやく聞いてくれる記者が出てきたみたいに取り上げられて、でもみんなもっと本当は聞きたいこと、心の中にあって足立さんが言うように若い人も中堅の人たちももっともっと自分自身が考えてることを思うことがあるのに、それを全くこう真綿に首を絞められているように表現できなくなってる。だから今回のメッセージはどちらかというと若い人、ずっと真綿で首を締められるように、本当はもっといろいろ表現したいのに、そういう人たちにもっと自由でいていいんだよと、もっと自分自身に素直に生きてほしいという『REVOLUTION＋1』って自分は「失敗」ではないんですよね、私が「失敗」と原稿に書いてしまったら怒ってしまったんですけど（笑）。

〇俺は怒ってないよ（笑）。

望月衣塑子
怒ってないですか（笑）。
革命をやり遂げられなかった、だけどその次の世代に今の若い人たちにはそのプラス・ワン、レボリューションできなかった自分の世代から次の世代にバトンを渡して、その彼らの中での新たなレボリューションを見つけてほしいという。
実は本当に考えたタイトルをはねられてしまったということなんですけど、そういうメッセージを聞いてそしてラストの皆さんまだ見てないんでこれからできていくだろうシーンも含めて、これは決してその単に悲劇とか悲しい話に終わらせて現実の世界では終わらせたくないし、今日はここに来る前に総掛かり行動の小田急前のデモを見てきたんですけど、初めてあれだけ多くの、保守の人も結構いただろうなと。令和の時はかなりすごかったあのデモを見たんですけど、それの3倍ぐらいの規模でいろんな人がやはり総掛かりに集まって国葬反対を唱えてました。やっぱりメディアもそうですけれど、萎縮してきて本当はもっと怒ってもいいし、もっと社会を変えるために私たちは、一歩一歩踏み込んでいけるのに、それをどっかで自粛してしまってた、忖度して萎縮してしまっていたってことがすごくあったと思います。
そういう意味で今日の足立さんの映画っていうのは、そこをもっと突破していけ

と、きっかけとしては全くいいことではなかったけど、安倍さんが悲劇の銃殺死という状況になってしまった。でもこの悲劇をこれから希望に変えていかなきゃいけないんだと。そういう意味で力をもらえた映画でした。これを83歳の方にやらせてしまった。本当は私世代の40代50代がもっともっと元気にならなきゃいけないのに。河村（光庸）さんというプロデューサーが亡くなったこともそうなんですけれど、私よりずっと上の2人がこういう映画で「お前らしっかりしろ」と背中を叩いてくれたなと思うので、重くメッセージを受け止めて、まさに朝日新聞を含めて、メディアがまだまだ萎縮していると思います。だからもっともっと戦えるように頑張りたいと思います。本当ありがとうございました。

★今、朝日新聞を最も評価しているのはあの花田（紀凱　1942-）さんぐらいですからね（笑）、どちらかというと。
森さんがさっき「安倍さんが壊したのは民主主義だ」っていう話をされていて、僕は日本は民主国家ではないと思っていて、この間も沖縄の県知事選に取材に行ってきましたが、辺野古の県民投票の7割が辺野古新基地反対という民意はその時に示された。それを政府はどう対応したか、そして、その時の政府の対応に対して主権者である僕らがどう対応したのかと考えた時に、最初から民主主義なんてものは日本にはないことがわかる。今回も国葬反対が6割なのに止められないのかっていうけど、それは反対7割の辺野古がそのままで本土でちゃんとダメだと言わなかったじゃないかっていうのと条件は全く一緒だと思うんですよね。ただ、もしそこにレボリューションがあり得るとしたら、民主主義国家になるための革命はもしかしたら必要かもしれないっていうのは、この映画の1つのテーマかなと思いました。

◎民主主義が多数決だというふうに教えているのが、日本のダメなところなんだよね。民主主義が多数決だと理解されると衆愚政治に陥るっていうのはギリシャの陶片追放以来僕らがよく知っていることなんだよね。じゃあ民主主義って何なのかってことはジャン・ジャック・ルソー（1712-1778）が『社会契約論』で書いている通りだ。つまりみんなで決めるんだけど、その時に「自分としての自分はいいけど、あの人はどうなるんだ、この人はどうなるんだ」っていうふうに考えることができる時、つまり彼はこれをピティエ（憐れみの愛）と言ってるんだけど、英語でピティとかあるいはイタリアのピエタとかと同じことなんだけど、これは単なる憐れみってことじゃなくて、自分以外の人間たちがどうなるのかってことが想像できて気にかけることができるという条件で、話し合いあるいは決定にのぞむということが民主主義の条件なんだよね。
日本のように多分若い人はとりわけ政治の話題はタブーなんだよね、KYだということで。政治に関する議論ができなければ、例えばある決定について誰がどうい

う思いを抱くのかとか、どうなるのかということを想像することができない状態ですよね。だからその意味でダースさんがおっしゃったように、安倍晋三氏以前から実は日本では民主主義は機能していなかったということは間違いのないことだというふうに思います。

★ピティエがないから岸田さんは国全体でとか言っちゃうんですよ、簡単にね。確認もしてないでみんな分かるっていう風に鈍感に言ってしまえるっていうのがね。

◎国葬とは何ですかって聞かれてね。

★国全体で弔意を示すって最初は言ってね。「国全体で弔意を示す」と言う文言を途中から説明から省く。突っつかれると答えられなくなるから。
だから明日行われる国葬義なるものは岸田さんが勝手にやるやつですから、岸田さんが勝手にやるイベントを国民の税金を使ってやるっていうね。最初に足立監督は「粉砕」って言いましたけど、実はもう粉々なんですよ。

◎筋を言うとあれは内閣葬なんです。内閣葬に言霊的な粉飾をするために国葬とか国葬義っていう名前を勝手につけただけの話でね。所詮はもともと国会の議論をしなくていいというのは内閣葬ということです。だから内閣府設置法だけが根拠法になる。内閣設置法っていうのはまさに内閣の義についてのみ正当化できる法律の枠組みなので、あれは国葬をあるいは国葬儀というけど実際には内閣葬です。だから葬儀委員長は岸田総理なんですよね。国葬の場合総理大臣ではない人が葬儀委員長になるのが普通だと考えてくださいね。それは党派的なものだとか、あるいは多数派政党や議員内閣制の権力を持つ人間がやるものではないということを証しするためには、内閣の総理大臣ではない人が葬儀委員長であるべきなんだよね。でもただの内閣葬だからそれができなかった。
だからあれが国葬だという前提で議論している時点で、筋が悪いなというふうに思います。それをはっきり言ってるのは木村草太（1980-）さんと僕だよね。2人はずっと前から「これは内閣葬だ」っていう風に言っています。

●こちらからお願いするのはこの辺で終わりにしますが、質疑応答に入りますか？

○なんか言いたい人とかいたら。

◎じゃあちょっと最後に一つこれだけね。確かにウィークエンダー的な再現映像

の面があるかもしれない。でも僕は楽屋では申し上げたけど、この映画はものすごいカタルシスがある、すっきりしすぎているっておっしゃった方もいたけど、すっきりしすぎているくらいにカタルシスがあるんですよ。

でも、この作品が15年前に公開されたらカタルシスがあっただろうか、多分なかったです。つまり何がカタルシスあるいはカタルシスであることによって娯楽になるのかっていうのは、時代の関数なんですよね。例えば冒頭に申し上げたように69年だったら、これはやっぱりカタルシス＝娯楽になった。その後これが娯楽やカタルシス時代っていうのは長らくなかったんですよ。だけど今は再び似た構造の作品がカタルシス＝娯楽になるということはね、つまり僕ら時代の文脈に注目するべきなんだというふうに思うんですね。その意味でこの作品は非常に重要だと思います。

●何か質問や意見がありましたら。

【『REVOLUTION＋1』についての考察⑤】

会場の観客Aさん
『断食芸人』でエキストラに参加させていただきました。映画すごく良かったです。ぜひ拘置所とか留置所にお手紙を書いて、山上容疑者に接見して監督と山上容疑者の会話を聞いてみたいんですけどどうでしょうか。

○いや僕が関わらないほうがいいでしょう。なぜかというと彼自身が迷惑するんじゃないかっていうのが基本なんですね。また元テロリストみたいなものが、今日のテロリストと文通してるとかね（笑）、そういうようなね（笑）。

★言葉にするとなかなかのインパクトでしたね（笑）。

○そういうようなあの今風のどうでもいいことに落とし込められていく、山上さんはそういうことは彼にとっては苦痛以外の何者でもないだろうという具合に僕は見ています。ですから妹が山上さんに漫画を差し入れたというニュースを聞いただけで、実は本編の映画の最後の方にそういうのも入っているんですけれども、僕はそういう風に最後にしてたら後でニュースがそういう具合いに聞こえてきて、これ以上何も触らない方がいいだろうな、むしろ彼自身は今あの星になれたかどうかなんて考えてるわけじゃないですからね、以上。

会場の観客Aさん
ありがとうございました。

会場の観客Bさん

足立さんの映画にしては、最後の妹さんのなんともいえないエクスキューズが非常に引っかかったんですよ。つまり妹さんとしては兄貴にやらせたのはあんたたちじゃないかと、なぜあんたたちはやんなかったんだと、全部兄貴にやらせてみんなよかった良かったって騒いでいるだけじゃないかと。これは監督に聞きたい。監督を含めてあれだけ安倍政治に反対、安倍を倒せと言った人は誰一人やらなかった。ただ川上がやった。そして妹さんも兄貴にやらせて、この映画を見ているあなたたちは一体どうしたかったの、なぜ安倍を殺さなかったの、と本当はこの映画で問いかけてほしいなあと、これは自分に対してもそうですけども思っています。

〇なかなかいいテーマですね。実際に僕が今まで作ってきたのは、山上が安倍を殺しただけで統一教会も潰せない、底が抜けた政治屋どもの政治状況も変えられないということになればね、妹は即国会爆破や何かに進んでいくでしょう。だけどそこにはそれぞれの本当は溜まっているエネルギーをもう1回持ち出せるという可能性を僕は信じてるから、迂回してるように見えて、武道館を妹が爆破に行って終わりにするってのは僕のこれまで書いていたシナリオみたいなもんですね（笑）。

●いやいや今回もそういうシナリオだったんですよ（笑）。実際撮影もしていて。でもいろんな反対にあって（笑）。

〇いやいや反対にあったということじゃなくて、そこで終わり切れないものをやっぱり問いたいというのがあるんですよ。だからさっき見ていただいたイベント用の編集でも自分で登場したように妹自身がカメラに向かって話すなんて、これは映画の禁じ手であってね。そのことをやって何するんだっていうようなものなんですね、荒井さんに言わせれば、あんなの映画じゃなくなったのがそこだとかちゃんと言うでしょう。だけれどもそれでもそういう具合にしたかったっていうのがあるんですね、以上。
みんなで反省したらいいじゃないですか（笑）。

●僕は国葬当日に国葬を爆破するっていうのが意味があると思ってかなりこだわったんですが。妹の一人語りは追撮なんですよ。もちろん、「あたしなりのやり方でやる」という妹の決意表明は「あなたなりのやり方でやれ」というアジテーションの裏返しだと思うけど、やはり弱いんですよね。それは今でも残念に思っています。

会場の観客Cさん
率直な質問なんですけど、今日なんで短縮版なんですか。先ほど森さんもおっしゃってましたけど、編集前ってことだったんでちょっと長めのバージョンとか編集が荒いのかなぐらいに思ったんですけど、ガッツリ短縮版を公開にした理由を願いします。

〇単純でしょう、今日明日にこうやって人に見てもらいたい。国葬にぶつけるというためにそれを作りました。
完成版っていうのは大して変わりはないよって言ってるけれども、変わりはあるでしょう。さっきから言っているように50分のものと1時間半のものの差はあると思いますね。ただ私らがこの映画を作る時には国葬にぶち当てるということが一つのテーマでもあったということが理由です。

会場の観客Cさん
なんかわざと短くしたのが逆に手間じゃないかなと思ったんです。もっと未編集の長いバージョンのものを出してくれるのかなと思って、時間がないっていう中であえて短いバージョンにその編集して拘ったのは。

〇そういうことではないですね。だからあなたがやるときはそうしたらいい（笑）。これは私が監督した作品であり今見てもらうのはこういうのがいいと。文句あるか（笑）。

●質問封じとしてはなかなかいい。こうやって僕も諦めるしかなかった（笑）。そろそろ時間ですが、他に。

【『REVOLUTION＋1』についての考察⑥・・・岸信介に始まる安倍政治と共同性について】

会場の観客Dさん
今日は素晴らしい作品どうもありがとうございました。2つ質問があります。1つ目は多分私初めて映画の中で岸信介が出てくる画像として、ドキュメンタリーとかで当時の写真とかだったらあるかもしれないですけど、こうやって映しているっていうのは初めて見た気がするんですね。あの時の部屋の中に貼って写真は安倍晋三と岸信介と文鮮明の妻、その3枚でしたけれども、選ばれるときに他の登場人物とかも考えられたのか、やはりあの3人がどうしても必要だというか、中心だったのか、それは監督に伺いたいことです。

もう一つは今日この映画私が想像していた以上にずっと広い文脈を扱っていて、その共同性の不在が山上をこのようなことに駆り立ててしまった。それが実際私たちが今生きている社会の現実なんだっていう話があったんですけれども、映画の中でその家族がどんどんバラバラになって壊されていく。そのバックグラウンドにお母さんがその愛が中心にあって家族を作り上げていくみたいな宗教的な制約っていうのを唱えるのが何度も何度も出てくるんですよね。その落差っていうのはすごく大きくて、実はそれこそ自民党の改憲案の中に入っている「家族の義務」として助け合わなくてければならないという義務で結び合された家族っていうのとね。

先ほど皆さんがおっしゃっていた共同体、その思いやる人を思いやっていろんな人たちを自分たちと違ってハンディキャップのある人たちも受け入れていくっていう形で包み込んでいくみたいな共同性というとすごく対照的なんだけれども、でも家族って愛とかその共同性の例みたいな風に扱われてるってすごく危ないものだと思うんですね。共同性がここにあるという風に押し付けようとしてくる、で実際に自発的に出てくるものではない、そこら辺のこの曖昧さみたいなのが狙われているのかな、それがその先ほど言ったような画像ですごく表されている気がしたんですね。そこについては実際にこの映画から私たちが学べることとして、どういうふうにその共同性と家族の折り合いっていうのを考えていけばいいのかもしご意見がありましたらお願いします。

○非常に重要な2点の質問ですね。
映像ってのは説得力あるから、この安倍が始まったのは岸から始まっているというのを基本に僕は考えたんですね。歴史解釈もいろいろあるかもしれないし、実は私なんかが二十歳ぐらいの時は日米安保条約を岸が強行採決した時で、デモやりながら「岸を殺せ」というのを全学連のデモが「岸を殺せ」っていうところまで行ったりしたんですね。その頃から考えてもその後の自民党政治と勝共連合に始まる笹川/岸/笹川の同僚たち、大きな商社を作った人たちもいましたけれど、みんな裏切り者ですよ、そういう意味で言えば。僕は右翼以上に日本っていうのを美化することはできないけれども、日本を売払った人々ですよ。そのことを基本に置いてるから、文鮮明が何者だったのかっていうのは、むしろ彼らとその番頭みたいな手先としてやっていただろうというのが基本にあるわけですね。
宗教に全く関係ないところからスタートして宗教を名乗ってやるというのが、これも詐欺以外の何ものでもないわけで信仰心なんて後で作り上げたものでも、いやそれでも本当に信仰心がある人がいればいいけれども、そうじゃないだろうというのが基本な僕の発想です。ですから、映像の中にはその3者は絶対省けないし、実際に別に安倍一族を呪っているわけではないんですけれども、安倍一族というより岸一族をね。呪っているわけではないけど、日本の政治をダメにしてき

た張本人たちの列が並んでるわけですね。そういうことを明確に出せるとしたらそういうことだという具合に考えてきました。

それから美しい日本なんて勝手に言うなっていうのが、安倍に対しては言えるわけですね。つまり美しい日本って何なんだと。じゃあ家庭って何なんだと、あるいは愛って何なんだ、って奴らは本気で考えたことあるのかと。つまりキャンペーン用の言葉を言ってるからそれこそ最も重要な、宮台さんやダースさんがさっきから言っているけれども、今これだけそこ抜けにダメになってる社会の中で、家族の絆とか愛とかいうようなことが本当にみんなが問えるほどの基盤があるかというと、それもなくなってる。そこまで壊してきた、それは統一教会の愛に対する縛りとかね、それは宗教上の中身はゼロのそういうルールがあったりするけれども、そういうことはまだ小さいと、まだまだ小さいと、だからその作業を許していた政治の側の問題がやっぱり一番大きいと思うわけですね。ですから、いたずらに愛とか美しい国とか勝手に言うなというところへ話を持っていきたいなと思っている。それが2つ目のことに対する僕なりの思いです。

◎ちょっと補足しますね。

1970年代に、反日武装戦線狼のテロをきっかけにして、一水会っていうのができるわけです。それ以降新右翼、NEOあるいはNEW右翼ライトウィングっていうのが出てくるんですけど、鈴木邦男(1943-2023)さんがおっしゃるように、新右翼っていうのは真実の右翼っていう掛け言葉でもある。

どういうことかっていうと、これは西郷隆盛(1828-1877)やアジア主義まで遡ることだけれども、ヨーロッパ欧米のケツの穴を舐めてそれと同じになるっていうのは確かに強国になることだけど、それは日本でなくなるのと同じではないかっていう気分があったんですね。これは明治時代の結構早い頃からあった。次に時代が飛びます、いろんなことを喋らなきゃいけないけど、本当はね。実は戦前、親米を主張していた右翼って赤尾敏(1899-1990)だけだったんですね。赤尾敏っていうのは、当時右翼の間からは隔離扱いされてた。つまり右翼っていうのは元々戦後であれば反米でやるしかないというのが、元々の伝統なんですね。ところが親米右翼なるものが右翼の基本だと思われるようになってしまった。これは小林よしのり(1953-)さんなんかもある時期「新しい歴史教科書を作る会」を離脱するときに、何なんだ、この僕の言葉で言えば「ケツ舐め右翼」は、アメリカとのことについては一切ネガティブなことが言えないとね、みんな口を継ぐんじゃう、こうしてうっちゃっているということで、「こんな右翼があるのか」と、これはおっしゃる通りですよね。ただし例えばですね。吉田茂(1878-1967)白洲次郎(1902-1985)図式っていうのがあって、戦略的対米追従っていう考え方は特に自由党にはあったんです。それは戦後日本の国力が乏しいときに軍事に振り向ける力を経済に振り向ける必要がある。そのために基地を貸してアメリカに軍事を手

伝ってもらおうという。これが戦略的対米による経営武装＝対米追従っていう図式なんです。ところがいろんな歴史的な経緯からこの戦略が放棄されて、思考停止的にアメリカについていけばいいことがあります、みたいになっちゃってアメリカに物が言えない、そんな保守や右翼がありますかということです。これはもうあの当たり前のこととして頭においてほしいということです。

あと2番目の話では、安倍さんのビデオ・レターというかですねメッセージの中に「人の在り方は国によって強制されるべきものではありません」って言ってたでしょ。おしっこ漏れそうになりました（笑）。だって国によって愛国や道徳を強制しようとしてたじゃないか、安倍一派、日本会議一派、統一教会一派はさ、「何なんだこの二枚舌だ」ってことですよね。

皆さんご存知のように三島由紀夫（1925-1970）が愛国教育に強く反対していた。それはなぜかというと日本人は一夜にして天皇主義者から民主主義者に豹変したからです。その背後にあるのは「一番病」だって言うんですよね。「僕こそが一番の天皇主義者です、ちょっと状況が変わったら僕こそが一番の民主主義者です、はい僕こそが一番のフェミニストです」って。これを三島由紀は空っぽって言ったんですよ。愛国教育は空っぽが「一番病」を作り出すからよくないって言ったんです。意味わかりますよね。つまり愛はあるいは絆は、内から湧き上がる力であるべきなんです。それは愛国であれ愛家族であれ全て同じですよね。それと問題は何でそういう内から湧き上がる力が我々になくなったんだろう。つまり底抜けになってしまったんだろうということです。それは残念だけれども僕の言う日本人の劣等性です。それは知縁的にTogetherでいないと、つまり「去る者は日々に疎し」という言葉に象徴されるように、「ああもういなくなっちゃったんだから関係ないやー」ってなるのが元々日本の地政学的に裏付けられた国民性なんですよ。でも昔と違って近代化が進み産業化が進むと人の流動性が激しくなるよね。同じ人とずっと一緒にいることによって働く知縁っていうのは働かなくなるんです。これはもう70年代80年代から、正確に言うと60年代からだんだん働かなくなって今日に至っているんです。知縁をなすがままに崩壊させてきたのは誰でしょうね、デベロッパーですか経済人ですか政治家ですか、そうじゃないですよね。僕たちの街も大きなバイパスができて大きなショッピングモールができればいいやという風にして、これヨーロッパと対照的だよね、

ヨーロッパには規範や価値観があるので安全便利快適であっても人間の絆を壊すようなそういう営みは大概にした方がいいねってことですよね。スローフード運動が1986年からイタリアのブラ（イタリア北部ピエモンテ州のBra）という街で始まって、ヨーロッパ中に一挙に広がっていったのはヨーロッパにもともとそういう価値観があるからですね。価値観てわかりますか、状況が変わってもこの構えを貫徹するぞっていう意志のことです。日本にはその価値観がない代わりにお調子よくなんか時代変わったんだからアップデートしましょう、僕はアップ

デート中って言いますが、日本人の価値観の無さはアップデート中に現れているんですよ。だからその意味で言うと結構僕たちの今の社会はマクロには絶望的です。でもこんなに人が集まっているってことを考えるとミクロには希望に溢れています。

★明日は宗主国のアメリカからハリス様が来ていただけるということでね（笑）。本当にそれで泣いて喜んでる人もいるんじゃないかと思います（笑）。

●最後にもうお一人だけ。

会場の観客Eさん
ありがとうございます。2つ質問がありまして、1つは雨の描写なんですけれど、事件現場で実際に大雨を降らせてたりとか留置所の中でも雨が水溜めるんですけど、あれはどういった心理状況を表していたのか。
もう一つはあのお兄さんが亡くなってその後発砲の練習時にお兄さんの幻みたいのが現れて、それで撃ち方を教えて、次の場面が妹と会うシーンになるじゃないですか。だからあれってお兄さんから受け継いだものをさらに妹に託そうとしているかなっていうふうにも受け取る人もいる。

◎ちょっと待って。演出の意図は何ですかっていう風に演出の人に聞くのは愚問ですよ。あなたがどう受け取ったかの問題なんじゃないの。僕は雨のシーンは、もちろん山上あるいはその川上が入っている世界なんですよ。実際には例えば銃撃の場所に雨は降ってないでしょ、でも山上のところには降ってるんですよ。そのことから何を感じるべきなんですか。その演出意図を聞くの？　やめてよそういうのは（笑）。

会場の観客Eさん
失礼しました。

〇いや、馬鹿野郎！　どうしても聞くんだと言わないとダメでしょ（笑）。
いやそこがね、丸くなったらダメですよ。僕が心配してたのは、単に今、宮台さんが言ったのは演出意図ですね。山上は自分の混迷と自分の世界に入ったら雨が降ってしまうというね。だから独房の中にザーザーと雨が降るのかというような問題もあるでしょう。だけど彼自身が混迷ではあるけれども彼の世界に入るときに必ず降るという具合には設定しました。

◎言っちゃったんですね（笑）。

●若松さんの『連合赤軍　あさま山荘への道程』も足立さんが最初に書いたシナリオがあって、それも山岳キャンプの中でずっと水が流れているって聞いたことがあったんですよ。僕も足立さんとの接点を探りながら初稿を書いたので、ならば一度雨を投げてみようと。だから僕にも明確な意図や解釈があるわけじゃない。足立さんが『連合赤軍』の時から水にこだわったのか、僕も未だ考え続けています。

○考え続けてください。

●では、時間となりました。最後に皆さん一言ずつ。ダースレーダーさんから。

★僕は明日も招集されてますので、2日間足立監督と登壇するという稀有な立場です。明日ももう完売してるんですよね。

●完売です。ただ地方のミニシアターでも明日上映するんですけど、そちらの方はまだ余裕があります。ホント、見ないで批判している奴らにちゃんと見ろと言いたい。

★鹿児島は上映中止なんですよね。盛り上げていくっていうことも含めてなるべくいろんな人に見ないで喋っている空中戦の人たちに対して、実際に見る機会を提供していくというのに協力できればなと思っております。
明日もよろしくお願いします。じゃあ宮台さんお願いします

◎僕はとにかく冒頭に申し上げたこと、足立さんは足立さんであるということを再確認させていただくとともに、そのことによって今僕たちが勇気づけられるということにすごいある種の奇跡みたいなもの、あるいは使命感みたいなものを感じます。以上です。

●では足立さんお願いします

○映画監督って映画を見てもらえばいいんです。それが一つ、ただ俺も多少おしゃべりなところがあっていろんな発言をしてきたので、その発言の責任は取っていこうと思ってます。
この映画はさらに人々に見てもらうことによって批判されることによって、映画だけじゃなくて僕も鍛えられるので、どうかネトウヨの人々も統一教会の人も日本会議の人も見に来てください。以上。

●皆さんありがとうございました。劇場公開に向けていっぱい宣伝してください。

[日時]2022年9月27日(火)19:00〜(上映50分)、上映終了後〜トークイベント
[場所]LOFT9Shibuya

〇足立正生
◎栗原康
★ダースレイダー
●井上淳一

●本日は『REVOLUTION＋1』上映＆トークイベントにお越しいただき誠にありがとうございました。
この映画は準備期間1ヵ月で8月28日にクランクインしてまだ未完成ではありますが、安倍元首相の国葬の日になんとしても上映したいという監督の強い熱意により今回特別バージョンの上映が行われることになりました。
映画上映の前に今まさに国葬が行われている日本武道館と中継がつながっているので(笑)、そちらの様子をまずは見ていただきたいと思います。武道館どうぞ(笑)。

〇こんにちは、足立正生です(拍手)。今まさに国葬会場では弔砲がドンドンと鳴り響いています。何の為の音でしょうかね。むなしい限りです。この田安門の辺りは通行止めになっており、献花台があるのですが、そこには粛々と人々が献花をしたりしています。そのような状況の中で国葬反対の我々としては、国葬賛成の人たちと論争をしたりしておりましたが、今はおとなしくなっております。
これから映画を見ていただくので、内容については後のトークで話したりしましょう。いずれにしてもこの国葬現場に立っておきたかったというのがあります。どうぞよろしく(拍手)。

＊＊＊＊＊＊＊映画上映＊＊＊＊＊＊＊＊＊＊＊＊

●国葬当日にこんな映画を見に来る不謹慎な人たちがいっぱいいて、なんかいい気分です。ありがとうございます(笑)。
まずは、この映画に出るという勇気ある決断をしてくれたキャストが来ているので、登壇してください。山上徹也ではなく川上達也を演じたタモト清嵐さん、川上の妹役の前迫莉亜さん、お父さん役髙橋雄祐さん、若い女役森山みつきさん、若くない女役イザベル矢野さん、そしてお母さん役岩崎聡子さんお上がりください。
教団警備役の昼間たかしさん、SP役の増田俊樹さんもお願いします。

川上役タモト清嵐

皆さん本日はありがとうございます。まだこれからいろいろ編集をして、さっき追撮があると足立さんから聞いたんですけど、見てみないとわからない部分がたくさんあると思うので、ほんとにいろんな声がありますが、僕のTwitterでも「カス」だの「死ね」だのいろいろ書かれているんですが、まあそれはそれで1つのご意見として僕はそういうもんだなと思っていて、記事にも出ていたんですけど、覚悟を30歳の俳優がっていうのがあったんですけど、僕にはこういう意見が出るだろうなっていう意味で、いろんな人の思いをぶつけられるんだろうなっていうことで、そういうものにはウケはするけど流されないという意味で、自分が自分でやりたいと思ってやったことなので、1つの芯をぶらさないという意味での覚悟なんですけど。ここからちゃんと本公開に向けて追撮をしてしっかりやってきたいと思います。

●追撮があるんだ。今はじめて知りました（笑）。何を撮るんだろう。
こういう政治的なニオイのする映画って、本当にキャスティングに苦労するんですよね。だから、今回は皆さんに本当に助けられたと思っています。
お父さん役髙橋雄祐さんお願いします。

お父さん役髙橋雄祐

はじめまして父役を演じました髙橋雄祐と申します。僕も今日初めて映画を見て、今タモトさんが言ったようにカスだとかクソだとか、言葉を発する前にじっくりと自分自身の考えや言葉も疑いながら考えていきたいなと、今日映画を見て改めて思いました。皆さんもいろんなことをじっくり考えていただけたらと思います。今日は集まっていただいてほんとにありがとうございました。どうぞよろしくお願いします。

●ブルーハーツが印象的だったと思います、森山みつきさんです。

若い女役森山みつき

皆様今日はありがとうございます。若い女役を演じました森山みつきと申します。私も今回関わらせていただくにあたって若干びびりながらという所ではあったんですけども。実際にTwitterなどを見ていて1つの映画の情報に対してこんなにも様々な意見が出るんだっていうのを関係者ながらわーっと見ているような感覚がありました。でも特に若い世代の方であまり政治に関心がない方にも、こういった映画という形で届けられることに関われた事はすごく重要なことだと思っております。ありがとうございました。

●イザベル矢野さんお願いします。

若くない女の役イザベル矢野
若くない女の役をやらせていただきましたイザベル矢野と申します。こんな名前ですが生粋の日本人です（笑）。今回この映画のオファーをいただいた時に革命家二世という非常に難解な役を受けたときに、どうやってこれを咀嚼して自分なりに落とし込んで行けたらいいかなってところから始まりまして、脚本家の井上さんにもいろいろご相談しました。思想とか皆さんに言葉で伝えるっていうのはなかなか難しいんですけれども、足立監督が描く革命家二世が抱いている思いを自分なりに落とし込んで、この映画で何か伝えられたらということで携わらせていただいて、本当に光栄に思っております。ありがとうございます。

●昨日足立さんのお嬢さんが居たので会わせればよかったですね。今日も重信メイさんが来ていて、そう考えると革命家二世もいっぱいいるんですよね。では、お母さん役の岩崎聡子さん。

お母さん役岩崎聡子
母役をやりました岩崎聡子と申します。昨日に引き続き本日も拝見したんですけれども、やはりこの50分バージョンもかなりのクオリティーで編集とか音入れとかしてくださっていて、80分バージョンもとても楽しみだなと思いますのでぜひ皆様80分バージョンもご覧いただければと思います。私も相当今回親戚とか家族とか大家さんとかいろんな人たちに何か攻撃されたらどうしようってすごく思って、もし何か言われたら、私が台本読んだのは7月7日なんです、で8日にはすごく驚きましたっていうコメントを用意してたんですね（笑）。井上さんにそれをチェックいただいて、じゃあ井上さんは預言者っていうことでってことも考えていたんですけど、実際本日とか来ていただいたお客様は温かく見ていただいて嬉しいなと思います。そして国葬の日にここに居られて本当にうれしいです。ありがとうございました。

●しかもわざとド派手な赤い服を着てきたんですよね。次は、妹役前迫莉亜さんです。

妹役前迫莉亜
妹役を演じさせていただきました前迫莉亜です。本日はありがとうございます。この作品で実在されている妹さんを演じるにあたって、いろいろ考えさせるもの、考えさせられることがありました。現場で足立さんにもうちょっと踊るように歌うようにセリフを言って欲しいって言われて、私も通ずるものがあったの

で、すごく刺激的な夏を過ごさせて頂きました。本編もぜひ映画館まで足を運んでいただけたら嬉しいです。ありがとうございました。

● 教団警備員役昼間たかしさん

昼間たかし
昼間たかしです。教団警備員役をやったんですが、現場に行ったら包丁を手刀で叩き落とすんだと監督から指示がありました。お前はテコンドー三段だって言われて、いや僕は少林寺拳法は初段なんですけどって。一応やってみたら僕が多分1番NGを出しまくって迷惑をかけていますので、この場をもってお詫びいたします。皆さんも本編は面白いと思うので引き続き年末の劇場に足を運んでください。よろしくお願いします。

● SP役増田俊樹さん。

SP役増田俊樹
この映画の製作をしております、ロフトシネマの増田でございます。親分の平野悠さん、エグゼクティブプロデューサーなんですが、この人に25年ぐらい付いているんですけど、7月の半ばに下北沢に呼び出されて「今までためてる多額の借金をまとめて返すか、この映画の製作をするのか、どっちか選べ」って言われて慌てて帰ったんです。そうしたら今度は8月に隣の昼間くんと新宿を歩いていて暇だから足立さんに電話したんですね。今喫茶店にいるから直ぐ来いと言われて。着いたら冷たいものをご馳走になって、「お前飲んだら、SP役をやれ」って監督に脅されました（笑）。で断れなくなりまして、今日も映画見にきたんですけど、井上さんが今日何とか教団が来るといけないからって、外でSPやってました（笑）。皆さん劇場公開の折にはよろしくお願いいたします。

● だけどよかったですよね、来いって言われたのが映画で、アラブじゃなくて（笑）。

--写真撮影--

● 足立さん、もう必ずカメラ向けると中指立てる癖はいい加減やめられたほうがいいですよ（笑）。
撮影の高間賢治さん、時間がない中で編集やってくれた蛭田智子さん、助監督の鎌田義孝さん、能登秀美さん、お金をだしてくれた平野悠さん、それから配給をやります小林三四郎さんです。これから劇場公開に向けてよろしくお願いします。

どうも皆さんありがとうございました。

ではトークに移りたいと思います。武道館から帰ってきたばかりの足立正生監督、作家の栗原康さん、昨日に引き続きダースレイダーさんです。よろしくお願いします。

どうでした武道館は？

○中身がない分だけ、さあ時間が来ましたって、ドーンと空砲が鳴るわけ。

★空砲って空（カラ）って書きますからね（笑）。

○彼らは本当に嘆き悲しんで空砲を撃ち続けるのかと思いました。ただ面白いのは田安門の前で、国葬反対のデモとか意思を出す人は遮断されて入って来られないですね。市ヶ谷の方からの入り口には献花する人が1キロ2キロ並ぶとかいわれているんだけど、そのくらい君たちは利益を享受していたのかと言う質問をしたくていたんだけど、いろいろ危ないことになるからやめてくれって言われてできないしね。面白かったのは、お年寄りがひとり小さな「国葬反対」っていうプラカードを胸に持って立っていると翼賛的な人が取り囲んで「出て行け！」ってやられるんだけど、その人は平然と静かに立っているだけなんですね。だけど周りでは大騒ぎしてみせる、「ここは歩道ですから立ち止まらないでください」ってお巡りさんがいるんだけど、僕なんかは立ち止まってお巡りさんは見えないフリをするんですけどね。つまりそのくらい周りの雰囲気というのは、田安門のところまで来たデモ隊は全部止められて、その向かいに右翼が日章旗を掲げてギャアギャア言う。そういうところでやりとりせざるを得ない。
別に武道館に爆弾投げるとかそういう人はいなかったですよ（笑）。だけどそういう前にデモを寸断する、あるいは入れない。右翼が殴りかかったっていいじゃないですか、殴り返せばいいんだから（笑）。そういうところを何か権威付けてやっている風情の方が強くて、おまけに田安門から登って武道館から一番近い道は閉鎖されているんだよね。あたかも来賓客がどんどん来るみたいにしてね。昨日あたりから、今日の国葬の儀式はこういう具合にやるって発表しているんだけど、そういう中には田安門入り口を閉めるとか書いてない。そういう「ひっかけ」をやったりしているっていうのもわかったりして。

★「週刊現代」のスクープとかにもありましたけど、そのままやっちゃうとばつが悪いから急遽変えられるところを変えたのかもしれません。

○だから周りの感じだけで申し訳ないんだけど、いかに日本の政治の底が抜けてて、こういうことをやるしか虚ろな自分たちを埋められないんだっていうのが非常によく見えたっていう感じがありました。デモを止められているところを見ていると、俺はそっち側にすぐ入る癖があるからスタッフに止められて、ここへ戻ってきた次第です。

★田安門を閉めてるっていうのもあって列が四谷の方まで伸びてたんですね。僕はファンクラブの集まりが開催されてるというふうに考えてます。安倍さんのファンはそれなりにいるでしょう。列がこんなに長いとか言いますが、ついこの間エリザベス女王の行列の話が国際的にニュースになった後で四谷まで列があるってはしゃいでいるのは、すごくみっともないと思いました。今列の長さはあまり言わない方がいいんじゃないかなとは思います。向こうは25時間でベッカムが12時間並んだとかがニュースになった後で四谷から九段下まで並びましたって、それはそれでご苦労様だとは思います。
今朝オーストラリアの国営放送ABCテレビが国葬のニュースを流していて、日本にいる特派員の方がレポートしていました。一言で「非常に奇妙な国葬だ」と表現しています。国民の大半が反対しているわけですよね。

○世論調査もいろいろあるけど、総合すれば反対60賛成30から35ということです。沖縄の新基地反対と同じ感じですよね。

★沖縄の辺野古移設反対も7割反対だったから沖縄と同じくらいの割合ですね。産経でも読売でも反対の方が多いんですが、そんな状況の中で国葬が開催されるのはそもそもおかしいというのが一つ。また、オーストラリアのスタジオにいるアンカーの方が「でも海外の首脳がたくさん来てますよね」って言ったら、多分騙されているんじゃないかと思っているって特派員の方が言っていました。カナダのトルドー首相はハリケーン被害のために来ないという判断をしました。これは民主的な手続きを経ていない儀式に参加するよりも自国民の災害対策を優先したのは正しかったと思うし、オーストラリアの首相は行ったところで何も得るものはないだろうと特派員が話すニュースをオーストラリアでは今朝流していたんです。国葬をやる理由はいくつかでっち上げられていたんですが、その中に弔問外交があって、海外からの弔意に応えるというもっともらしいものがあった。でも海外からG7も誰も来ないし、参加するオーストラリアの国営ニュースがこの有様ですから、どう取り繕うつもりなのかな、とは思います。
弔問外交が始まって2日で40カ国の人たちに岸田さんは会うらしいんですけど、抜き打ちで「ベトナムの首相とはどんな話をしましたか」と聞いたら答えられないと思うんですよね。細かい話とかする時間もないと思う。足立監督は国葬粉砕

というスローガンを出したけど、リングに上がる前にすでに国葬はヘロヘロだったという感じがします。

○栗原さんは国葬とか興味ないんでしょ。

◎きょう足立さんと一緒に行く予定だったけど、行けなかったので手もちぶさたになって、僕は友達といっしょに行ってきたんですよ。せっかくだから行けるところまで行ったんです。デモ隊が封鎖されているところまで。さっき安倍ファンが並んでるっておっしゃってましたけど、こちらは山上ファンが多かったですね。中国の子たちが7人くらい山上ファッションで登場していました(笑)。

★映画の川上みたいな感じですか？

◎調べたらネットで売っていた、と言ってました(笑)。

★最近はコスプレをしてくれる店とかもあるので、頼むと山上になれるんですかね。

●山上ファッションで映画に来たら1000円とかそういう風にしましょうか(笑)。そんなことを言っていると叩かれるんですよ。栗原さん、映画を見てどうですか。

◎超おもしろかったです。めっちゃテンション上がりました。最後がすごいですね。山上が決起する直前にキエーって踊ってたじゃないですか。痙攣して何かが降りてくるみたいな。あの瞬間がやばいなあと思って。銃の練習のときにもスッとお兄ちゃんの霊がでてきて、一緒にぶっぱなしていましたけど、やっぱり人が決起する瞬間って、なんか霊的な声が聴こえちゃっているのかなと思って。どっからか「安倍死ね、安倍死ね、安倍死ね、死ね、死ね、死ね、死ね、死ね、殺す」みたいな。

●今のは映画にないシーンでしたね(笑)。

◎あのシーンでそう感じたんです(笑)。

●足立さん、山上の踊りは即興ですか。振付があったんですか。

○タモト君がいるから聞いてみたらいいけど、僕は他のいろいろ小さいことを言わない監督なんです。ただシナリオには踊って踊り狂うとだけ書いてある。タモ

ト君にどういう具合にやるのって聞いたら、自分の体を全部叩きまくって中身を追い出すような踊りをやりたいって言うんだよ。うんそれがいいと。賛成だけど、兄が統一教会の中でさなぎが脱皮するみたいに拘束服を脱ぐシーンがある。そういう意味で、まとわりついている統一教会のものを脱ぎ捨てる、あるいはそぎ落とす踊りもいいんじゃないかと。それを目指してやったらいいんじゃないのっていう程度なんですね。後はタモト君が自分で演技設計をしてきた何段階の中の1つとして、最も重要なシーンは何なのかは分かっているから、それから本編にしか出てないけど、もうちょっと他にもあるんですけど、その時はもっと暴力的に。こっちの方は自分の体と削り取るというかそういう具合にやればいいとお願いしただけで、後はタモトが自分でやるんですね。監督と役者の関係ってそういうのが1番いいですね。そこはもうちょっと右でやってくれとかそういうのは役者の存在感が損なわれたりしますね。すいません、こんなずぼらな映画監督の演出方法がいいなんて主張するとみんなに怒られるけど、大体そんなもんです。

●僕は自分の中から毒を絞り出しているように見えたんですが、タモト君どうですか。

タモト清嵐
毒というか、僕は虫という印象だったんですよ。体にまとわりついていたものが、吸血というか、自分の何かを吸いとって。何かが入って来るというのも面白いと思ったんですけど、僕は基本的に入っているものを出すという。手をぬぐっているところも安倍なんかの写真を触っているので、自分としては踊りの最初は先端だったんですよね。自分の中で嫌なものやまとわりついたものを出すというか。体を全部叩くっていうのもやっぱり何かをたたき出すっていうもので。
でもあんまり何も考えてなかったです。現場でもそんなに話さなかったですよね、実際。何かやってみたらああなったっていうだけで、あれも1回やっただけでオッケーもらって。考え出すと難しいじゃないですか、あんまりやっちゃうと変な感じになっちゃうし。

●あまり俳優から足立正生監督論って語られたことがないけど、細かいこと何も言わずにお任せで一発OKという監督って役者としてはどうですか？

タモト清嵐
いやいや、ありがたいですよね。何回もやるよりは考えないでやったほうがいいんですよ。考えてる間に終わっちゃうんでいろんなことが。

★でもあの手刀で包丁を落とすところはNGが何回も（笑）。

○あったかなぁ（笑）。

●昨日も言ったんですけど、足立さんに言われて、奈良の事件現場に実景を撮りに行ったんですよ。そのついでに山上の住んでいたマンションに行ったんですけど、現場から車で5〜6分のところなんですよね。山上は前日、岡山まで行ったわけじゃないですか。そこで殺そうと。でも警備が厳重で入れなくて、次の日に長野まで行こうと思っていたのに、帰りの新幹線の中で自分のマンションのすぐ近くに遊説場所が変更されたのを知る。その時、どう思ったんだろうって。運命じゃないかと思ったっておかしくないですよね。昔の脚本家は「時代劇を書くなら、城跡でいいから行け」と言ったらしいけど、本当に現場に行かなきゃわからないことはあるなあと。因みに、山上のマンション、住所は合っているのに見つからないんですよ。そしたらもう名前が変わっていた。マンション名のプレートも新しくなって。そういうことは早いんだと。

★タモトさんの歩くスピードとか映画の中で寄っていく個所ですね。

●完成版では山上が彷徨うシーンがあるんですけど、その見た目を撮ったんですよ。髙間賢治さんが撮った画の切り返しを撮るのかと、もうプレッシャーで。しかも、その映像を見てないから、歩くスピードが分からない（笑）。

○あのさぁ今日見せてないことについてしゃべるな、このやろう（笑）。

★井上さんは言っとかないとカットされるんじゃないかと（笑）。

●『福田村事件』という映画の撮休の日に、メイキングの綿井健陽さんと撮りに行ったんですけど、カットされちゃ堪りませんからね（笑）。現場で必ず手を合わせている人がいるんですよ。その人たちを写さないように撮るのが大変で。

★何月くらいですか。

●9月13日です。まだ手を合わせている人がいっぱいいた。

○でも今日みたいに、「立ち止まらないでください、花は置いていかないでください」とか書いてあるじゃない。

●はい、「お花やお供えなどは、故人へのお気持ちと共にお持ち帰りください」と書いてあるのに、関係なく、花もお供えも。なぜ安倍なんかにと（笑）。

○綿井いる？　撮ったものは全部見ていて、本編にも少し使わせていただいています。

●少し（笑）。そういえば、今日の国葬の年齢層はどうだったんですか？

○僕は統計学者じゃないからはっきりとはわからないけど、3割は若い女性ですね。それに同行している若い男性も2割いて、半分くらいは年寄りですね。そういう人は別に花も持ってないし、献花に来ているわけでもなく、散歩に来ているんですね。どうしても安倍さんが好きな人は花を持って行っているんでしょうけど、その風情が見てくれでね。女性が大きな花束を持っている人はいなかったよ。男の人が大きな花束を持つって何なんでしょう、宣伝に来ているんでしょうね。

◎僕もインタビューを受けている人をみたんですけど、でかい花束を持った男性でしたね。

○やっぱりね。これはどこかで動員してやっているんでしょうね。

★安倍さんにはいろんな方がお世話になっていたと思いますからね。そういったお世話返しという動機はあると思います。

○我々は国葬粉砕と思っているんだけど、反対の人たちもいる、支持する人たちもいたら堂々とやればいいんだけどね。それはしないのね。隠然といて、嫌がらせをやる。その脇で日蓮宗の人たちが宗教上も国葬は許せないとおばさんたち20人くらいが並んで新聞配っている。この国葬を許すなって書いたのをね。
元勝共連合のおばさんたちが全共闘の前で割烹着をきて駆け足でだっだっだって来て反対を許さないってやってたのと同じ構図を見ましたね。だから面白かったですよ。

★勝共連合の人たちの母体組織の方々も集めると全部で6万人くらいの可能性がありますね。
僕は国葬に関しては手続きの点で反対しています。一回も国会に諮っていない以上、民主的プロセスを正式には経ていないと考えています。僕も一応主権者なんですが、この話ちゃんと聞いてないよということで終わりなんです。民主主義国家という看板を出すならば、そこはちゃんとやって欲しいです。国の行事はやるやらないを主権者に判断させて欲しい。ところが僕らの代理人を送り込んでいるはずの国会で話し合いがされていない。じゃあ、これは岸田さんが主催の単なるファンクラブの決起集会みたいなものでしかない。ただ、そこに僕らが預けたお

金が使われているから、おいおいどういうことなんだと、ロジックとしてはそれだけなんです。武道館ではいろんなファンクラブの集まりをやっているから、そのひとつに過ぎない。

でも国という言葉をたかがファンクラブに持ち出してくるんだという、意識の膨らんだ部分の空虚さ、膨らし粉で膨らんだ部分の空っぽさがみっともないと思います。

◎国を葬るっていう意味で国葬だったらいいんですけど（笑）。

僕は安倍の国葬だから反対というより、国葬そのものがクソだと思っています。宗教一般がそうなのかもしれませんが、とくに国家挙げての追悼儀式って、大体とんでもないことなんですよね。

8月だったら靖国に集まったり、戦没者の追悼儀式をやっていますけど、国を挙げて何かを追悼すると、きまって日本がやった悪いことが良いことであったかのようにすりかえられるんですよ。めちゃアジアを侵略しまくって、人を殺しまくって、加害者でしかないはずなのに、戦没者の追悼儀式をやると、なんだか加害から被害へとすげかわる。この人たちは日本のために戦って死んだ犠牲者なのですとか、西洋列強の脅威から日本とアジアを守るためにがんばって殺された被害者なんですとか、その被害者を侮辱するなんておかしい、みたいな論理にすりかわっていく。だから国の追悼儀式って、スゲェ悪い人たちが被害者面して、まるで良いことをやっていたかのように、人の思考を反転させてしまう装置みたいなものなんだと思うんですよね。

安倍の国葬もいっしょ。散々ひどいことやってきたわけじゃないですか。強者が弱者を支配しまくって、貧民を作りまくってそれを虐げる。あるいは最近、たまたま死刑反対の運動と関わるようになったんですけど、安倍時代の死刑囚の殺し方とか半端ないじゃないですか。ひどいことやってんだけど、安倍を国葬という形で追悼すると、加害者ではなく被害者になるんですね。あんだけ悪いことやったのに、国のために尽くしたからこそ殺されてしまったかわいそうな被害者。だからその人をみんなで追悼しましょうと。そしたら被害を受けたんだからその分をやりかえすんだ、安倍さんの意思をひきついで、もっとその先までいかなければ、みたいになっていく。そういう国葬の論理、追悼や宗教の論理そのものを粉砕しないといけないと思います。

★栗原さんが言っていることは、国葬を国が何かをやるっていうこと自体の意味合いですよね。僕はすごく大事だと思っているのは、先日のイギリス英国王室の国葬。史上最大のテレビショーとしてやっていて、統治する英国王室が自分たちの権威付けをあらゆるテクノロジーを使って入念に計画してガバナンス＝統治側の意図を完璧にショーとして作り上げて、実際世界中に素晴らしい！素晴らし

かった！とみんなが感動するテレビショー、何億人が見るテレビショーを作り上げて、チャールズという人気がなかった人の権威付けをしてエリザベスの権威付けもして、という周到ぶり。しかもこれがヨーロッパの王室という歴史を考えれば、生き残ってきた王室的なるもの、いわゆる支配階層の生き残り戦略の賜物を見せ付けられた。国の儀式にはそういう意図があるから、それはかつてのナチスドイツも同様、欧州的なガバナンスの意図はこうだ、いう前提に立った時に、日本はそういう機能が本来ならあるはずの儀式すらこんなにしょぼくしかできないのかというがっかり感が今回は強い。国の儀式はドーンと打ち上げて国をまとめ上げるという意図があるはず。国民国家というシステムは必ずそれをやるんだけれども、それすらちゃんとやる能力がない。あとヨーロッパの怖さみたいなものもすごく見せつけられたと思います。

◎日本がダメダメなんですよね。だけどこのコロナ禍でダメダメなのにやれてしまうのが日本の怖さかなと思っていて、逆に。
そもそも安倍晋三が生きていた頃から、ヨーロッパと比較するとロックダウンすらやらない、金も出てこない、そういうのがダメな日本って言われるけど、それでスーと通っちゃうじゃないですか。安倍がマスクしか配らないと、われこそが真の国民だみたいな人たちが張り切って「自粛ポリス」を名乗って、国家以上に国家がやるべきことをやっていっちゃう。国が馬鹿なことしかできないからこそ、むしろ民衆の側がより国家を体現するような行動をはじめてしまう。国民運動みたいな。

●来年は関東大震災から100年。ということは、栗原さんが書かれている大杉栄や伊藤野枝が殺されてから100年。その時の朝鮮人虐殺の「自警団」と今の「自粛警察」に似たニオイを感じるのですが。

◎似ていると思います。1905年の日比谷焼き討ち事件もそうだったと思うんですけど、あれって暴動というよりも過激な国民運動なんですよね。戦争のせいで国民が疲弊したのに、国家はなにもしてくれない。すると国民さまがムチャクチャに荒れまくる。真の日本はこうあるべきだ、国民のための国家はこうあるべきだと言って。関東大震災のときも、めちゃくちゃな被害がでているのに警察も軍隊も行政は機能してない。そしたら神聖なる国民さまが暴れまくる。自分たちこそが日本の秩序を防衛しなきゃいけないみたいな感じで。これもさっきの加害者と被害者の論理だと思うんですけど、ほんとは日本が朝鮮を侵略して、土地を奪いまくって、住む場所もなくして、仕事もなくなったから、朝鮮から日本に働きに来ているわけですね。日本に来てもなかなか仕事がないから、安い仕事やってタコ部屋みたいなとこに詰め込まれてたいへんな思いをする。でも日本人は被害

者ぶって、やつらが俺たちの仕事を奪っていると思いこむ。さらに震災が起こって危機的な状況になると、やつらはこの日本を奪い取ろうとしている、俺たちを殺そうとしている、あいつらは加害者だ、敵だ、殲滅しろっていって戦争みたいになる。国がやらないからこそ、国がやるべきことを国民さまが過剰に体現していく。暴走して虐殺していく。そして、その過程で加害が被害に変わっているんですね。国家は虐殺した人たちをほぼ裁いていない。日本では、そういう国民運動の過剰さが国家の礎だとわかっているから。いまも似たようなことが起こりかけているのかなと思います。

＊＊＊＊＊＊＊＊＊＊＊＊＊＊＊＊＊＊＊＊＊＊＊＊＊＊＊＊＊＊
日比谷焼打事件（ひびややきうちじけん）は、1905年9月5日、東京市麹町区（現在の東京都千代田区）日比谷公園で行われた日露戦争の講和条約ポーツマス条約に反対する国民集会をきっかけに発生した日本の暴動事件。
1905年のポーツマス条約によってロシアは北緯50度以南の樺太島の割譲および租借地遼東半島の日本への移譲を認め、満洲や朝鮮の利権を手にし、実質的に日露戦争は日本の勝利に終わった。
しかし、同条約では日本に対するロシアの賠償金支払い義務はなかったため、日清戦争と比較にならないほど多くの犠牲者や膨大な戦費（対外債務も含む）を支出したにも拘わらず、直接的な賠償金が得られなかった。
そのため、国内世論の非難が高まり、暴徒と化した民衆によって内務大臣官邸、御用新聞と目されていた国民新聞社、交番などが焼き討ちされる事件が起こった。
なお、同事件では戒厳令（緊急勅令）も布かれた。
＊＊＊＊＊＊＊＊＊＊＊＊＊＊＊＊＊＊＊＊＊＊＊＊＊＊＊＊＊＊

★今、小池都知事になってから、9月1日の関東大震災における朝鮮人虐殺の犠牲者への追悼文も送っていません。反対の声をあげ続けている人たちはいますが、日本のムードとしてはそれすら容認されてしまっている。1910年からの日韓併合以降の歴史が皮肉なことに、統一教会の教義の根本にあるのはそこへの恨みですよね。その復讐を日本に対して行うことが文鮮明の考え方の核の一つですよね。
そうした教団に岸信介から始まった安倍三代がそれぞれの形で協力した挙句がこの結果というのは、どうしても考えちゃいますよね。安倍さんのコロナ対策に関しては代表的なものとしてアベノマスクっていうのがあります。ヒルカラナンデスという番組を一緒にやってるプチ鹿島さんが今日の国葬は集まった方々はみんなアベノマスクで行くんですよねって確認していましたが、どうでしたか？

〇いや誰1人してないけど（笑）。俺はアベノマスクに近いちょっと大きめのサイ

ズをしたんだけど、そういう人もいないね。

●誰だか忘れたけど、エリザベスの葬儀に並んでいる人は誰もマスクしてなくて、国葬で並んでいる人は全員アベノマスクをしているという風刺画を描いてる人がいて、大笑いしました。

○だれもアベノマスクはしないでしょ。

★すごいですよね、安倍さん最大のコロナ対策ですからね。それもなかったことにしちゃうんですね。
僕が覚えているのは、当時無理矢理擁護していた方もいて、それはファンの方々にしてみれば安倍さんのやることは全部応援するんでしょうが、有難かったですよとツイートしてましたよ。なんで肝心な日に誰もしてないんでしょう。

○だから今日もその花束持って並んでる人に聞きたかったんだ。アベノミクスやアベノマスクでどういう利益を得ましたかって言う質問したかったのね。でもそういう質問はうちのスタッフが止めたのね（笑）。
でもそう聞いてみたくなるくらい、あれは利益共同体だなとしか思えないけどね。中身のなさがはっきりしているわけじゃないですか。あるいはトヨタの手先とかさ、円安で儲かっている企業は何億でも国葬には金を出すでしょう、オリンピックに金を出すみたいにね。出す側と賄賂にして食う側とがもたれあっているわけですから。
オリンピック反対なんて言っていた時代、反対にオリンピックは是非やるべきだ時代、いろいろあるけど、今はオリンピックを食いものにした奴らの総本山や森にどこまで迫れるかという話でしょ。
だから自民党は岸の時代からかっちり反共思想とか言いながら組んできたわけですよ。反共連合や統一教会は現在に至るまで、そういうことは国民がすぐ忘れてくれると思っているのね。忘れる我々も悪いんですね。
すいません、こんな政治的な発言はしたくないんです。僕は映画を作っているので映画を見てくれって済ませたいんです。だけどどうしてもこの国葬だけは許せなくて、未完であったけれどもぜひ上映したいと思っていたんです。そこにあるよね。やっぱりほっといたらいかんのですよ。
すいません、偉そうにタバコ吸って、いま日本人の間では嫌煙運動がいきわたっていますから（笑）。

★ステージでこんなにモクモクと煙を見るのは久しぶりで、いいなあと思って（笑）。

●ところで、僕が足立さんに「山上の映画をやりしょう」って電話して、足立さんも「俺もお前に電話しようと思ってたんだ」って言ったのが、この映画のはじまりなんですが、実は足立さんに電話する30分前まではそんなこと思いもしなかったんですよ。

実はその30分前に、ある新聞記者とLINEでやり取りしていたんです。まだマスコミがどこも統一教会と言わずに「特定の宗教団体」と書いていた頃で、たぶんその記者さんもいろいろ溜まっていたと思うんですよね。で、そういうことをぶつけられるのが僕しか思いつかなかったんじゃないかと（笑）。で、報道に対するお互いの不満を言い合った後で、その人が「昔の若松プロならすぐに映画にしましたよね」って言ったんです。それですぐ足立さんに電話したという。だから、僕はその人がこの映画の真の企画者だと思っているのですが、共同通信の安藤涼子さんいらっしゃいますね。

★井上さんに最初の電話をかけた人（笑）。

安藤涼子
井上さん、ひどいじゃないですか、無茶ぶりを（笑）。

●安藤さん、覚悟して来てるでしょ（笑）。

安藤涼子
足立監督ありがとうございます。私は記者をやっているんですけど、銃撃事件の後の報道を見て、安倍さんのことがすごくエモーショナルに書かれている一方で、山上容疑者の方は淡々と事実が出てくる中で、山上容疑者の方にすごく感情移入してしまって、今報道ができないのであれば、これは映画の仕事じゃないですかって偉そうなことを井上さんに言ってしまいました、すみません。
ほんとにまさか映画になるとは思っていませんでした。ありがとうございます（拍手）。

●安藤さん、こちらこそ本当に感謝してます。あの挑発がなかったら、この映画もなかった。
この映画、SNSではもう大炎上で、観ずに批判する人たちを気にすることもないんですが、その批判の大半がテロリズムを礼賛しているというもので、テロとは何かわかっているのかと腹が立つんですが、足立さんはテロというものは本来国家がやる暴力のことだと言うわけじゃないですか。甘粕正彦が大杉栄や伊藤野枝を殺した事件こそテロだと。それが9.11以降、独立運動だったり、被抑圧者のゲリラ活動だったりがすべてテロと呼ばれ、悪とされる。それについて、栗原さんはど

うお考えですか？

◎そうですね、おまえはテロリストだと言われるとこっちも売り言葉に買い言葉で、じゃあ、みんなテロリストだぜって言ってしまう場合もあるんですけど（笑）。国からすると潜在的にはだれもがテロリストでしょうからね。

●国葬反対派は極左集団と呼ばれてますから。足立さんや僕は国賊でテロリストだし（笑）。

◎足立さんがおっしゃっているとおりで、もともとテロリズムっていうのは国家がやる行為のことですよね。はじまりはフランス革命直後って言われていてジャコバン派がフランス革命で国家天下をとりました、と。そのあと言うことを聞かない連中がいるから、そいつらをギロチンにかける。大量に処刑しまくって、その恐怖で人民を統治する。恐怖（テロル）による統治。もともと、この「恐怖主義」をテロリズムといったわけです。国家が人民を震え上がらせて隷従させるのがテロリズムです。
日本でいうと、例えば1910年の大逆事件は何もしてない人たち24人に死刑判決をだすとか超怖いじゃないですか。社会主義にかかわると殺されるかもしれない。怖くて「社会」という言葉も使えなくなる。あるいは、さっき関東大震災の話になりましたけど、朝鮮人虐殺もテロリズムですよね。当時は「不逞鮮人」って言葉が使われていましたけど、日本人に従わない朝鮮人が不逞の輩と言われる。その人たちを殺戮することで、日本にきた朝鮮の人たちを徹底的に委縮させるわけですよね。おまえら今後いっさい権利要求なんてするんじゃねえぞ、みたいな。もちろん復讐じゃあといって、アナキストが権力者暗殺にのりだすこともあったんですけど、それって別に恐怖で民衆を支配しようとしてるわけじゃない。テロリズムではなく、単に決起ですよ。

＊＊＊＊＊＊＊＊＊＊＊＊＊＊＊＊＊＊＊＊＊＊＊＊＊＊＊＊＊＊＊

大逆事件（たいぎゃくじけん）とは、1910年（明治43年）に起きた、多数の社会主義者・無政府主義者が逮捕され刑に処された事件。
日清戦争後、労働者階級の悲惨な労働状況への危機感などが背景となって、幸徳秋水や片山潜などの社会主義運動家が、平等な社会を求めて活動をはじめた。
明治政府の政治体制・国家体制を変革してしまいかねないこうした思想の広がりを恐れた明治政府は、1900（明治33）年に治安警察法を制定し社会主義・無政府主義を取締まる。
弾圧が強まる中、1910年（明治43年）、幸徳秋水・菅野スガらの社会主義者は、明治天皇を暗殺しようとたくらんでいたという疑いをかけられ逮捕されました。（こ

れが大津事件)

間もなく幸徳・菅野ら12名は大逆罪を犯したとして死刑に処される。

＊＊＊＊＊＊＊＊＊＊＊＊＊＊＊＊＊＊＊＊＊＊＊＊＊＊＊＊＊＊

＊＊＊＊＊＊＊＊＊＊＊＊＊＊＊＊＊＊＊＊＊＊＊＊＊＊＊＊＊＊＊

不逞鮮人(ふていせんじん)とは、韓国併合以降に日本・日本人・日本統治下で生活する一般朝鮮人に対する朝鮮人テロリスト、朝鮮独立運動家等を犯罪者的に批判した呼称。日本統治下における民族主義的な活動をしない「遵法的な朝鮮人」との比較用語として使われた。戦後でもGHQによる日本統治下に在日朝鮮人が起こした阪神教育闘争に参加した在日朝鮮人にも使われた。

1919年の三・一独立運動以降、テロを行う朝鮮人が恐怖と不安の対象となり、「不逞鮮人」という表現が登場し、一時期は流行語にもなった。戦前の1921年や1923年には「怪鮮人」と共に新聞等でも公に使われていた。金富子によると、現代では差別語とみなされる。

＊＊＊＊＊＊＊＊＊＊＊＊＊＊＊＊＊＊＊＊＊＊＊＊＊＊＊＊＊＊＊

★栗原さんの話における加害者被害者のすり替えロジック、特にブッシュ息子の「テロとの戦い」という言葉は、アメリカ国家の現代史を見ればアメリカは世界のあちこちでもっともひどいことをやっている国でもあります。

そのアメリカがテロと言う言葉をすり替えた。国家が被害者なのがテロだという言葉の入れ替えを21世紀の頭でやって、そのテロのイメージがドラマとか映画とかも含めて一気に拡散したおかげで、今の20代30代が持つテロのイメージにすり替わっちゃってますよね。栗原さんの言う加害者被害者の入れ替えロジックがすごく巧妙に働いちゃっててテロの意味が逆転した。その点がすごくわかりやすいですね。

●この映画もTwitterでは元テロリストが描くテロリスト礼賛映画だって書かれていますよね。

〇私はね、そういうヤジあるいはそういう言い方は全部引き受けようと思っているんですよ。「僕はテロリストでもなんでもない単なるシュールレアリストです」と本人は思っているけど、私の行動はいろいろあるから、それはそれで引き受けようと思っているのがひとつ。

それから安藤さんがそんないい電話を井上にしてきた同じ頃、僕はいろんな新聞記者とかそういう関連の人から「足立さん、山上知り合いじゃないですよね」という問い合わせがありました(笑)。「そっちの方のグループじゃないですよね」とか聞いてくるんですね(笑)。それで「全然違うよ」と。「もっといいのは彼が純粋に個

人決起したという問題で考えているんだから」といった後に、井上から電話で足立さんどうしましょうって、やるってこったろうっていうのが安藤さんの電話からいろんな電話から続いたことなんだけれどね。

なぜやろうかっていう事になったかというと、今皆さんが話してくれた内容を全部引き受けようと思ったんです。山上は何かを引き受けようと思ってやったんじゃないんだと、個人で決起するまで追い詰められたんだと。その追い詰められていた内容と追い詰められたときに彼が考える内容を提案することがいろんな意味でテロとか反テロとか陰謀とかいろいろあるんだけど、そういうのを全部山上はどう引き受けていたのか、どう自分の問題として追い込められていたのかというところへ返していけば、自ずと明らかになってくる話ですよね。

爆弾作ったりいろいろトライもしただろうし、統一教会へはお母さんに連れられて研修にも行っただろうし、勉強もしてるんだけど、結局そこで感じる違和感って何だったのかというと、こういう言い方するとみんなまた抽象的だって言うかもしれないけど、家庭も壊され生活も壊され、じゃあ自分がよりどころにしてる家族とか母親とかそういった愛って何なんだと、本当は彼は愛は何なんだという具合に自問自答していければよかったんですね。だけどそれをやった上でもどうしようもなかったんだということがずぶずぶとわかってくる。

だから「出鱈目じゃないですか、この映画は」って言われるけど、なぜ独房の中に雨が降り出したりするのかとかね。それは山上が自分の世界に入ろうと思ったり自分がこう考える、考えを煮詰めようとしたときに、あまりにも多くのものを引き摺って考えざるを得ない。そういう思いを託しただけですね。

お前の映画はいつも雨が降るなあといわれるんだけど、僕は雨嫌いですよ。だけど乾いた国での生活も長かったから（笑）。やめようかなあ、こういう話（笑）。雨はいいですね（笑）。皆さん雨に乾杯（笑）。

●足立さんの雨というか水への拘りは何なんですかね。水が浄化するとかそういうことですか。

〇自分でわかれば映画なんか作らないですよ。例えば星になるって星ってなんだってね。星って過去の光であって、今をどうしようかと思う時には最も遠いものであるわけです。その最も遠いものと自分を対比したり自分が星に向かったりせざるを得ないという、ここに全てがあると思っているのね。だから今頃の若い人で星になりたいっていうのはいないぜ、ってぼろくそに言われているんですけれど、じゃあ星っていうのはなんだということでしょうね。

星っていったらアナキストはどうするの。

◎僕はいいなあと思いながら観てたんですよ。星の光は、はるか昔に発せられて

いるわけじゃないですか。何万年も前から決まっている未来を生きる。もはや必然ですよね。そうするのが当たり前であるかのようにうごく。それしか道はない。多分、山上の場合はそれしかないっていう感じでうごいていた。そうやって必然の論理でがむしゃらにうごいちゃう瞬間が、ほんとうの意味での自由なのかなと。よく自分のあたまで考えてうごくことが自由って言われがちだけど、それだとみんな損得勘定をして身動きがとれなくなる。だから、それをとびこえていくというか。アナキストでいえば、幸徳秋水が全く同じこと言っています。彼は死ぬ直前にキリスト教批判をやっているんですよ。宗教はいらねーって。もちろん天皇もいらないって言うんですけど、迷信もなにも信じるなと言ったあげく、最後に一言。「自己の良心と宇宙の理を合致させろ」。言っていることは、星になれということなんじゃないかなと。

＊＊＊＊＊＊＊＊＊＊＊＊＊＊＊＊＊＊＊＊＊＊＊＊＊＊＊＊＊＊＊

幸徳 秋水（こうとく しゅうすい、1871年11月5日〈明治4年9月23日〉1911年〈明治44年〉1月24日）は、明治時代のジャーナリスト、思想家、共産主義者、社会主義者、無政府主義者。本名は幸徳 傳次郎（こうとく でんじろう）。秋水の名は、師事していた中江兆民から与えられたもの。大逆事件（幸徳事件）で処刑された12名のうちの1人。
秋水の遺作となった『基督抹殺論』は、君主制廃止の観点から書かれた書物であるものの、神社神道を国教としていた政府は反キリスト教の観点からこの書物の刊行を認めた。『基督抹殺論』は、第二次世界大戦の時期まで、キリスト教に否定的な右翼や官僚、軍人、神職などに広く読まれ、昭和になるとキリスト教への圧迫のために悪用された。
＊＊＊＊＊＊＊＊＊＊＊＊＊＊＊＊＊＊＊＊＊＊＊＊＊＊＊＊＊＊＊

○ダース君もいろいろ大変な人生を若い頃に送っていたんだろうけどどうですか。星になるなんて考え持ったことないでしょ。

★映画の中での川上は遠くて昔の光を見ないと、今の自分の周りに、それこそさっきの踊りで払い落とさなければいけない、いろんなものがあまりのも纏わりついている。それが目の前にある現実だとして、そこから1番遠いものに目標を設定しないと、どうにもならないって感覚でしょうね。

○だから1枚1枚脱皮する以外ないと。

★僕はやばいこともいろんなことがありましたが、川上マインドにはならなかった。この映画にはいろんな人が出てくるようでいて、下手したら完全に川上の頭

の中だけの話でもあり得るんですよ。

そのいろんな人が出てきているように見えるけど、これほんとに1人しかいない世界で、川上はそういう世界にずっと一人でいて、しゃべってるのも自分と喋ってるし、人と関わっているように見えているけど、本当にこの人はいるのか、実在感があるのか？

川上の側からは、兄であろうと父であろうと自分から一方的にこうだったよね、ああだったよね、としゃべっているだけなので、完全に孤独なんですよ。その孤独さは映画水浸しの牢獄として描かれていますよね。

そういった状況にカワカミのような人が置かれてしまっていることが、今の日本の1番の問題だと思うんです。僕は運がいいことに家族や友人と言った他者との関わりがあったから、川上みたいに遠くの星に目標設定して何とかするって考えにならずに済んだんだと思います。

●本当は足立さんに電話した後、すぐにシナリオを書いて撮影に入りたかったんですよ。でも、足立さんも僕も書けなかった。本人や家族に直接取材はできないし、情報源は報道しかない。それよりも一番問題だったのは、軸になるものが見つからなかった。そしたら、週刊文春に山上のお父さんが京大工学部でリッダ闘争（テルアビブ空港乱射事件）の安田安之(1947-1972)さんと同級生で麻雀仲間だと書いてあった。たった一行だったんですけど、ああ、これに向けて書けると思った。岡本公三さんや奥平剛士さん、安田さんは「オリオンの星になる」と言った。その「星になる」を核にできると思った。足立さんとの接点も生まれる。それで一気に書くことができた。安田さん（木村知貴）の部分は都合良く作ったんだろうと言う人がいるけど、だから本当なんです。

今日は全国のミニシアターでもこの映画を上映しています。これが終わったら、皆で名古屋の「シネマスコーレ」に行くので、そろそろ時間なのですが、何かご意見ご質問もある方がいらっしゃいましたら。

観客A

素晴らしい機会とそれから作品ありがとうございました。とても感動して、こういう何かが欲しかったんで、山上事件に関して。なんか1ヵ月後にアメリカの大学生がアメリカ大使館に爆弾じゃないけど火薬をとかいう事件があったんですけど、やっぱり触発されたんですかね。そういう人が出てきたときに何かアドバイスとかありますか。

○溜まりにたまって切れかかっている人がいっぱいいると思います。その一人ひとりに対してお前心してやれよというような映画ではないんです（笑）。そういうセリフもありましたけど。そういう切れ方が溜まっているというこの事実の方が

すごいと思うんですね。真綿にくるまれて生かされているということすら気付かないというような管理システムが行き届いているわけで、僕は青年を辞めてというか卒業してずいぶん歳とってますけれど、僕らが生きていた時代よりも若者は生きずらいっていうのが、どの局面を見ても極限まで若者が追い詰められてるなと僕は勝手に思うんです。

若い人に聞くと横並びにしてれば大丈夫だと言うような人々はいっぱいいるけれども、つまり自分に向き合う生活をどれぐらい長い間奪われてきたのかっていったら、そのぐらい奪われてきてると思ったんです。ですから切れる人が多いのを喜ぶのか悲しむのかっていったら悲しみますね。ほんとに切れざるを得ない。そこまで来てる人はそんなに多いんだっていうんで僕は悲しみます。山上が実行したことも悲しみで受け止めます。そういうところにあると思うのね。

★映画には妹さんの存在がありますよね。私はオルタナティブなやり方を目指すと明確に語っています。この映画を見た人はその妹さんを介して自分ならばどうするかというところまでつながる道は出来ていると思います。妹さんがあえてカメラ目線のセリフになっているのは見ている人に話しかけてるわけですから。

〇映画では禁じ手なんですよね、カメラを見て話をするのは。

●僕が書いた一稿は、山上に触発された女の人が国葬に爆弾テロを仕掛けるという話だったんですよ。国葬やってる日本武道館がバーンと爆発して終わると。それを足立さんが、妹が爆破することにして撮影までした。でも、実在する妹に爆破させていいのかと異論が出て、結局今の形に落ち着いた。僕は国葬の日に国葬爆破をやることに非常にこだわったんですが、足立さんが書いた妹の長台詞を見て、これはこれでありかなと。あれはあれでアジテーションなわけだし。でも本音を言えば、やはり爆破で終わりたかったですけど。それくらい国葬には腹が立っている。

◎きょう初めて見たんですけど、最後、妹さんがパンパーンとやらかすのかなと思って。そしたら違う方向にいったので、おおそうなのかあと思いました。でも最初は武道館爆破だったんですね。なっとく。ただ、やっぱり選挙でなにか変えようというのは微妙だなと。山上の場合、それがダメだったわけじゃないですか。あまりにもひどいことをされて、それを解決しようとするなら政治を変えろって言われるけど、自民党は安倍が握っている。安倍を勝たせているのは統一教会。そしたら統一教会に入って、安倍支持をやめさせるしかないのか、あれ？と。そうして他に手段がなくなって決起したのが山上だったと思うので、選挙で政治家を変えようっていうのがうーんと思いました。

○だから昔私が書いた本は、だいたい国葬反対だったら国葬会場を爆破したりね。

●『天使の恍惚』の中で新宿三丁目ので交番を爆破したら、映画公開前に本当に爆破されたり。フィクションと現実がせめぎ合い、境目がなかった。

○そういうことなんだけれども、それだけで良いのかと言う思いももう一方にはあって、もう一回若い人たちと本当に問題を正面から捉えるようにしたいっていうのが基本にありましたね。
もっと面白いのは、本編では妹がさっそうと靖国神社や武道館の前を自転車で走ってその後ドーンと地球が揺らぐというシーンがあるんですよ。

●足立さん、さっき本編をしゃべるなって怒ったじゃないですか（笑）。

○いやあ、全部聞いてよ（笑）。それじゃダメだろうというんで、妹さんは山上が「俺星になれたかなあ」って言ってる時に自転車でさっそうと「お兄ちゃん、明日行くけど差し入れは何がいいかな」なんて言いながら行く、そういうのを書いて撮影も全部終わっているんですが、そうしてたら山上の妹さんが山上君に漫画本を差し入れしたっていうのが聞こえて来て、僕はやっぱり若い人たちは山上の後に続けとかそういうことじゃなくて、自分が考えたやり方でいろんなやり方をやれるだろうと、そこにかけたいと思ったんですね。

●漫画のタイトル、知りたいですよね、マジで。
この映画はスピード重視でやったので、後から後からいろんな情報が出てくるんですよね。例えば弁護士の叔父さんが「70歳過ぎて心の拠り所をなくすのはかわいそうだから、もう脱会しなくていい」とか言ったり。これは映画に入れたかった。その境地に至るまでの親族の気持ちを。

○しかし統一教会を崩壊に導かないといけないでしょ。

●もちろんそれとは別ですよ。統一教会は潰さなきゃいけないし、統一教会と繋がりのある自民党の政治家は辞任させなければならない。大和西大寺駅近辺に自民党のポスターがいっぱい貼ってあるんですよ。岸田が笑っているポスターが。ああ、山上はこの笑顔を見ながら、あの現場に行ったんだなと。

◎しかも家の近くですよね。

●本当に近くでビックリしました。他に質問は？

観客B
今日この場にいれてほんと良かったと思います。ありがとうございます。私いろいろ縁があって生前に若松監督に何度かお話を伺ってるんですけれど、山口二矢（1943-1960）に興味があるとか、3.11の後東電の前で焼身自殺するやつの映画を撮るんだって言うことをおっしゃっていたり、そういうことが記憶にあるんですが、今回の映画で若松さんというのはどのあたりに介在しているとか、この映画を見られてどう思われるのかとかありますか？
そのあたりを伺いたいのですが。

観客C
今日の上映に向けて動かれた皆様にすばらしいと思います。ありがとうございます。先ほど話されたことになってしまうかもしれないですが、昨日のトークも拝見しまして共同体の話とか面白かったんですけど、山上容疑者が孤独の状態と反対で、足立監督が今は暴力お呼びでなくてこれからは連帯みたいなことをおっしゃっていたかなと思うんですが、連帯についてもちょっとお聞きしたいなと思います。というのもこの場に来て仲間意識みたいなのを感じてしまって、もう1歩外に出たら違う違和感を感じるというか、皆さんの仲間意識をうらやましく思う一方で、この映画を見た時に普遍的な面白さを感じたので、仲間意識イコール内輪感みたいなものも感じていたので、その連帯についてもうちょっとお話を聞きたいと思っています。

観客D
いろいろ出てくる反響は受け止めるということですが、一方で上映中止の動きとか出てきましたよね。これについてどういう風にお考えになっているのか。

●実際に鹿児島の「ガーデンズシネマ」が上映中止に追い込まれました。この映画のことが最初に報じられたのは9月17日の東スポWEBかな。それから23日に朝日新聞と東京新聞がデジタルで報じて、一気にSNSで火がついた。三浦瑠麗なんかが例によって犬笛吹いて。それで上映館にも抗議の電話がかかってくるようになって。おめでたいと言えばおめでたいんだけど、SNSで炎上することがあっても、そういう直接行動があるとは全く予想していなかった。例えば、若松孝二さんが作った名古屋の「シネマスコーレ」なんかは、抗議の電話があった時に支配人の木全純治さんが「私は国葬に反対です。だからこういう映画を上映します。自分の映画館で上映するのに、何か文句はありますか」と答えたらしい。そしたら、それで終わったと。「長野ロキシー」や「高田世界館」も結構ネチネチかかってきて大変

72

だったらしい。それでも、映画館に直接かかってくる分には対処もできる。

だけど、「ガーデンズシネマ」は鹿児島の天文館という一番の繁華街のデパートにテナントとして入っている。そのデパートに抗議の電話があったんですよ。それでネチネチ一時間も絡まれる。店子の映画館で何の映画を上映しているか知らないデパートの担当者にそれをやられたら一発でアウトですよ。

『狼をさがして』(キム・ミレ監督　2021年)という東アジア反日武装戦線のドキュメンタリーを右翼の抗議で「あつぎのえいがかんkiki」が上映中止にした時、僕は「表現の自由の問題だ。表現の自由の最前線たる映画館がこんな簡単に折れていいのか」と批判した。しかし、こうやってデパートに直接抗議されたら、もうそれは表現の自由とかの問題ですらない。上映中止にしますとお詫びの電話があったけど、お詫びしなければならないのはこっちの方。さっきも言ったけど、そういう想定を何もしていなかった。甘いと言われても仕方ない。ただ言い訳をするなら、そういう甘さがないと、こうやって二ヶ月足らずで国葬に合わせて映画なんか作れない。痛し痒しです。

それと、今回、国葬の日に一館でも多くの映画館で上映したかったから、懇意にしているミニシアターに電話して直接お願いしたんですけど、上映を決めてくれた段階で誰ひとりとして映画を観ていない。だって、出来ていなかったんだから。上映素材を送ったのだって二日前ですからね。皆、そこではじめて観た(笑)。シナリオは送ってあったので、もちろん内容は知っていたけど、それも妹が国葬を爆破するラストのヤツだし。だから、上映してくれる全国12カ所の映画館、自主上映団体には感謝しかありません。今日、何も起こらないことを祈るのみです。ま、昨日もロフトプラスワンも今日も何も起こらないから大丈夫だとは思うんですが。結局、SNSかせいぜいが電話なんですよね。直接来て、面と向かって文句言う勇気のあるヤツなんていない。だから、余計に犬笛を吹いたヤツらには腹が立つ。特に世良公則。あんたも表現者の端クレだろと。観てないのに批判するなよと。恥ずかしくないのか。本当に赦せない。今日の入場テーマ曲を「あんたのバラード」にしようとしたんですけど、止めました(笑)。JASRAC(日本音楽著作権協会)に金を払うのがもったいない。だから、せめてこういう上映中止問題が起こった時に、何かをね、考えるキッカケになればいいなと。

しかし、若松さんならこう言ったでしょうね。「お前ら、ホントに商売が下手だなあ。こんな話題になってるんだから、一日だけじゃなくて、ずっとやりゃいいじゃねえか。だいたい緊急上映版って何だよ。みっともない」って。

○彼ほど映画が好きで映画を最後まで作って、なおかつ商売として成立させた人は少ないですね。映画が最初からビジネスだっていうのは明らかなことなんで、それはそれで1つの方法だと僕は思ってます。

僕は彼(観客Bさん)を知ってるんです。僕はたくさん若松の本を書いたけど、若松

だったら最後国葬会場を爆破しないと映画は終わらないと思うよ。そういう本を書き続けた張本人として今ちょっと成長した側面を見せようとして(笑)。

●足立さん、83歳にして成長？(笑)。遅い成長でしたね(笑)。まだまだ伸びますね(笑)。

○彼なら喜ぶだろうね。そういうことはもういいだろうと彼も思っていたと思います。
さらに言うならばさっきの方が言っていた連帯という問題について、隣の人あるいは家族の愛というのが基本だと僕も思ってるんですね。だからその愛の問題はどういう具合に生きられるのかね。この年になって思春期のような話をしてますが(笑)、そこに基本問題があると。つまりこういう社会も国家も政治家も底抜けの空っぽになっている中で、もう一回みんなで愛について考えたらいいんじゃないかと思います。そういうような映画を作りたいなあ(拍手)。

●足立さんの弟子で僕の師匠の荒井晴彦(1947-)さんは、足立さんは自分の周りの愛を描くのが一番面白い映画になると言っていますからね。
野上龍雄(1928-2013)という脚本家と仕事した時に、「エンターテイメントというのは、一番低い目線で物語を見ることなんだ」と再三言われたんです。野上さんは、美空ひばりから石原裕次郎、高倉健から菅原文太、『日本侠客伝』(1964)から『南極物語』(1983)まで、テレビでは『必殺』シリーズ(1976～)の中村主水が昼は使えない同心だけど夜には腕ききの仕事人という設定を考えた人なんです。野上さんは東大卒で松竹の入社試験を受けるんですけど、落ちて、また翌年受けるんです。そしたら、面接官だった中村登(1913-1981)に呼び出されて、「来年は来ないでくれ」と。野上さんは吃音で、「助監督はドモリでは務まらない」と言われて、監督を諦めて脚本家になったんです。その挫折からか、低い目線というのが身体的に身についていた。でも、僕はずっとその「低い目線」の意味が分からなかった。でも、秋葉原の連続殺傷事件、先日、加藤智大が死刑になりましたけど、あれが起こった翌日に『トラック野郎』(1975-1979)の鈴木則文監督(1933-2014)と飲んだ時に、友人の脚本家が「あの被害者がかわいそう」とふと漏らしたんですよ。そしたら、鈴木さんが「君は被害者がかわいそうだと思うんだ？　そういう時代になったのかねえ、僕は加害者がかわいそうだと思ったけど」とピシャッと言ったんですよ。あの被害者なんて、休日に秋葉原を歩いていただけで何の罪もないじゃないですか。でも、鈴木さんは条件反射的にそう言った。もちろん、人殺しのどこがかわいそうなんだと思う人が大多数だと思う。でも、加害者をかわいそうという視点で、この人たちは映画全盛期の娯楽映画を作ってきたんだなと、「低い目線」とはこういうことなんだと初めて分かったような気がしたんです。

今回の事件が起こった時、僕はまずこのことを思い出した。もちろん、僕は安倍が大嫌いだから、被害者側にいくことはないけれど、この映画を作るとなった時、絶対に「低い目線」でいこうと。それだけは忘れないでおこうと。それがちゃんと映画に反映されているかどうか分かりませんが、とにかく国葬の日にこうやって上映できたことを嬉しく思います。完成版がたぶん年内に上映されると思いますので、その時はまた応援してください。今日はありがとうございました（拍手）。

★僕は足立監督が言った愛の連帯の話は、さっき僕が山上のように星を目指さないで済んだ理由は他者との関わりで、これは周りに友達だったり仲間だったりがいたおかげで、人間って所詮しょぼいもんですから1人になると大体良からぬことを考えるんですけども、でもそれこそ国みたいなでっかい装置に頼らないで、気の合う仲間を作って生活するっていう基盤をちゃんと作っていくっていうのがすごく大事だなって思います。この映画の描かれていない妹の生活様式、人と触れ合ったりとか、いろんな人と話したりしてる人なんだろうなっていうのがあの一瞬の登場シーンから感じられると思います。それが1つの新しい道の提示としてあるなというのも含めて、見てない人がなんだかんだと言うは、この映画は最近まれにみる見てない人騒ぎ映画だなと思いますね（笑）。こんなに見てないのにこんなに言う人がいるんだと、久しぶりだなあと（笑）。見てないでものを言う人のリストが作れるね。
リストが次々とあぶり出されていくっていうのは痛快なのでね。こんなに見ないで映画の話とかね、この人たちは映画って見たことないんじゃないかとかね（笑）。テロリストを題材にしてけしからんなんて、そんな映画いくらでもあるんだなんてね。最後にスポンサーのクレジットが出るはずだって（笑）。ロフトが作ったって書いてあるから（笑）。そういうのも含めていろんなものがこの映画上映前からあぶり出されている現象が、こういったものを作らなきゃいけないエネルギーになっている。こういうことが起こるっていうことは、こういうことがいっぱい起こしていくことでいろんなことが露見してきますから。映画も見られるし世の中の正体も見られるって言う非常に素晴らしい展開が待っているんじゃないかなと思います（拍手）。

◎さきほど質問で若松さんのことが出てましたね。残念ながら、僕はお会いしたことはないんですが、きょう一緒に国葬に行った友人のなかに、山上の格好をした中国の子がいたって言ったじゃないですか。じつはその子たちがプラカードを作ってきていたんですよ。そのプラカードが中国語なんですけど、若松さんの映画のセリフの引用で。だから、そういう子たちにも若松さんの精神が引き継がれていますよって言っておきたいなと思いました。
あと、もう一つ。死刑囚、加藤さんの話がでていました。僕は今年から『死刑囚表現

展』にかかわらせてもらっているんですけど、加藤さんって煽るような表現はつかうけど、それでなにかコミュニケーションをとろうとしているところがあって。そのコミュニケーションをとおして、自分なりにものを考えようとしていた。そのやさきに殺されてしまったんです。すごく残念。だけど国家の側からすると、そんなの関係ない。自動販売機でコインを入れてモノを買うみたいな感じで、これだけ人殺したから死刑で殺していいみたいな。人間の命が自販機で買う缶ジュースみたいにされてしまう。先ほどから連帯って言葉が出ていますけれども、世間からは殺人鬼みたいにいわれている人でもコミュニケーションがとれて触れ合ったときって、ぜんぜんちがう一面が現れてくるんですよね。だからそういう人間らしさみたいなものをかき消させない、国家ありきでものを考えないことがすごく大事なのかなって思います。

それと『死刑囚表現展』に関わっていてびっくりしたのが、僕も井上さんと一緒で、安倍が死んだとき、「やったぜ、ビバ・デモクラシー」って思っていたんですよ。だけど死刑囚の文章を読んでいたら、もちろんその人たちもおなじ死刑囚の仲間が殺されているから安倍は憎いんだけれども、でも死んだこと自体は追悼しなくっちゃねみたいなこと書いていて。たとえ安倍でもモノみたいに殺していいのか、と。やさしいですよね。だから連帯って難しいことじゃなくて、ちょっとコミュニケーションをとるっていうだけだと思うんですね。ただそばにいるだけでもいいし、おしゃべりをするだけでもいい。たぶん、そういうことが今すごく大事になっているのではないかと思います。

★死刑囚について一言、話します。死刑囚の支援団体の人たちがアンケートをとっていて、それを冊子にして読めるようにしています。その中で布団がちょっと薄くて寒いとか書いてあります。これは人の感情ですよ。布団が薄くて寒い、そういう感覚を持っている人がそこにいるんだということを知るのは大事なことだと思います。

◎とはいえ、やっぱり山上氏の行動は痺れるじゃないですか。僕自身、体を震わされました。この映画で言われているように、全く同じことをする必要はないし、物理的な暴力や殺人という手段をとる必要もないと思うけど、でも追い詰められて、もうやむを得ずうごかざるをえないって思っている人はいっぱいいると思います。それを一人ひとりがもっている表現手段、自分なりの武器を手にとって行動にうつせるかどうか。僕だったら、それは文章を書くことだったりするんで、山上氏の思いみたいなものを紙で表現したいなと。「紙の散弾銃をぶっぱなせ」ですか、そういうことをめざしていきたいと思います。もう一回、言おうかな。「紙の散弾銃をぶっぱなせ」(拍手)

●僕は今回のリリースに「足立正生は銃の代わりにカメラを構える」と書きました。カメラを構えた足立さん、最後に。

〇やはり山上の決起ということをもう一回一緒に考えてください。それで充分だと思います。

安倍をやったとか統一教会の韓女子を殺しそこねたとか、そういう問題ではなくて山上がなぜ決起せざるを得なかったかという問題へ返したいし、先ほどからみんなに言われているように、あるいは僕自身もやっぱり愛の問題だと言ってるように、どうしても決起せざるを得ないところに追い込まれた時に、ほんとになんか一緒に生きる人間がいたら、山上も決起しなくて、ずぶずぶの安倍と統一教会が今後もうまくやりながら安倍の三期目がスタートするのかというようなことなわけでしょ。

ですからそういう意味で最も重要なところは、やはりみんなが言っているように、僕が簡単に熟語で連帯って言ったけど、スマホで連帯を求めてあれだけの夜の街を歩く時も、連帯を求めてスマホで会話しながら歩いているじゃないですか。あんなの隣の友達と親身になって話せるんだったらスマホなんていらないでしょ。だからそのぐらい枯渇している現状からもう一回考え直したいと思ってます。

それ以上の事はもうみんながやってることだから、それを全部若者を100パーセント肯定する。井上が言ってる上目線とか下目線とかそんな生ちょろいことじゃだめだよ。100パーセント若者を認めるというところからやりたいと思います。以上。

●皆さんありがとうございます。この映画を一緒に作ったキャストスタッフにも拍手を。ありがとうございました（拍手）。

出演：足立正生
トークゲスト：鈴木創士、山崎春美
司会：井上淳一

[日時]2022年9月28日（水）、上映終了後〜トークイベント
[場所]Loft PlusOne West

○足立正生
◎鈴木創士
★山崎春美
●井上淳一
◇赤坂真理

◎鈴木創士
鈴木 創士（すずき そうし、1954年生まれ ） フランス文学者、作家、ミュージ
シャン。
伝説のカルト的ニューウェイヴ・バンドEP-4の創設メンバー、キーボード奏者。
ミュージシャンとしては、EP-4、EP-4 unitP などでも活動中。近著『芸術破綻論』、
『もぐら草子 古今東西文学雑記』、訳書アルトー、ランボー他多数。

★山崎春美
山崎 春美（やまざき はるみ、1958年9月2日 - ）は、日本のロックミュージシャ
ン、編集者、ライター。自販機本『Jam』編集者。雑誌『HEAVEN』3代目編集長。日本
大学芸術学部文芸学科中退。なお最終学歴は、奇しくも鈴木創士と同じ、甲陽学院
高等学校卒。
ステージ上で自傷する「自殺未遂ギグ」や日比谷野外音楽堂のアンダーグラウ
ンドイベント「天国注射の昼」などを主催し、前衛的なロックバンド「ガセネタ」
「TACO」の中心メンバーとして活動した。

◇赤坂真理
東京都出身。ボンデージと現代思想の雑誌「SALE2（セール・セカンド）」の編集
長を1990年から数年つとめる。1995年「起爆者」で小説家に。『ヴァイブレータ』
『ミューズ』が芥川賞の候補となる。『ミューズ』で野間文芸新人賞。『ヴァイブレー
タ』は廣木隆一監督、荒井晴彦脚本、寺島しのぶ・大森南朋主演で映画化されロン

グランを記録した。2012年、天皇の戦争責任をアメリカで問われる少女を通して戦後を描いた『東京プリズン』が反響を呼び戦後論の先駆けとなる。同作で毎日出版文化賞、司馬遼太郎賞等3賞受賞。社会評論との際にある作風にも情熱を持ち『愛と暴力の戦後とその後』『愛と性と存在のはなし』などの著書がある。

出演者の方々をお呼びしたいと思います。今日のゲストで鈴木創士さん山崎春美さんそして足立正生監督と脚本を担当した井上淳一さんよろしくお願いします（拍手）。

●国葬を潰すことはできませんでしたが、国葬翌日にこんなにたくさんの非国民の方に集まっていただいてうれしいです（笑）。では、映画の最後で中指を突き立てていた足立さんからお願いします。

〇映画は見てもらってなんぼというものですから、やはり皆さんが面白いとか楽しいと言ってくれないと、僕らは敗北感に包まれて明日からうなだれて生きるわけですね。だけど今拍手いただいたので多少気が和んでいます（拍手）。

●鈴木さんは今日初めてご覧になったんですよね？

◎国賊の鈴木創士といいます（笑）。足立正生映画としては思っていたより爽やかな映画だと思いました。最初にネガティブなことを言っちゃうけど、ごめんね。僕はミュージシャンでもあるので音楽に関しての感想。大友良英さんは素晴らしい音楽家なんだけど、シーンとタイミングが合い過ぎかな。映画があまりに爽やかなので、映像と音のタイミングを外した方がいいと思った。ともあれ僕にとって今回の足立さんの映像はとてもすがすがしいものでした。

★二回観たので、キツいシーンもありますね。思い出すのは、たとえば創士さんもよくご存知の角谷（未知夫1959-1990『腐ってくテレパシーズ』）の事とか。外部との回路が閉ざされて、幼時の頃からの根深い刷り込みに縛られて、回転だけするけど1ミリも進まないメリーゴーラウンドみたいな自滅回路に閉じ込められたみたいな…。

◎安倍晋三が首相になって僕が最初に思ったのは、じいさんの岸信介は成仏してないなということです。岸の亡霊が安倍に取り憑いているなと。安倍晋三っていう人は幽霊家族の中にいながらにしてあからさまに政治をやっていた。岸信介は本当に悪人だと思います。めんどくさいので詳しくは述べないけど、最後に安保

闘争で政権がもたなかったが、その恨みを安倍は受け継ごうとした。岸信介は統一教会がいうサタンに近いですね。そういう人が安倍晋三の中で、一種の家族小説っていうか、安倍はそれにまみれて政治をやっているなと感じていました。もちろん今回の山上徹也も足立さんが描いたとおり、家族の問題でもあって、2日前のトークショーの時に宮台真司さんが共同性、共同体のことを一生懸命しゃべっていらしたけど、むしろ共同性っていうよりも、まずは生々しい家族の話ではないかと僕は思います。もちろんそれはイコール共同性の問題であって、フランスの哲学者の言い方を真似すると、「共同体から離脱する共同体」っていうものに行き着く問題であると、そういうふうにも見ることができるんじゃないか。ただ山上さん自身は今監獄の中にいるわけで、それが現実で、そのこともちょっと思ったんです。それが最初の感想です。

● 僕は安倍政権時代に『帰ってきた岸信介』という映画をわりと真剣にやろうとしてたんですよ。『帰ってきたヒットラー』（デヴィット・ヴェント監督　2015年）があり、そのイタリア版の『帰ってきたムッソリーニ』（ルカ・ミニエーロ監督2018年）もあった。そうなると、やっぱり悪の枢軸国の1つとしては、日本も「帰ってきたシリーズ」を作らなきゃいけないと思ったんです（笑）。ただ「帰ってきたヒロヒト」じゃなんか違う。「帰ってきたトージョー」でもない。ならば、満州を自分の作品だと言い、開戦時の商工大臣でA級戦犯に問われながら無罪放免となり、日米安保など戦後好き勝手やった岸信介ならどうだと。60年安保の時、大群衆に取り囲まれた首相官邸の階段から落ちたら現代だったみたいな。で、孫の政治を見て、「こんなバカに騙される国民がいるわけがないだろう」と思ったら、皆騙されていて、「日本国民はここまで劣化したのか」と絶望するという。だけど、シナリオが書けないうちに、安倍が退陣して、出来なくなっちゃった。でも、その時の勉強が今回生きていますけどね。山上の家族と安倍の家族、というか安倍の一族。この対極の家族をちゃんとやろうと思ったので。

◎ その段で言うと、枢軸国のドイツ・イタリア・日本という問題は、我々の時代からあって60年代の終わりに世界中で学生運動が起こったその後、実際に誘拐したり殺人したり、殺されたり、同志殺しだったり、そういうテロリズムのフェーズに入ったのはドイツ・イタリア・日本だけなんですよね。ドイツ赤軍（バーダーマインホフグループ）、赤い旅団（ブリガーテ・ロッセ）、連合赤軍です。例えばフランスには大勢の毛沢東主義者がいたんだけれど、彼らはテロリズムを実践する可能性がすごくあった連中だったにもかかわらず、ほとんど誰もやらなかった。実際に大事件を起こしたのは、もちろん足立さんも日本赤軍だったので無関係ではないんだけど、ドイツ・イタリア・日本なんですよね。だからその枢軸国の問題っていうのはまだ続いているし、考えさせるものを含んでいますね。

〇よく言われましたよ。ドイツ赤軍、イタリアの赤い旅団、日本では赤軍派がぐちゃぐちゃになったんで。連合赤軍とか。俺も入ってた日本赤軍ってのは区別されないんだよね。区別した方がいいんだけどね。

でも大きな話はやめようよ（笑）。俺の旧悪を暴露することにもなるから（笑）。

●昨日元テロリストという肩書き背負うって言ってたじゃないですか（笑）。

〇鈴木さんが言ってるように「離脱する共同体」ってなんだろうって非常に重要な問題であって、僕はこの映画の中でも統一教会の規律に縛られている主人公山上を映した川上っていうのが、それをどう受け止めていたのか、母親への愛とか家族愛という問題として非常に重く、山上の中身として考え続けて、今日見せてないのに偉そうに言うのは良くないんだけど、彼の母親コンプレックスをかなり撮っているんですが、今日のは省いているんですね。

むしろ山上はなぜ一直線だったのかというその一直線を出すためにマザコンだって言ってしまったら、これは間違いなので、全部つなげてみれば見えるようにはなるんですけれども、まだ出来上がってない部分なのでそれを省いています。いろいろ言われるんだけど、山上自身が僕らが考える、最も考える論理構造、そういう仕方で自分の観念をいじくりまわしたかどうかは、毎回雨が降っていたら彼は自分の世界に入る、あるいは自分の世界に入った時には雨が降ってしまう。なんで独房の中に雨が降るんだって東京では言われたりしましたけれども。それは彼の世界でなおかつ不分明というかよくわかってない。つまり鈴木さんみたいに論理的に言えない、共同体はどうだとかあまり言えない。そういう不分明な状態の中で全部を受け止めようとして受け止めきれなかった、あるいは人間が生きるのは友達であり家族であり、そこにある愛っていうのが非常に重要な問題なんだけど、それを彼自身がどう受け止めていいかわからなくて母親に付きまとってしまったりするシーンもあるんですけど。要は今普通の人が街の中でスマホで繋がりを求め、友達を求めてあるいはその絆を求めて、周りの人を見ずにスマホを見ながら歩いている。これも絆を求めているわけですからね。それは愛を求めているということだと僕は思っているんですよ。だからそうやってぶち当たってこのクソじいとか言われても、僕は怒らないようにしているんです。怒ったこともあるよ、そりゃ（笑）。

つまり彼らが求めているものはやっぱり愛なんだっていうのをはっきりしてもらったら、僕はどうでもいいと思ってるんですね。それが基本にあるの。だから共同体の中で一番重要なのはやっぱり福島以降は、絆とかさ、そういう具合にいわれて、そりゃそうだと思うよ、正論だからね。だけどそんな簡単なもんじゃないだろうっていうのはあるね。

◎だから雨のシーンなのですね。あのシーンはすごくいいなと思いました。

〇大阪じゃ雨が降っても褒められるんだ（笑）。

●足立さんが60年代70年代に書いていた若松（孝二）さんのピンク映画や自身の監督作では、連帯に絶望し、仲間も信じられず、結局人はひとりなんだと、最後は個的な戦いに打って出る主人公を描いてきたじゃないですか。爆弾を抱えて人知れず橋を渡ったり、群衆の中に消えていくラストみたいな。

〇それ専門でしたよね。

●この映画のラストも脚本では、妹が国葬を爆破するシーンだったじゃないですか。実際に撮影もしていたし。それが仕上げの過程で、妹の独白シーンを追撮したりして、変わっていくじゃないですか。それはどういう心境の変化だったんですか？

〇やっぱり本音は爆発しただけじゃ終わりゃしないじゃないかと。僕ぐらい歳をとると、この日本の社会の底が抜けてる、政治の底が抜けてる、つまり人間はまだ苦しんで生きているのに、底が抜けた社会と政治の中で生かされて非常に辛い思いをして生きていると思うのね。
だから僕は若者が間違いをひとつやふたつ犯してもいいじゃないかと。僕は若者でなくなっても間違はいっぱい犯しましたから、そういう具合に思って若者100パーセント支持って言ったのもそうなんですけれども、もっと仲間を求めたり連帯を求めたりすればやれるんじゃないかと。つまり社会がダメでも政治がダメでも、若者が持っているエネルギーが全部踏み越えられるだろうと。ほんとに僕自身が驚くくらい確信を持っちゃったんですね。それを内緒にして国葬会場の日本武道館を爆破したって、それは決着にはならないですよ。以上（拍手）。

◎春美は僕より若いわけだから、何かないの？

★真っ先に思い浮かんだのは、三上寛さんってフォーク歌手がいるんですが、皆さんわかるかな？　その曲で『誰を怨めばいいのでございましょうか』ってあって。なんていうか、星になるって出て来ますけど、同じく寛さんので『ひびけ電気釜!!』という曲には、♪月から見れば地球だって、キラキラ光るお星さまだよ、って歌ってて、悪態しか吐いてない曲なんだけど、連帯よりも裏切りを、みたいな唄なんだけど。60年代終わりから70年代にかけての、なんとも索漠とした、じつに茫々たる雰囲気でね。

○裏切りとかいうけど何かに対して裏切ったわけでしょ。そこには裏切らない自分に対する羨望がいっぱいあるわけよ。そこまで言ったらお前も宗教かっていわれるかもしれないね。本当は裏切りの荒野とか、あなたのバンドのね。

★昔『ガセネタ』というバンドをやってましてね。足立監督だか若松監督だかの映画で、それも当初題名で、実際には改題されちゃう『ガセネタの荒野』ってのがあって、そこから取ったバンド名でね。

○それも最初からガセ、ガセネタ、実はギャグでしょ。本当はガセネタじゃなくてこれが本物だって言いたいわけでしょ。だからそういうところにもう一回順接には返したくないけど、僕はもう一回そこからみんなで話し合えるようにしたいなと。
あんたはスマホ姉ちゃんにぶつかられたらどうする？

◎おー、こんにちはとか言って（笑）。僕は別に気にしないけど。それでもブチ切れて殴ったりする人はいるからね。

○それはそれで当然だと思うけどさ（笑）。

●昨日は国葬を見に行くので行かないからと、今日、わざわざ大阪まで来てくれた赤坂真理さん、登壇していただいてもよろしいでしょうか？
赤坂さんが朝日新聞に書いた、国葬が自民党を弔う葬儀に見えるという文章が良くて。あと、赤坂さんとは『生業（なりわい）を返せ、地域を返せ！』福島原発訴訟（以下、生業訴訟）という裁判の傍聴仲間で、福島地裁や仙台高裁や最高裁で何度もお会いしていて。先日、最高裁で負けちゃったんですけど。

◇足立正生監督は90年代から知っています。私をスカウトした編集者が元運動家で（いや元ではないかも）、足立正生監督の特集本などもつくっていたんです。それでわたしは、全編ピンク色のフィルターがかかったアート映画を見てうつくしいとおもったり、いわゆる学生運動的価値観の映画を見て、当時の空気に、わからないものと憧れに似たものを抱いたりしていました。もともと、あの時代の映像や本は好きです。わたしたちの時代にはもう失われた力と回路で、どうしてあれがこの抑圧管理社会になったか、知りたかった。学生運動のことは近接した次世代にさえ何もわからなくなっている。あんな時代があったなんてファンタジーのように思うのです。それは、隠蔽しようとした力が、為政者だけでなく当事者にもあったからだと思う。1972年のあさま山荘事件鎮圧以降、一種の黒歴史となって、同時代の人も口を閉ざして多くが「企業戦士」となって我を忘れるように働き

ました。それ以降、暴力と若者を徹底管理することと、就職も恋愛もすべてを市場原理の手にゆだねることを通して、今の社会の直接の雛形ができたと思っています。だから今の社会の原因となった時代だと思っているのだけれど、本当にアクセスできない。

ただわかるのは、あれは広義の戦争の余波だったと思う。世界的に。

今日はそれを知りたくて来たわけですが、脚本の井上淳一さんの紹介文を読んだのが直接の駆動力です。「週刊文春」に一行だけ書かれた、山上の父親とパレスチナ解放同盟の革命戦士でイスラエルのテルアビブ空港で銃乱射事件を起こして死亡した安田安之が麻雀仲間だったという記事を見つけて、それをシナリオに入れようと思ったという。それならまさに足立監督の元からの世界と連結できるし面白いだろうと。これは行かないと、と。あと私は鈴木創士さんのファンで、学生運動の最後の方の時代を中島らもとの友情を通して書いた本を愛していて、解説を書かせてもらったりしました。伝説的なミュージシャンの山崎春美さんにもお目にかかれて光栄です。

●ぶっちゃけて言うと、足立さんがなかなか書かないんですよ。僕は別の仕事をやっていて時間もないし、どう書いていいか見当もつかない。そしたらコロナになって時間ができて、その時に開いた「週刊文春」に山上の父と安田安之さんが京大の同級生で麻雀仲間だったという一行があって。よし、これでいけると。もう映画の神様が降りてきたとしか思えなかった。

◇創士さんが先程言った「枢軸国問題」は、すごく大事な視点をいただいたと思っています。第二次世界大戦後の革命とカウンターカルチャーが、そこまで過激になったのは枢軸国だけだったという。たしかにフランスの60年代の革命やそれ以前からのレジスタンス運動など、自滅や自暴自棄の感じにはなっていかない。戦略的撤退もできた。なぜこういう違いがあるのかと、市民社会の成熟度合いかと考えていたのですが、枢軸国という観点があったのですね！　それはわたしにも個人的に腑に落ちることがあって、わたしは90年代にボンデージアートを扱っていました。拘束衣とでも言いましょうか、ラバーなどのフェティッシュな衣服、緊縛、ボディピアシングなども含めて北米やヨーロッパのアートを扱っていました。美しい誘拐ごっこみたいなイメージから本当に豊かなイマジネーションの世界です。しかしそこに、今考えるとあきらかに国の差がありました。拷問、毒ガスマスクなどの、濃い「死」や「血」や「ミリタリー」のイメージを表現していたのは、ドイツとイタリアだったのです！　日本の作家はあまり扱いませんでしたが、たとえば荒木経惟などに、一貫して死の匂いがあります。特にあの時代の人たちが嗅いでいた血と死と暴力の匂いは、ノンポリの人にも影響を与えずにはいかなかったのではないでしょうか。山上の父親の自殺に、仲の良かった安田安之がテ

ルアビブ空港で銃を乱射して自爆したことは、どこかで影を落としていた気がしてなりません。

◎あのシーンはそれなんですね。

●そう、事実なんです。それでそれを軸に一気に。それをお父さんが日記に書いていて、山上が読むというのは創作ですが。

◇それがすごいと思ったのは、私たちが今、この社会がどうしてこうなっているのか全くわからない一因は、学生運動の時代のことが全くわからなくなっているからだと感じていたのです。岸信介が首相だった時があり、60年安保運動によっておろされ、全面的市民運動だった60年安保闘争が70年安保闘争になると暴力的になって72年のあさま山荘で圧倒的な力で潰されてしまう。そこから今の管理抑圧社会が始まっているとわたしは思うのですが、運動がどうしてそう変質したのかが後続世代にはまったくわからない。「枢軸国問題」は大切な視点をいただきましたが、それでも、日本の戦後社会とか戦後政治そのものがブラックボックスのようになっていったすべては説明できません。歴史の本には少しだけ、かつて先の後日本に市民が熱い時代があったらしいのだが、今からは見当もつかない。そのブラックボックスの象徴的有名政治家が安倍晋三だった気がしています。だから山上は象徴の選び方としては間違っていない。わたしはあの事件はむしろ、史上まれにみる「完璧なテロリズム」だったと思っているのです。なぜなら、恐怖（テロル）を与える手段を使って、自分の要求を実現したからです。今どきどうして完璧なテロリズムができたかと考えるに、かつての革命戦士のやり方を見、反省したというのは、もしかしたら本当にあった話ではないかと思います。その着眼点はすごい。

補助線を引いてもらったのが、本当に助かったんです。カルト二世がいるように革命戦士二世ももちろんいる。私は実は安倍晋三もカルト二世だと思っていて、というのは大日本帝国っていうのは神聖カルト国家だったと思っているので。世界の趨勢に逆行して、国家と神を合体させて、宗教的権威で建てた国が大日本帝国だから。憲法第一条が、大日本帝国ハ万世一系ノ天皇之ヲ統治ス。第三条が、天皇ハ神聖ニシテ侵スヘカラス。

だとしたら安倍も宗教二世だと思うのです（安倍は正確には三世ですが、総称して二世と言います）。「二世」同士の鏡像的な出会い、安倍と山上はそんな感じがします。銃弾二発で、決定的に結びつけられる。

山上家と安倍家は、対極的とは言えますが、対極とは「まるきり違うこと」ではなく、「相補的」だと考えます。そして「相補的」とは、根が同じだと考えます。貧乏と裕福。しかしそのいずれに振れるにせよ極端なところも、根が一緒です。極端な貧

85

困、極端な富裕。

「父親不在」なところも同じです。そして母親と彼女の価値観でだけ育てられること。父親が事実上の婿のようなものであったことも、山上と安倍の父親に共通します。この婿的な夫たちは、ほとんど家に帰ってこなかった。安倍晋三の母親の寂しさや欠落感というのも相当なものだと思う。

安倍晋三は、岸信介の価値観を実行しようとしているようでいて、それが岸のためではなく岸の娘である母親の洋子に気に入られようとした結果であることは、注目していいと思います。

ある極端な考えを、母親経由で注入されていたという点が、彼らは一緒です。そして母親に愛されるためにそれをおとなになっても繰り返すけれど、そこから逃れる道を、安倍もどこかで探していたように、わたしには感じられます。これは文学的な想像力です。わたしには、安倍晋三は、この血の呪縛と、嘘で固めて身動きが取れなくなった状態から出たい、これを終わらせたい、という、消極的な意志が感じられるのです。体制も家も壊すことはできない、自殺もできない、病気にさえなれない、でもこんなことは終わりにしたい。そんな消極的な意志が。どこかで終わらせたい死にたいと思って事件や事故を引き寄せるような人物が文学や演劇には出てきますが、そんな感じがするのです。死にしか出口が見つけられないのです。もし国の司法が機能していたならーー機能していないのですがーー安倍晋三は裁判にかけられるのが妥当な人でした。

川上(映画の中の山上)が、「止めてほしい」と一言言ってすぐ否定するような場面があるじゃないですか。ああいうセリフはすごく本質的だと思う。人間が本心をいう時ってああいう感じだとも思う。山上も安倍もそれぞれ、「止めてほしい」と思っていた感じが私はします。

◎赤坂さんの素晴らしいコメントに付け足せば、今回の国葬の根拠のひとつは安倍が8年間首相をやったからということになっています。マスコミもそう言っています。でも2回とも首相の職を途中で投げ出して、やめてんだよ。何もかも終わっていない。誰もそのことは言わないんだよな。これはおかしいでしょう。だってエリザベスは在位80年だよ(笑)。なんかこれってお笑いじゃん。2回も途中でやめた首相だよ。例えば僕が小学生だったら、首相がそうなんだから、何事も途中でやめてええんやんと思うよね。それって足立さんが言っている底が抜けているということでもありますよね。

〇今、真理さんがおっしゃった事は、とても大切なものとそれから現実政治や現実社会のリアリティそのものでもあるんじゃないかと思ってるわけです。非常にテーマ的な問題だけどそうじゃなくて現実の日常の隅々がそういうところで成り立っているというのがあるので、底が抜けてるという言い方するんですけど。

山上が安倍を撃つ以上に、個人的なことを言うと60年代安保で最後には「岸を殺せ」っていうのが全学連デモのシュプレヒコールだったんですよ。「岸を殺せ」というところまで行ったんですね。それ以外に日本を救う道はないという正義感の方が強かった。あとで勉強してみると笹川(良一　1899-1995)とか児玉(誉士夫 1911-1984)とか統一教会とか全部繋がっていて、僕は海外出張が長くて(笑)、そこから帰ってきて、出張やめてというか強制送還されて(笑)。

それで実は旅券を出してくださいって17回申請して全部断られて現在に至ってんだよ。僕は日本に今閉じ込められてんですけど。帰ってきたら、最初は福田(赳夫　1905-1995)の倅(康夫　1936-)が首相になるでしょ、福田は僕らが飛行機を盗んだ時に(笑)。

● 「ダッカ日航機ハイジャック事件」と言われているやつですね。

○ 福田が「人の命は地球よりも重い」とこれは感動するくらいにね、というか僕らによく応えてくれたというかね。

そしたら次にまた盗んだときに(笑)、安倍晋太郎(1924-1991)という安倍晋三のお父さんが外務大臣だったですね。その時に安倍晋三は政策秘書だったですね。何を言いたいかというと17回も旅券を出してくださいってお願いするたびに断られるのは、内閣府が最終的に決定を出せるんです。僕はこんなに年取って人も殴れない位優しい男になってんのにね、あいつに旅券出すなって結論が出て、その理由が「日本国家の財産と安全を脅かす可能性があるので旅券は出せません」に変わったんですよ。最初は「行く国が拒否するだろう」ということだったんです。

外国で僕の映画の特集とか新作を上映したいって招待されるでしょ？

◎ 行けないんですよね。

● この映画、ベルリン映画祭から話が来てるんですよ。足立さんが行けないから、僕が代わりに行って、レッドカーペットを歩いてこようかと(笑)。

◎ でもね足立さん、以前僕にどう言ったか覚えてますか？　君たちは散歩のつもりでパレスティナに来ればよかったのに、って(笑)。でもその時に足立さんが言ったことが面白くてね。僕がパレスティナゲリラになったのは、新宿で酔っ払っていたからだって(笑)。なるほど正論だ。

○ 新宿の酔っ払いがゲリラになれるかって答えを用意していたからね。

それで未だに日本に閉じ込められているんだけど。それでやれることはないと思

うかといったら私は元々映画が大好きですから、この状況だったら大島はどう撮るか、若松がどう撮るかって思っちゃう、三日間も蛸壺に入って戦車をやり過ごしているとね。そういうところから映画をやりたいんだなーって自分でわかるわけですね。だから映画もやっていたけれども、それでも国家の財産と安全を脅かすって言われたらどうしたらいいの。俺は映画しかやってないじゃない。ひとつは福田首相が俺に旅券を出さないとのもわかるし、安倍晋三が旅券を出さないのもわかるんだけど、そういうことをきちっとやってるんだったら普通の政治もきちっとやってくれればいいのよね。

●それはそれで二世問題ですね。お父さんのリベンジしてる。

○赤坂さんの真面目な話を冗談のような話に変えてしまって申し訳ない。

◇私には、山上はお父さんを知りたかったように感じられます。あまりの不在ですから。

★足立さん、偉いなっていうと烏滸がましいんですが、凄いなって感じたのが、一緒に歩いているときに携帯が鳴って、いやいや貴方の所為じゃないから、なんて言ってるから、誰なんですかって訊いたら、海外の映画祭から招待されるたびに、(許可が)降りないのはわかってて、それでも毎回、渡航許可申請を出してて、やっぱりダメでしたって電話だと。つまり、ただの事務方に文句言ったって仕方ないわけだけど、なかなかそんなに紳士的にばかり振る舞えるモンじゃないと思うんだけど、でもちゃんと、ほんとうの敵を見極めている……、山上もしっかり、ＳＰには当たらないように撃ってる。

○山上は、自分の社会や自分の家族を求めていたけど、常に壁にぶち当たってそういうことが一回壁を突き抜けてもまたもっと硬い壁があって突き抜けられない。そういう苦闘をしていたから、だから赤坂さんが言っている何を考えるのかということが非常に重要だったんですね。

◇あそこまで目的と気持ちの強度を保つのは並ではないと思います。苦難において人を生き延びさせるのが物語のちからではないかと思うのですが、お父さんが残したものに触れたということは、本当にあったんじゃないかと思ってしまいます。
60年安保のシュプレヒコールは「岸を殺せ」だったんですね。あれほどに大規模な市民運動に見えたものが「岸を殺せ」だったとは。どんなでたらめや変節や取引をしようとも自分が生き延びようとする岸は、相当な憎しみの対象だったと見えま

す。人民の敵と言ってもいい。運動の当事者だった保阪正康さんが書いているのは「60年安保は日本で唯一の人民裁判だった」ですが、そう言うには、岸を退陣させて終わったというのが解せなかったんです。あまりに一人に絞られている。「人民リンチ」という性質があったのではと今思いました。多くの人が、岸を殺したかったのですね。暴動の感じもします。そういう岸の精神やでたらめさを受け継いだ孫が、白昼堂々殺されるのは、因縁めいたものをかんじさせます。わたしが安倍晋三を「でたらめ」というのは、たとえば本当に右翼であり愛国者であるなら、日本を従属的な地位に位置づける韓国の宗教と手を組んだりするのはおかしいと思うからです。これは一例です。

●保坂正康（1939-）が60年安保は東京裁判で無罪になった岸を裁く人民裁判の要素があったと書いているんですが、当時はそういう空気があったんですか？

○それは美しく言い過ぎてる。

◇理念として昇華してみたらそうなるのかもしれない。市民運動で首相を退陣に追い込んだ例は日本に他にあるか知らないので。けれど岸を降ろして終わりというのが、当時の市民が本当は何をやりたかったのかがわからないのです。詰めが甘いというか。保阪さんは「A級戦犯だった岸が首相をやってる不潔さ」とその気持ちをわたしに説明してくれたのですが、戦犯や戦争処理のより大きな構造までを問題にしていたのかはわからない。たとえば天皇の戦争責任をどうするのかまでを。アメリカは政治判断でそれを裁かなかったけれど、国民はどう考えていたのか。それより岸への「個人的恨み」感が強かったのかなと、いろいろな話をうかがっていて思いました。とすると、どこか集団血祭りの匂いがするし、岸の退陣後「所得倍増計画」を打ち出した池田勇人を受け入れ、以後高度経済成長の道をひた走っていくことになるのは、わからないでもない。岸に復讐する欲求はある程度おさまった。そこで飢餓を知っている世代には、所得倍増計画が本当に嬉しかったのか、それとも目眩まし的なものに飛びついたのか、そのへんは今もよくわかりません。日本の人民も変節が早い。それはわたしを傷つけている歴史の謎なのですが、この傷は、もしかしたら70年安保の学生たちが抱えたのと同質だったのではないかと、今思っています。

●池田勇人（1899-1965）に代わって、結局次の選挙で自民党が大勝するんですよね。そうやって何度も何度も負け続ける。

○革命家は革命を勝利するまで革命家なんであって、負け続けているけれども、僕は革命をやめたつもりはないんですね。だから奴等の方が俺の正体を見抜いて

いるなと思ったりするんですけれども。ただもう一回言うように飛行機を盗んだりしてまでもやろうとしたレベルではもうニッチモサッチも行かないとね。相手のこともあるけれど、社会の底が抜け政治の底が抜けている時に何をしたらいいのかって、もう一回考えないといけないし、そういうことを地道に日々やっていた人がいっぱいいるわけですよ。ここにいらっしゃる人々の中にもいるんですね。それが統一教会や日本維新の会に負けてしまってるというのが許せないわけです。日本維新の会で発言したい人がいたら発言してほしいし、この映画も統一教会に見せに行こうと思ってるくらいですから。

◇革命をやめたつもりはないというのは、いいですね。ずっと考えてほしいし、伝え続けてほしいです。足立さんたちの世代が、暴力の収め方を考えられなかったので、今のこの超管理抑圧社会につながっていて、その迷惑は被っているという意識はわたしにはあるんです。足立さんに文句をつける気はないし、考え続けているという点で足立さんは誠実だと思う。一緒に考えてもらえませんかと言いたいです。わたしがその世代にいたとして、どうにもできなかったかもしれない、でも、今こうして時を共にしている仲間として、何が起きたか、今何ができるのかを、知り、考えたいです。

●そういえばこちらにテレビ局の関係者がいると思うんですけど、発言してもらえますか。なんか自民党の萩生田がテレビ局に圧力をかけているという話を聞いたんですが。

▲僕は若松孝二さんの知り合いにですね、東京の大学に行ってた時にお世話になりました。というちょっとした縁もあり今日お邪魔しました。
7月8日の事件があって、それ以降に事件そのものからいろんなことがあって、教団が会見を週明けの月曜日に開いたんですね。だから3日後に教団の会見を体験して、そこからどれだけ明らかになったかは不明ですが徐々にわかってきたことがありました。
のっぴきならない政治の話もあれば、統一教会の撃てど響かずのようなものも感じながらやっている中で中途半端な形で放置することはできないよねっていうのが、ジャーナリズム魂とかそんな高尚なものではないと思うんですけど、どこまで真実に迫れるかっていうところをスタッフ一同日々やっているのかなっていうのが感触的なところでして。これは僕個人の意見として捉えていただきたいんですけど。
そういった形で国葬まで2ヶ月半位引き続き今週とかもやってるんですけど、おっしゃるようにいろいろと圧力をいただいています（笑）。いろんな抗議文をいただいたり、裁判を起こすぞとか、あるんですけど逆にスタッフとしてはそれで

終わったら負けやないかというところもあるので、これは感情的なものとか事実に基づかないものではなくて、事実を積み上げた上で放送するというスタンスで引き続き地道にやっていきたいなと思っております。

●ありがとうございました。

◎でも日本は完全におかしくなっていますね。佐藤栄作（1901-1975）を国葬にするっていう話は内閣法制局が拒否したらしいけれど、佐藤栄作はノーベル平和賞を受賞していますね。それを理由に国葬をするといった時に、それは歴史的評価ではないから、時間がたたないといくらノーベル平和賞を受賞してもダメだと内閣法制局は判断したみたいですね。法的根拠なんてどうでもいいけど、それにしても今はグダグダでそういう話さえない。そういう日本を作ったのは安倍晋三だからね。完全におかしなことになってしまった。佐藤栄作はとうぜん国葬にならなかった。だから以前はまだ司法が機能していたらしい。

○底が抜けてるっていうのはそういうことですね。司法が行政の番頭になってしまったと。総合的に見れば明確なわけでしょう。

◎それをやったのが安倍晋三です。非常にヤバいですよね。

○一種のファシズムですよ。これは忖度ファシズムと言ってもいい位なね。

●生業訴訟なんか一審二審では、津波は予見できたけど、費用対効果で対策をとらなかった、だから東電にもそれを指導しなかった国にも責任があると認めていたんです。それが最高裁では、仮に対策をとっていても津波を防ぎ切れたかどうか分からないから責任は問えないという判決だったんです。でも、それって、いくら勉強しても東大に受からないから勉強しなくていいと言っているのと同じですよね。もう司法が国に従属しているとしか思えない。

◇本当に冗談みたいな判決でした。私は生で聞いたんですよ。国が担当大臣を指導して仮に対策を取らせたとしても、その事故は防げなかっただろうから責任がないと。ほんとにそういう文言だったの。みんな魂が抜けた感じになって怒る気もしない、ほんとに怒るよりまずいと思う。

○そうなると一番必要なのは行政ではないですよね。だって僕らは底の抜けた行政の中で生かされてんだけど、逆に言えば犯罪っていうのは法律で社会が成り立っているんだから、法律を守ればいいという話になるわけですよね。だけど実

際には法律解釈で成り立っているというのが現在でしょ。そう見ていくと、死刑だけは続けるとかね、監獄法は明治時代から変えないでやっていくとか、都合の良い時はそうやっているわけです。それ以外は行政がイニシアティブを取ってやっている。

ごちゃごちゃいわずに日本の司法制度に向かってもう一回戦わないとダメなんですよね。時々裁判官の個性がそうしているみたいにジャーナリズムには批判されてるけど、原発はやばいからやめろとか、そういう個別の判定を下した判事はみんな槍玉に挙げられるという司法の世界でしょ。だからそういったところをやっていかないと、山上がどこを向いても壁にぶち当たったみたいに、どこを向いても底が抜けていて、どうしようもないレベルになってる。またちょっと偉そうなことというと、それは日本の最大の特性にはなっているんだけど、世界中の各国見てもアメリカを見てもフランスを見ても、フランスは汚職まみれのサルコジが国葬に来てたみたいだけど、つまり各国は経済的にも政治的にも危機的状態なんですね。どの国をとってみても。よくわからないのが中国位で、それ以外各国は危機の中に生きてるから同盟を組んでなんとか救おうとしてきたけれど、何度同盟を組み直しても、やっていけないくらい各国の危機は解決できないレベルに至っている。そうすると日本の政治の底が抜けてると言ったぐらいではすまなくなっている。

それを大きな話としてあっちの方に投げるんじゃなくて、今みたいに訴訟ひとつ取ったらそこで具体的な実害として現れるわけでしょ。だから僕はそういう意味で言えばそれをやるのに反原発で頑張っている人、反基地でこれだけ頑張っても日本政府は言うことを聞き入れないという沖縄の問題、これ全部同じなんですね。全部同じレベルになっているわけですよ。また俺が偉そうに言うことじゃないんだけど、俺らはそれを許してきた犯罪者なんですよね。だからみんな犯罪者と自分を思ってくれたら、さっきから偉そうに連帯とかなんとか熟語で言うと狭くなる。

◎全員に責任があるんだよね。最近、『クーデタの技術』という本で有名なクルツィオ・マラパルテ（作家　1898-1957）っていうイタリアのファシストの本読んでいたんだけど、彼はもともと16歳のときに共和主義者とアナーキストの暴動でパクられているんですね。その後ファシストに転向するんだけれど、ヒトラーもムソリーニも軽蔑する異端的なファシストでした。反逆罪で投獄もされている。ムソリーニの命令によってファシストの監視付きで軍のジャーナリストもやっていた。第二次大戦中、そういう本（『壊れたヨーロッパ』）を書いていて、その本はウクライナから始まるんですよ。素晴らしい描写なのですが、今と全く同じで同じことが起きているんですね。1944年刊行の本だけど、驚くほど今と全く同じことがね。好きな歴史家ではないけど、イギリスのエドワード・ギボン（歴史家

1737-1794)の『ローマ帝国衰亡史』なんかを見ても、全く同じ顛末が書いてあります。人類は同じことを繰り返している。だから人間ももっと賢くならないといけないよなあ。

○いやいや人間は賢く見えて賢くないですよ。それで賢くない我々がね、犯罪者だって思った時に少しは賢くなれるんじゃないかと思った。僕は別に山上を英雄視しないけれども、ひとりの青年がここまで追い詰められた時にモヤモヤしてて、昔の人は「オリオンの星」を目指すことができたかもしれないけど、自分は何の星になったらいいのかわからないわけですよ。でもそこでやるしかないから、みんな出会い直したらいいんじゃないかと思っているんですね。

◎家族の問題って言ったのは僕の問題でもあるし、実際皆さんの問題でもあるわけですよね。
私事で申し訳ないんだけど、僕はもともと不良で極左暴力集団の一員だったんですけれど、若い頃ずいぶん親に迷惑かけたので、母が死ぬ時に最後くらいは看取ってやろうと思っていました。死とはどういうものか知りたいというのもあって、出来る限り病院に詰めていたんです。彼女はだいたい右翼系の家系の人なんですけど、僕がいろんな問題起こしても平気らしく、眉一つ動かさないような人でした。もう重篤になっていたんだけど、危篤になるちょっと前にうわ言みたいに言われたことがありました。「どうして安倍を暗殺しないの？」ってね。彼女は右翼として言ったのかとも思いましたが。

○それはあり得ましょう。アメリカに尻尾を振っている右翼が許せなかったんじゃないかな。

◎だから今の右翼の人に聞いてみたいんだよね。でも母の言葉を聞いた時にドキッとしたよ。

◇本質的な言葉な気がします。

○それで、なんであなたは暗殺に行かなかったの（笑）。

◎そうなんですよ（笑）。母は僕を批判したのだと思う。だから僕の問題でもありますね。

★国葬前日の初日から、ずっと足立さんたちと一緒に回って来たんですが、新宿で伊達（政保・経産省前での『呪殺祈祷会』の、向かって右側の旗手。音楽・演劇評論

家。元新宿区役所員だった頃、人事を巡って区長の前で切腹未遂事件を起こした）さんが言ってましたね。「みんな悪口だけ言って、アベをヤる奴はいないのか、なんて言って、誰もやらなかったことをヤったんだから、ここ（新宿ロフトプラスワン）にいる全員、反省しなきゃいけない」と。

◎暗殺できないですね……。暴力いやだもの（笑）。

●ちなみにこの撮影の時に僕は京都で『福田村事件』（仮）という森達也監督の初の劇映画の撮影をずっとやって、一切関われなかったんですけど、そしたら足立さんから電話があって、撮休の時に奈良へ実景を撮りに行けと言われたんです。そっちのカメラマンと機材はなんだって言われて、いやいやうちのカメラマンは使えませんからと、そしたらスマホでいいから行けって言われて（笑）。
それで奈良に実景を撮りに行ったんです。そこから山上の家に行ってみようと思って山上の家に行ったら車で7分ぐらいなんですよ。ネットに出ているマンションがないんですよ。なんとすでに名前が変えられている。真新しい別の名前が付いているんです。前の日の7月7日の夜岡山に行って、岡山市民会館で警備が厳しくて諦めて次の日の帰りに長野まで行かなきゃいけないと思った山上が、新幹線の中で、うちから7分、歩いても20分のところで演説をやるって知った時にどう思ったんだろうと。

★それは天命だって、来た！って思ったでしょうね。

●ちなみにその実景を撮れって言われても、実際に川上が歩いている速度とかが分からない中で、その見た目だけ撮るって異常に難しくて結局採用してもらえませんでした（笑）。

○採用してるよ、今日見てもらったのにないけど、完成版には出ます。

◇その場所に実際立ってみるだけでもすごい意味がありますよね。どういう場所なのか、どういう風景が見えるのか。
そのことの重要性を感じたのは、福島生業裁判の最高裁弁論と最高裁判決に行った時です。道に停まっている原告の応援車を見上げていると、もれなく皇居を見ることになった。あれ？と思って。暑い日に、戦国武将みたいなのぼりをずらっとあげた向こうに、濠があって夢のような宮城がある。なんだこの風景？って思って。最高裁の正門は皇居に向かって開いていると、長い時間そっち向きに立って初めてわかった。これは最高裁弁論の日で、その時原告団は勝つとしか思えない勢いのある裁判だったんです。でもその時わたしが思ったのは、「最高裁が皇居に

向いている。これがこの国の民主主義の形だとしたら、もしかしたらこの裁判は負けるのかも知れない」ということでした。そして最高裁ではじっさい、負けたんです。それも、さっき出た、小学生でも書いたらだめって言われるだろう文章の判決文です。

怒る気力もしばらく出てこなくて、ああこれが日本で起きていることの象徴だと思いました。怒りも出てこないということ。怒りまで管理されている。

そしてね、報告集会が神保町であったんですけど、最高裁と皇居の間の広い通りを真っ直ぐ行くと、なんと靖国神社の鳥居の威容があらわれる。

この並びは国家が意図的につくったもの。皇居があって、最高裁があって、国のために死んだ人を祀る機関が直列に並んでいる。これがいまだにこの国のかたちなのかと思いましたね。つまり、民主主義はまだ大日本帝国の域をあまり出ず、国民は国のためには命も捨てて働けと、国民を「労働力」として捨て駒にしようと政府は言うのです。最高裁判所も国の御用機関です。その捨て駒的労働力の一人が、山上だったわけでもあります。

◎明治以来、東京の地図はそのようにできているみたいですが、赤坂さんは最近も天皇のことを書いていますよね(『箱の中の天皇』河出書房新社刊)。天皇家も家族でしょ。イエスや初期の原始キリスト教徒たちはある意味で家族を壊そうとしました。統一教会がキリスト教だとは全くもって思わないけど、悪い意味で家族を壊しているわけですよね。

◇宗教とカルトは違う、という喧伝がよくなされるけれど、わたしは、区別は、基本的にないという考えです。いわゆる伝統宗教の異端審問で殺された人や宗教戦争で死んだ人は、カルトの比ではないでしょう。あと、伝統的な多くの宗教が、ずっと性と結婚を管理し、縛ってきました。カルトは極端に見えるけれど、極端なものは、元からあった質を端的にして煮詰めただけという感じがするんです。

○宗教がファナティシズムといわれる所以はそこなんですね。

つまり現世の中で築いてきた家族の愛とか共同体とかが信仰の邪魔になるという発想ですからね。偉そうにいうほど研究はしてないんですけど、つまりそこから始まったクリスチャニティというのがどれだけの害毒を流したのかということですね。

★キリスト教くらい、人を殺した宗教ってないからね。すぐに植民地化して、できなきゃ殲滅に走る。

○その前からそうなんだよね。

◎だから実際、戦争っていうのは全て宗教戦争ですよ。歴史的に見てもそうだと思います。最近ジャン＝リュック・ゴダール（1930-2022）が死んだので、彼について書こうと思って『ゴダールの映画史』（1988-1998）を全部見直しました。まず何を思ったかというと、映画はハリウッド映画も含めて全部戦争のことなんだなあと。それしか言えないくらい（笑）。映画の歴史も戦争の歴史であると。

〇それはハリウッドが得意とする古代からスタートする時代劇っていうのは皆そうですよね。日本でも戦争という極限を美化するのはなぜかっていうと、俺も世界革命戦争って言ってきた身だから戦争を美化してるつもりはないんだけど、観る側がそう受け止めるだろうというのはありますね。
戦争を続けている身の俺なんかは、何を取り上げても戦争に繋がっているなと思う癖がついているね。

◎でも「世界革命戦争」っていう響きは今でも好きですけどね（笑）。

〇好き嫌いの問題ではないけどね（笑）。

●なんか今の日本映画って、完全に社会性どころか時代性まで失っている。かつての若松プロなんかそれだけを意識していたと言っても過言じゃない。ピンク映画という枠の中でエロさえ押さえておけば、あとは何をやってもいいとやっていた。今回も映画を生業としている以上、映画で国葬に異議申し立てしたいとこの映画作ったわけですが、この30年、そんな映画は皆無に等しい。ピンク映画にもない。今日は客席に『ピンク映画情報ミニコミ ぴんくりんく』という同人誌を出し続けている太田耕耘キさんがいるんで、その辺のことを含めて何かありましたら。

太田耕耘キ
突然ですけれども、ピンク映画の研究と普及をしております太田と申します（拍手）。本当は足立監督を前にしてまじめな話をしたいんですけど、ピンク映画関係者枠で来ているので（笑）。
今日唯一のベッドシーンが自分はずっと気にはなっていて、女優さんの名前も気になりつつも、山上氏は童貞なんじゃないかなあとちょっと思ったりしてですね。

〇その通りですよ。

太田耕耘キ
今自分も負けない位、安倍は嫌いですね。よくぞやってくれたと。安倍が生き残っ

てしまっていたら、山上氏は浮かばれないのになと思ったけど、死んでくれて星になれたなっていうのがあります。もし童貞じゃなかったら綿密に緻密に遂行できなかったんじゃないかなと思いました。

〇あなたも童貞？

太田耕耘キ
いやだから普通に生きてるんですよ。できなかったんですね（笑）。革命もできなかったし、安倍も殺せなかったです（笑）。どこかで山上氏と出会って一緒に風俗に行ってたらできなかったんじゃないかなって下世話なことを思っていました。
ピンク映画なんですけど、60年代から正確には62年から始まって独立プロダクションが制作して配給会社が買い取って公開するっていうことなんで、ほんとに自由な発想なんですね。映画会社が制作して発想するんじゃなくて、監督がプロデューサーとして作るシステムでずっとやってきて、今は本数も少ないんですけれども、だから単にビデオがない時代に、アダルトビデオはない時代に裸を売りにするというパッケージで政治的な要素とか社会的な問題とかっていうのを当時は盛り込めたなというような背景があったんですね。
今日この映画見て足立さんの元気な姿を見て、ここまで完成してよかったと思うと同時に、このテーマで足立監督以外の若い監督が撮ればいいのになと感じています（拍手）。

◎今の話はためになりましたが、家族小説っていうのは、フロイトの言っていることですが、当否は別にして、セックスの問題でもありますね。

●自殺未遂で入院した山上が入院患者の女性と抱擁していて、それが見つかって転院させられたというのも本当なんです。週刊文春情報だけど（笑）。こんなことバラしてると、お前は週刊文春だけで書いているのかと言われそうだけど。

◇文春も良いことをするんですね。あのシーンはすごく人間心理が書けていると思いました。最初は好意を持って近づいてきた女の子が、反転して山上を憎む顔をする。微妙な表情でそれを出せてる。主役も女の子もすごくうまかった。元ネタは文藝春秋なんですね。

●もちろん他の週刊誌も読んでいるけど、文春の取材力は圧倒的でしたね。

〇実は山上は奈良で安倍を撃ち殺す陰謀に誘われたんじゃないかっていう陰謀説はずっとあるんですね。それはケネディを暗殺したオズワルドがそうであった

ように、実際はオズワルドの弾は当たってない、山上も当たってないと。だから映画にもアーカイブをちょっと使ってますけど、あの奥の方のビルディングは600メートル離れてんだけど、ものすごい弾痕が残ってます。そのぐらい強力な改造銃だったわけです。山上が作った銃というのは、すごいんです。こういう話をちょっとしていいですか、俺も少しわかっているんだよ。

ピストルとか銃というのは撃鉄で弾の後ろにある火薬が詰まった弾倉に刺激を与えて発火するというやつですけれども、山上が作ったのは精密度がもっと要求されるし、失敗も多いというのがわかって、あれは弾倉に電線を入れて電気のスイッチを入れればそこはショートを起こして、火薬が爆発してその前にある弾倉も同時に爆発して飛ぶというものすごい弾なんですね。

第一発目はなぜ安倍や安倍の周辺に当たらなかったのか、ここが非常に重要だと思っているんです。じゃなぜ600メートル先にビルの壁を削り取る位までの弾が飛んだのか、つまり一発目は安倍に向かっていないんですね。山上は他の人を殺したくないというのがあるわけですから、自分と安倍の間にある人たちが動いたら安倍がもっと狙い易くなる。映画の中にも銃撃の練習をいっぱいやってますけれども、それで二発目に狙っているわけですね。

すごいね。なぜそこまで冷徹にやれるのかがひとつ、それとさっき言いかけた撃鉄で火薬を爆発させるのではなく、電気ショートでやるっていうのは銃にはないんです。大砲にしかないです。

つまりそれだけの火薬を詰め込んで爆発させるという、彼はなぜそこまで正確度を目指したかという事とか、今お巡りさんが調べることには100パーセント彼はやったことは全部正確に供述しているはずです。取り調べ刑事が書く作文は全部拒否してやっているだろうと。つまり警察の調書なんて作文で余分なことをくっつけるわけですから、それは許さないだろう。それからそこまで彼は冷徹にやれた、そのそのぐらい怨念はすごかったんだというのと、彼自身はどうしても何かを突破してやるぞというね。

俺はタバコとか酒がやめられないのは根性がないからだって言われているんですけど、平野さんというこのロフトの親分にね（笑）。俺はそれを止めるために八十八カ所50日かけて苦行したんだって（笑）。俺だってそれぐらいやってもいいけど、そういう暇がないんだって言いたいんですよね（笑）。

ですからそういうことが何を意味しているかっていうのが僕にとってはとても大切だったですね。彼が他のやつを殺したくない、安倍はどうでもいい奴だといいつつ安倍以外の人を傷つけない、とこういう風にしてるところなんかが、僕らの想像力を超える位まで執着してやっている。

なおかつ彼の中にあるモラルがそういう具合に形作られていることだけはわかるんです。じゃあ自分が星になりたいってどういうことかもよくわからないわけです。だけどここで何かになりたいというだけだったら、あそこまでやれないは

ずなんですね。だから親父のことを引き受け、母親のことも引き受け、射撃訓練する時にも母親をターゲットにしてみたりするわけですよ。撃てなかったわけでしょ。

◇母親を模擬ターゲットでも撃てないというのはすごく本質的なシーンに思いました。母殺しはむずかしい。人類にとってむずかしいんじゃないでしょうか。誰でも母から生まれ、生まれてこのかた自分の生存にかかわり、いちばん愛されたかった、そういう人が、母だから。安倍晋三もそうなんです。彼は岸信介をなぞろうとしていたように見えるけれど、実はそうすると母親が喜んだからです。二人共に、「母の支配」があり、「父の不在」があります。しかしこれは特殊なことではなくて、戦後日本の典型的な風景だと思います。
あと個人的には、その構造の銃だと撃ったものの原型をとどめないほどにぶっ飛ばしてしまわないんですか、という疑問はあります。バックになにものかがいる可能性は、ゼロではないと思っています。

〇兄貴も統一教会支部に殴り込んで目の前の敵は母親なんだけど、刺せないわけですよ。文鮮明とその女房が神様になっている肖像写真に突っ込んでいく。
これは僕の想像力だけじゃないですね、やっぱり。人間の姿を見たらそういう具合に理解できるようにはなると。そうすると僕らはへらへらシナリオ書いたり映画を作ったりしてるんだけど、ひとりの真面目な青年が安倍を撃たざるを得ないという所まで行く道程は星に行く位まで大変なことなんだよね。完成作品にはそれを活かしたいと思ってます。以上（拍手）。

●それでは、質問のある方。

観客A
完成版ができるということですが、山上さんが12月までの精神鑑定ですが異常に長いと思うんですね。彼を精神異常ということにして起訴しない可能性もあると、そうすると彼のやった動機が闇に葬られると、確かにその可能性もあると思うんですね。片や裁判になるといろんな供述が出てくると思うんですね。山上が自分の本心だけを語るということになれば、映画の制作の過程で彼の供述というのがヒントになって制作の流れが変わってくる可能性もあるんですか。そういうことを考えてもらえるといいと思います。

〇非常に重要な点を今おっしゃった。ひとつは彼を精神異常者にしてしまえば今の底が抜けている司法は楽だし、行政も自民党も統一教会も一番楽なんです。蓋ができるわけですからね。異常者であるからというね、冗談じゃないと言うため

にこの映画作ったのです。

僕ら映画人やシナリオライターの井上君にしても想像力でわかんない事を穴埋めしていくわけですよ。一番苦労している作家の赤坂さんはもっとわかると思うんだけど、やっぱりその人間を総体で捉えようとすると異常者というとほんの一部が異常かもしんないけど、そういうのは僕が今トイレに行きたいと思ってトイレに行けば多動性老人になるわけですね（笑）。それと同じように、なんでも蓋ができるんですね。

だけど山上はそれを許さないためにも研究してたっていうことがあるんじゃないかと思っているんです。だから映画で妹がお兄ちゃん明日行くんだけど差し入れは何がいいかなというシーンがあるんですけど、そういうのを撮った後妹さんがマンガ本を差し入れたというのが情報として入って来たりすると、僕らはその程度の想像力しかなかったのかと反省するわけですね。つまり想像した通りだなって偉そうな顔はできないです、その通りなんだから。

そういうことを考えていくと山上を気の狂った人、異常者としてしまうのが世間、自分たちの底が抜けているのをカバーする最も良いイージーな方法なんですね。ただし、そうしてしまうとなぜ彼を犯罪者と呼ばないのかっていう膨大な過去の司法の過ちが全部出てくるわけです。

僕はトランプ大統領や安倍首相が実現した時に、これまでの底が抜けている政治の完熟度が全部暴露され始めるぞと思ったんですね。あの人達は昔だったら陰謀で済むことを平気でやっちゃうわけだから、その通り世界中で外交とかハイテク戦争とかサイバー戦争とかやっているんだけど、そういう僕らが見過ごしてきたものを全部表に出してくれたのはあの2人ですからね。そういうことを考えていくと安倍を殺したら、この腐った日本を美化してしまうというのが僕の第一感だった。大変だなあと、大変なことになったと、山上さんのことを考えるんじゃなくて。そういう大きな物語の側から見ちゃうんだけど、それでは片手落ちなんですね。ですから今おっしゃったように今後の想像としては、予測とか偉そうに言えないけど、50パーセントはあの人はおかしい人だったからしょうがないよねってすませたい、もしまだ岸田が首相をやってたらそれを選ぶでしょう。それからもう一つはそういうことで許しては自分たちの底が抜けている実態が明らかになるから、やはりきちっと永山則夫(1949-1997)のように処罰したいと。これがなんか司法の判断なのかと。

今は犯罪の量刑を決めるのは被害者の側の被害意識で決められますみたいな裁判になっている。じゃあ因果応報で、法律の中身なんてたかだかそんなもんなんですよ。それでみんなが許すからそれをやっているだけだね。そういうことを考えていくと、どっちに転んでも底抜けが明らかになっていく。だからそういう意味で僕は山上を褒めすぎると言われるかもしれないけど、たまたま彼がやったことがそういう具合にすべてをスキャンダルにまみれたメディアやジャーナリス

トの言い方を含めても、それらが全部暴露されていくということで、安倍やトランプより山上の方がやっぱり偉大だなあと思ったりするんだけど、また英雄視するなんて言われるから今日聞いたことを忘れてください（笑）。

観客B

今日結構批判的に見ようと思いつつ、でもすごく良かったのでむしろ国葬賛成派の方たちに見ていただきたいなっていう印象持ちました。

私は元々刑事法研究者で、今は国際人権法を研究しているんですけれど、テーマは刑事司法精神鑑定の外交的な利用っていうところから入りまして、まさに山上くん問題っていうのはドストライクに私の研究テーマに入っています。

歴史的に見ても足立監督がおっしゃったように、特に外政が関わるような国事犯に関しては数々の精神鑑定で狂気、例えば難波大助事件（1923年）でもそうですし、足尾銅山鉱毒事件（1890年）もそうですし、島津ハル事件（1936年）、皇族が天皇を引きずり下ろそうとそういう新興宗教の中で発言したこれが不敬罪になりましたけれども、鑑定で実は狂気だったと。だから精神鑑定は何かを隠すために使われる場合と逆に加重事由として重罰化するときに使われる両側面があるんですよね。

なので彼は狂気だ、だけれども社会的なインパクトが強いから有罪とかね。そういうのはいくらでもあり得るんですよね。私は暗殺っていうところで見ると竹橋騒動（竹橋事件　1878年）っていう明治天皇の近衛兵100人が決起した反乱事件があるんですけれども、これ法務図書館とかに行っても全部焼かれていてないんですね。除斥になっているんです。GHQが日本へ上陸するときにヤバそうなものは中庭でどんどん焼いているから多分それなんだろうって司書さんにいわれたんですけれども。

実は竹橋騒動の主要人物である近衛兵は井上馨に精神障害であるということで無罪にされて、昔は免責っていったんですけれども、朝鮮半島に送られて閔妃暗殺事件（1895年）の実行犯になっているんですよね。だから実はこれ面白いテーマなんですけれども10年前私はこれで博士号を取りましたが、その後バーンアウトしちゃって出版の話はもう決まってたんですが、出版する気力がなくてもう10年フラフラ暮らしているんですけれども。たまに大学で教えて。だけど、来た！みたいな気持ちで映画を拝見いたしました。この残りの部分をすごく期待しておりまして、特に私の目には今おっしゃったようにマザコンの側面がすごく見えまして、仕事と労働を分けるという映画の撮り方、もちろんピンク映画が労働でというわけじゃないですけれども、それで収益を得て次につなげるっていうやり方はすごく感動しております。エロって本でもそうですけれども禁止しても流通するっていう性質、これが最大の武器になるので、ピンク側面を期待して来たんですけど、隣に息子、16歳の息子を連れてきてるので、あまりそこが描かれてなかっ

たのは、若干家庭の問題としてはほっとするんですが。

実はマザコンの側面をもっとみたかったので、勝手に足立監督が映画をこれから撮られると聞いたとき、それまでは国葬反対だったんですけれども、国葬をやってもらわないと足立監督が空振りになると思ったので賛成派に転向したんです（笑）。

実はマザコン側面をもっと流通させるために、若松プロダクション的な漢字カタカナのタイトルをつけていただきたいと思っておりまして、『異端聖母ゲリラアサシン』というタイトルを是非採用していただきたいと思いました（笑）。副題で『REVOLUTION＋1』でもいいですからぜひ（笑）。ピンク映画側面でも描いていただきたいと思いました。すいません長くなりましたがありがとうございます（拍手）。

＊＊＊＊＊＊＊＊＊＊＊＊＊＊＊＊＊＊＊＊＊＊＊＊＊＊＊＊＊

難波 大助（なんば だいすけ、1899年（明治32年）11月7日 - 1924年（大正13年）11月15日）は、日本の共産主義者、極左テロリスト。大正期の反逆的な社会運動家。

1923年（大正12年）12月の虎ノ門事件で摂政宮（皇太子裕仁親王）を襲撃し、暗殺しようとした。審理が行われた大審院でも皇室否定の主張を曲げず、大逆罪により死刑に処された。

足尾鉱毒事件（あしおこうどくじけん）または足尾銅山鉱毒事件（あしおどうざんこうどくじけん）は、19世紀後半の明治時代初期から栃木県と群馬県の渡良瀬川周辺で起きた、日本初の公害事件。

足尾銅山の開発により排煙、鉱毒ガス、鉱毒水などの有害物質が周辺環境に著しい影響をもたらし、1890年代より栃木の政治家であった田中正造が中心となり、国に問題提起するものの、加害者決定はされなかった。

島津大逆事件（島津ハル事件）

昭和11年（1936年）8月29日に島津治子を含む「明治神宮ミソギ会」の会員4人が不敬罪で逮捕され、俗に「島津大逆事件」「島津ハル事件」と呼ばれた。治子とともに逮捕されたのは、元代議士・高橋保の妻・むつ子、祈祷師の角田つね、皇訓教会主・富田貢の長女・倭文子で、逮捕の2年前、角田が三重県亀山で霊感により東京に島津という偉大な女性があることを知り、霊の交感を求めて上京して治子と会ったところ、同じく霊感を得ていた治子と意気投合し、治子が属していた明治神宮ミソギ会会友の高橋と富田を誘って交霊会を行なっていた。

彼らは「交霊」の最中に、「昭和天皇は前世の因縁で早晩崩御する、国体明徴惟神の道（統治権の主体は天皇にありとするもの。国体明徴声明参照）のためには高松宮

を即位させるべきである」という旨の密談をしていたという理由で罪に問われた
が、同年9月24日の起訴前判定で治子は「感応性精神病（祈祷性精神病）」と診断さ
れ、不起訴となる。9月22日の『木戸幸一日記』に「島津治子は検事総長（光行次郎）
の意見にて警視庁にて精神鑑定をなし、病院に監置することとなり、25日に実行
する筈」とあり、精神鑑定がなされる以前にすでに治子の入院が決まっていたらし
しいことから、治子は精神障害者でなかったか、もしくは快癒すると考えられる
程度の精神病にもかかわらず起訴前鑑定にかけられ不起訴にされるという異例
の措置であったことが窺える。このことから、事件は反皇室分子に異常者という
レッテルを貼るためのものだったのではないかという見方もある。松本清張も著
書『昭和史発掘』の中で、治子らが精神異常とされたのはでっちあげではないかと
推測している。清張はこの事件から小説『神々の乱心』（未完）も創作している。

竹橋事件（たけばしじけん）は、1878年（明治11年）8月23日に、竹橋付近に駐屯し
ていた大日本帝国陸軍の近衛兵部隊が起こした武装反乱事件である。竹橋騒動、
竹橋の暴動とも呼ばれる。
＊＊＊＊＊＊＊＊＊＊＊＊＊＊＊＊＊＊＊＊＊＊＊＊＊＊＊＊＊＊

観客C
足立監督にまず最初にお礼を言いたいんで、その後に映画の感想を言います。
45年前にベイルートのボルジュアルバラーナジュナで部落解放同盟の青年とお
会いなりましたね。あの時の青年が今は老人になってここに来ています。ありが
とうございました。あなたと和光さんのお世話で南部の戦線まで行かせてもらっ
て司令部にも入ることが出来ました。非常に貴重な体験をさせていただきまし
た。

○今来ていらっしゃるのは？

観客C
私です（笑）。もう老人になっているのでわからないと思いますが（笑）。PFLPのオ
フィスで交流させてもらって、足立さんがヨルダン当局に殺された日高さんが
作った「人民の娘息子達、我らは」という歌を歌われて、僕は「狭山裁判打ち砕こ
う」という狭山闘争の歌を歌って交流しました。覚えていますか？

○かすかに覚えていますが、かすかでしかないです。

観客C

そうですか。僕自身は第三世界の戦いと合流するような部落解放運動を考えて、思ったような成果は上げられなかったですが。高い志を持つことができる契機を与えて下さってありがとうございます。

映画に関しては、皆さんが考えることと一緒です。伝えたいのはあなたが僕の前で発した言葉とか歌った歌とか、歌は野太い声で迫力がありました。あなたの表現ていうのは、今回は映像ですけど、全部相手に伝わって、相手の中で化学反応を起こしてるんだってことを伝えたかったんです。だからこれからも体に気をつけて頑張って戦ってください。応援しています（拍手）。

○ありがとう（拍手）。

観客D

映画の感想について、赤坂さんがおっしゃる劇中で川上が俺と安倍晋三安倍は全然違うんだっていうシーンがありました。安倍晋三は個人的に憲政史上最悪のゴボウ野郎と思っていたんですけども、この事件の後に安倍晋三の伝記を読んだんです。子供時代に岸などに求めていた愛を受け取れなかった苦しさみたいなものが書かれていました。

それは僕の父親とすごい似てて僕の祖父から無視されたりとかされて、その苦しみがシンクロして泣いちゃったんです。山上と安倍は根っこの部分が同じ部分から来たのではと感じました。

後はこの映画で最終的に受け取った部分は、最後の妹さんのモノローグでお兄ちゃんにはお兄ちゃんのやり方があるけど私は私のやり方があるからっていうのが印象に残りました。今あの事件を機に悩んでいて、個人的には絵を描いたりしているんですけど、うまくまとまらないですね。

○妹の意見には賛成できるの？

観客D

僕はそれが一番響きました。

観客E

昨日もこの映画見て、一昨日も見て、三回目なんです。楽しく過ごさせていただきありがとうございます。

映画を見て気になったことがあって、山上さんが書き残した文章がいくつかあると思うんですけど、それが映画には登場しなかった点が気になっていて、2つ質問したいんですけど。

ひとつ目が事件の前日に岡山で投函した手紙があるんですけど、その中になぜ犯行に至ったかっていう動機となぜ安倍をターゲットにしたかという動機が書かれていて、本当は文(鮮明)一族を殺したかったけれどそれが難しいから一番影響力のあるシンパだった安倍を狙ったっていうふうに書かれている。この手紙が映画に登場しなかったんですが、もしかして映画の中の川上の動機を反安倍的な思想に寄せようとしたのかなって印象を受けたんです。実際にはどのような意図があったのか何かあったらお聞きしたいなと思います。

二点目は、彼が残した文章の中に3年にわたって述べていたツイートとか、統一教会の関係者の方のブログに残したコメントがあって、彼は頭もよく文章力も高いので読んでいて魂が震えるような名言や格言がたくさんあるんですけど、それも映画の中のセリフには出てこないように感じました。これも中に入れなかった理由とか裏話的なものがあればお聞きしたいなって思います。追撮があるっておっしゃっていたので、追加する余地があったら増えたら嬉しいなって思っています。

〇その2つの質問は明確にこの映画の作り方と関わっているんですね。その文書は僕も読んだし、読む前に山上に感じた2つの姿の片方の姿を如実に表しているので、その文章を利用したりそれで語ろうとすればそこで終わってしまうんですね。だから映画の中で彼がほうぼうで本当はそんなこと有り得ないんだけど、隣のお姉さん革命家二世、僕の娘のモデルでやってんだけど、それらと話すときにその姿が出るようにする、あるいはブルーハーツなんて僕は海外出張中で全く知らないんですよね。ただその歌詞を見ると山上が何か結論的に書いてある部分と符合しているんです。だからそういう仕方で山上が残していたツイートしたもの、それから文章として最後に投函した文章、それらをやるよりもポンと画面に出せばもっと明確になる部分もあったと思うんですね。だけどそれよりも生きた川上がめったにない人と話す時あるいは母親と出会った時とかそういうところで表現するほうがいいという具合に選択したんですね。弁解でしかないんですけれども、そういう山上さんが実際に残したものを使うよりも、それを映画の中での人物像を描く中でどう生かすかが僕にとっては重要だったという言い方ができます。

ですから、そういうのは赤坂さんがちゃんとやりますから。今後小説に書いたり何かすると思いますけれど、そういうところが非常に重要なファクターになっていくと思うんですね。ただ私の場合はそれよりも実在感の側からそれを表現したいという側に変わったっていうのがあります。弁解ですかね。

●もちろん迷いはしましたが、使うのをやめたのは、足立さんの言うようにそれで終わってしまうというのがありました。本人の言葉を使うと、それがすべてに

なってしまう。それを組み合わせて、本当はその裏にもっと他の何かあるんじゃないかと思わせられる作りにはなかなかならないんじゃないかと思った。でも、山上のツイートが匂うようにはしたつもりではあるんですよ。試し打ちでも韓鶴子を撃ってから安倍を撃つみたいな。ついでに言うと、母親はやっぱり撃てないみたいな。反安倍に寄せたかと言われると、僕があまりに安倍が嫌いなんで、それはないとは言えない。あと、もし山上のツイートだけで作るなら、『タクシードライバー』(マーティン・スコセッシ監督　1976年)でロバート・デ・ニーロが延々日記に書いたことを語るじゃないですか。ああいう作りにしなきゃいけない。なんかそれにはしたくなかったんですよね。それはもっと裁判とかで本人の肉声が聞こえてきてからやればいいんじゃないかと。

観客F
映画とトークショーを聞いて2つ思ったことがあります。
山上が安倍だけを確実に殺そうとしたというのと彼を選んだというところに愛情的なもの、元々安倍が好きだったっていうのを何かで読んで、裏返しの愛情みたいなものを感じるなってトークショーを聞いてて思ったのがひとつです。
あとトークショーの最初にご冗談で言われたことですけど、みんな絆や愛を求めていてスマホでぶつかった人に怒りますかっていう面白いお話がありました。それをずっと考えていて、安倍さんもある種絆を大事にされる方だったのかなと、「桜を見る会」とか。その絆にもいろいろあって、絆で分断することとか、絆や愛を求めるって大事ですけど、その前提として、みんなが犯罪者であるとか、一人一人がしっかりしないといけないというか、その絆にもいろいろあるからやっぱり個々って大事なのかなあってずっと考えていました。だから絆を求めてスマホを見ててぶつかってはいけないのかなと思って、絆を求めつつ周りも見ないといけないのかなあってことを考えていました。そんなところです、感想でした。

●赤坂さん、今の絆の話ってどう思われますか。

◇まず言えるのは、殺したいほど憎んであれだけ周到に用意するのは、愛していた人にしかできないということ。親鸞が弟子に「表に行って人を殺してこい」と言うと弟子が「そんな事できません」と言いました。親鸞は、「縁がないから殺せないのだ、縁をもよおせば何人でも殺せるのだ」と言います。縁をもよおせば、というところがぞっとするほどにリアルで、さすが親鸞だなあと思うのだけど、ここで言う「縁」とは、血縁とか地縁とかではなく、「強い執着」だと思います。そして現代は高度情報社会ですから、従来関係なくいられた人に強い執着をもつことができる。そんなふうに、本来無関係の人間が、強い「絆」で結ばれてしまうことがある。「絆」はいい意味に使いたがる人が多いのですが、一方で危険な言葉であり状態で

あるとも思えます。山上の部屋に安倍の幼少期からの写真が貼ってあるのは、実物ああだったという話を聞いたんですが、あれはもう愛ですよね、アイドル。安倍のことばかり考えている。ある意味安倍が自分を生かし、動かし、そして窒息させている。山上が安倍を愛するのは、自分が統一教会に奪われなかったらこうなれただろう自己像としてではないかと思います。反面、自分はその何もかもを奪われてたのだから、持っているその人が憎く、その人が自分の不幸に関与しているので、恨む。でも安倍もそんなに幸せな人だったんでしょうか？　母に愛されるために、自分のものではない祖父の考えを実行しようとしている人が、そんなに幸せだったかは、外から見ただけではわからない。彼もまた家族の「絆」に縛られて身動きが取れなかったとわたしには見えます。絆てしがらみとも言える。安倍は、家族的な人だったと思いますね。家族思いという意味ではなく、家族から引き継いだ積年の問題や傷や恐怖から政治を行い、組織や共同体を、家族集団のように扱いました。政治に「身内感覚」が強い。自分の価値観に合う人はお気に入りとして優遇し、身内に便宜をはかる。合わないものは強権を用いてでも邪魔する。そのベースとなる価値観というのがまた家族由来です。反論するときはDV的な恫喝で。そういう意味では、政治家というよりマフィアの感じがします。マフィアってファミリーが何より大事ですからね。マフィアはファミリー内の権力継承であり能力より血縁であることに意味がある。

観客F
家族とか統一教会の方々や一般の方々も家族って大事なものなんですけど、グループとか国とか日本では韓国嫌いとかいろんなグループでの考え方ってありますけど、それが排除してしまうものっていう、その辺もどうしたらいいのかなっていうか、難しいなっていうか、絆に頼る部分もあると思うんです。家族を守るためにこうするっていうのを自分のしっかりした考えなしに頼っちゃうこともあると思うし、例えば左翼右翼とかそういう団体に属しているだけで自分の考えができたような感じになるとか。

◎山上の家族っていうのはすでに破綻しているんですね。

観客F
破綻してまた新たな家族を求めるみたいな。

◎いや、行き着く先の共同体も破綻しているんですね。だからどうするんだって言われても難しい本質的な問題ですね。

〇破綻しているという現状をどう考えるかですね。山上が破綻する前の家族をど

ういう具合に思っていたのかね。おそらく父親の日記に出会う発想にしたのは、ほとんど記憶も残ってない父親を求めているからそうなったんだし、一番近しい母親は映画の中にも出てくるけど、小児がんのお兄さんをどう普通の子に育てるかで、野球をやりたいのにやったら危険だからやらせないとかそういうようなことが重なって母親の愛情を全部お前に取られたって、恨みではなくて母親の愛情はそういうふうに注がれることもあると知った上でやってるんだけど、そういう意味で言えば統一教会の規律でいかに愛とかセックスとかの枷をはめられていても自分の欲求としてあるわけですね。つまりそれは母親を求める父親を求めるとこれは根源にあると思っているんですね、僕なんかは。だからその根源の側から家族の絆を取り戻すとかいうところに到達できるのかと。到達するには壁がひとつあり、山上に言わせれば、母親が統一教会に入信したっていうのは母親がよそに行ったということに等しいことだったんですね。そういうことを考えていくと母親の愛を取り戻したいと絆を取り戻したいっていう考えもあると思うけれども、それを取り戻すということになった時は壁が何重にもある。それをどういう具合に自分の側から突き抜けるのかというので一番苦悩したんだと思ってるわけね。その苦悩ってのが普通われわれはどっかに救いがあってそこまで苦労はしない。僕なんかは平気で井上君を愛したりするわけでしょ（笑）。こんなどうでもいい奴なんだけど（笑）。

そういうところから突破していくしかないんですよ。後は勉強してる鈴木さんに話したいんだけど、フロイトにしてもそれを取り戻すという本人の欲望とそれが解放されるレベルっていくつもあって、ちょっとでも解放されればその分前に進めるけどその分壁にもまたぶち当たるというこれですよね。この連続性の中で生きていくしかないと。

◎生きていくしかないのは、自分のことを考えてもその通りだと思いますよ。でもフロイトは全部セックスの問題に結びつけるわけだけど、僕はそうは思わないです。

○そういう意味で言えば、ファザコンであれマザコンであれコンプレックスだというのは楽ですけれど、コンプレックスって中身がそれだけ濃密なんですよね。ですからそこを描く赤坂さんに聞いた方いいんですよ。
俺なんかが答えるよりね。俺なんかはピンク映画をやってピンク映画じゃないからとお蔵に入れられてきた人間ですから（笑）。それは冗談風には言ってるんですけれども、だから取り戻すのか切り開くのかって非常に言葉としてはわかりやすいんだけど、そんなのは取り戻すとか切り離すあるいは新たに手に入れるとか言えないんですよね。言い切れないというか。そこが人間の美しいところでしょ。僕人間万歳って言ったら笹川のセリフに近づくから（笑）。

◇マザコンは、特に成人男性の場合には揶揄した言い方にされやすいのだけど、人間、女性も含めて万人がマザコンだと思うんですよ。断言できます。哺乳類の宿命では。わたし自身強度のマザコンでした。かなり大人になってから母親にまとわりついたことなどもあります。また、その愛着が、憎しみと裏腹となっていました。だからつらいです。強く愛さなければ、憎みもしないです。憎む相手っていうのは、愛着した相手です。憎むだけだったら殺して良心の呵責もないですけど、殺すまでの感情の強度がないです。その割り切れなさが描かれたシーンとして、山上が母親にまとわりつくシーンというのは秀逸だと思うので、ぜひ完成版には入れてほしいです。

作家の直観ですが、すべての殺しは親殺しであり、親殺しを回避するところから、いろいろに見える事件が生まれて来るんだと思うんです。山上も、本当はいちばん恨んでいるのは母親でしょう。秋葉原事件の加藤智大もそうだったと思うんです。しかし母親というのは、強く愛着し、自分の命とも不可分みたいなところがあって、殺せない。論理を超えた生理的禁忌みたいな。それで別の対象へと向かうんだと思うんです。「誰でもよかった」という人がいますが、それは、究極のターゲットを避けたために、怒りが理念的になったのではないかとわたしは考えます。

家族は大事ではある。一方で家族ほど危ないものはなくて、家族の距離で受けた傷や刷り込まれたものから自由になるのは本当にむずかしい。積極的な暴力などなかったとしてもです。山上の母親は、夫の自殺で打ち砕かれた家族の夢を、別の家族で成就させようと、統一教会に入信したように見えます。それはフィクションなので成就しないのですが、ある強烈な傷には、それに見合うだけの強烈なものが必要になるんだと思うんです。彼女がまずズタズタに傷ついていた。救いを求めていた。そしてそのことと、彼女が子どもたちに与えた傷はまた別のものです。子どもたちがその傷と被害から自由になって自分を表現できるには、どのくらいのエネルギーが必要か見当もつかない。ただ、子どもたちがそれを見ないことにして恋愛などの関係性に入っても、やはりそこで問題が起きると思うんです。多くのDVがそうやって連鎖する。山上はそれをこわがっていた節も、映画からは見受けられます。たぶんそうなんでしょう。救いは、一人で聴くブルーハーツだったりした。こういうふうな、孤独な魂同士が呼び合う「絆」というのもあると思うんです。あるいはそれだけが、最後の最後の救いとなるようなものではないかと思います。自殺抑止にも実は家族は最後の砦にはならないとわたしは思っていて、なぜなら自殺は家族が理由であることも多いし、家族への復讐であることもよくあるからです。そういうときに、人を「外」へと招き出すものがとても重要で、それは、昔の人が書いた本でも、流れてきた美しいピアノの一節でもいい。家族である必要も、人である必要さえ、突き詰めれば、ないのだと思います。

○あなたに逆に質問したかったんだけど。宗教二世とか革命家二世のように安倍も、悪玉の二世じゃないかとその通りなんだよね。安倍とか麻生とかみんな漫画世代で漫画で充分だったんですよ。それがヤクザの跡継ぎをした麻生とか悪党の跡継ぎに据えられた安倍とかね、そういう苦悩はするでしょう。だったらやめればいいじゃないかっていうのがあるじゃない。やめるために何をやったかというと、萎えちゃって継いだんですよね。それも今赤坂さんが言ったように選択して生きる側のエネルギーに変えないとやっていけないんですね。だからいい加減なやつは簡単に親の七光とかを受け継いで平気でやっていけるわけじゃない。それで自分が犯罪者になったりしてる自覚がないんだよね。そういうのと自覚してやった宗教二世とはちょっと違うなとは思っていますね。それでいいんじゃないかと思う。あなた、あんまり悩まないでよ（笑）。

●SP役の増田俊樹さんが来ているので、一言。

増田俊樹
皆さんほんとに夜遅くまでありがとうございました。8月の半ばに足立監督と新宿の喫茶店でお会いしました。来週から現場やるからSP役をやれと言われました。それで1週間後ですね、撮影が1ヶ月して今日皆さんの前で上映ができたこのスピード感が足立組の最大のすごみというか魅力というか現場を共にして感じました。国葬の前日に新宿ロフトプラスワンで夜の回が満員で、国葬の当日の渋谷ロフトナイン上映でこれも満席、昨日は名古屋シネマスコーレで2回上映でしたね。一瞬で売り切れて8時半から1回やって2回目は10時10分からですよね。ちょっと大阪のお客さんは厳しいという話を聞いたので、すごくこの映画に対する目が厳しいとどうなるのかと思っていたんですが、やっぱり今日も超満員のことで本当に皆さんありがとうございました（拍手）。

●第七藝術劇場の小坂さんがきっとやってくれると思います。
僕が足立さんに第一稿を渡したのが8月3日。8日が最初の打ち合わせで、28日。そんな超ハードスケジュールを見事に仕切って、こうやって上映にまで導いてくれた最大の功労者、プロデューサーの藤原恵美子さん一言どうぞ（拍手）。

藤原恵美子さん
はじめまして制作の藤原と申します。足立さんとは『幽閉者 テロリスト』（足立正生監督　2007年）からお付き合いをさせていただいていました。ほんとに現場が進んだのも監督が（現場でも）ずっと考えていらっしゃいまして、私たちの意見も聞くんですけど、やっぱり一本筋が通っているものを発表させてもらえるっていうのがほんとにありがたいなと思います。3日間トークショーをやった中で一番

いいことを言っていたと思いました。今日いろいろご意見もお聞きしたのでこれから映画上映に向かって仕上げていきたいと思います。またよろしくお願いいたします（拍手）。

●映画は脚本があっても監督がいても、お金がなくてはできません。この映画をなぜロフトでやっているかというと、ロフトが製作費全額を出資してくれたからです（拍手）。ロフト会長の平野悠さん、お願いします。

平野悠
なるべく逃げてたんですけど（笑）。
昨日名古屋でちょっとめげたことがあって、通りがかりの人から、この罰当たりめがって言われたもんですから、そうだよな殺人だもんなって、そういう考えがどっかにあったですね、やっぱり賛成反対いっぱいあって見る人もいるんだと思って、当たり前ですけど愕然としました。
たまたま監督と酒を飲んだら、お前金を出せと、脚本も読んでないし統一教会の邪魔が怖くてですね、場所も何も言えないんですね、足立さんとしては。
撮影現場に統一教会の人が100人来たら、面白そうなんだけども、その場所を貸してくれた人たちに迷惑がかかるからとてもじゃないけど、そういうことができない。だからいろんな俯瞰の写真が撮れなかったんですよね。それほどはじめの頃は統一教会の邪魔がどれだけ入るかということで、一番藤原さんが恐れていて、僕なんかも恐れていた映画です。昨日は公安が二人も渋谷に来てたけど、ここは来てませんね。大阪は甘いんですかね（笑）。
本当恐れながらもやってきましたけど、これだけ皆さんに評価を受けるということで、ありがとうございました。
皆さんピンク映画じゃないけど、5百万あれば映画は作れますよ（笑）。実は5百万では作れないんだろうけど、これから映画を作る人には励みになるということで、5百万で映画は作れるぜっていうスローガンとしたいくらいの気持ちです。
ありがとうございました。

●平野さんがそうやって出資を決めると、苦労するのはいつもこの方です。ロフトプロジェクト社長の加藤梅造さん。

加藤梅造
大変楽しい思いをして、お客さんいっぱい入るしやって良かったと思いますね。
ありがとうございました。
それで僕も初稿から読ませていただいて、今第7稿目位できている今日の状況なんですけど、最初とだいぶ変わっているんですよ。最初は先程申し上げたよう

に国葬を爆破するんだとかっていかにも若松映画って感じのラストだったんですけど、それがすごく変わっていると思いますが、これって足立監督がいろんな人の意見を聞いたのかな、それでどんどん変わって行くんですね。それで7稿まで行って、足立監督ってすごいとても恐れ多い監督なんで、僕らの意見なんかは聞かないだろうなと思っていたんですが、ちゃんと聞いているんじゃないかなと思いましたね。それがすごい驚きでした。今まで上映が終わった後必ずトークショーを1時間以上はやってたんですけど、それでいろんな意見出て、先ほど藤原さんもおっしゃったように毎回熱い議論ができたのが今回三日間上映してすごく良かったなと思っています。今回皆さんがいろんな意見を言ったのを監督は聞いてくれるんじゃないかなと思います。このトークショーの内容が最後の完成版に何らかの形で反映するんじゃないかなと思いました。

●そんなこと言うと追撮の部分が多くなってまたお金かかりますけどいいですか？

加藤梅造
それは平野さんに頑張ってもらって5百万といわずにいてもらいたいんですけど（笑）。
でもほんとに意味のあった三日間だと思いました。だからこそこの映画は何とか完成させたいなと。先ほどもお話が、いろんなクレームが来てるってやばいんですよね、色々実写の部分も使っているので。著作権とか統一教会から言われだすと、もしかしたら今日で最後の公開になる可能性もなきにしもあらずだと思うんですよ。なのでこの映画が完成するまでに何が必要かというと、お客さんの見たいという熱い応援だったり要望だったりだと思うので皆さんぜひお願いします。何とか本公開できるように応援を今後ともよろしくお願いしたいと思います。ありがとございました（拍手）。

●では、最後に登壇者の方からも一言ずつ。

★あの、ぼくは今日、殆ど喋っていませんが、それは少し混乱してて、ずっと頭の中に渦巻いてることとして、数年前に死んだＥＣＤ（石田義則1960-2018）というラッパーのことが思い浮かんだりして、ぼくは彼とは十代の若い頃からのほんと友だちで、例えばSEALDsがデモでサウンド・カー使うのとか、ぜんぶ石田を継承してるという、あいつが生前に最後、安倍がデモ隊を指さして「あのような人たち」と言わしめた事をして「もっとも成果が挙がった」と喜んでたりしたんだけど、あと反レイシストとかで成果を残したんだけど、そして彼は暴力革命とかには一線を画してて、ただ彼の境遇たるや、かなりに悲惨で、それこそ父親も弟も、

自宅窓からの転落で自殺してたりで、それでも山上よりは、自分の表現営為がある分だけ、果たしてまだマシだったのか。『眠狂四郎』の緑魔子の出てくるヤツで、「私は私であなた（狂四郎）のように在りたかった」ってのが、なるほど六十年代だなってあるんだけど、…まあ、あんまりこういう話してると足立監督に、いつもＥＣＤの話するたんびに涙腺が緩んじゃって叱られるんで、もう止めますが、でも新宿から渋谷、名古屋、そして大阪と、この三日間ずっとこの映画と一緒だったモンで、後は創士に任せます（笑）。オレは終わり。（拍手）

◎途中でトイレ休憩してすみませんでした。国葬に合わせる上映ってあまりないですよね。

○昔はいっぱいあったんですよ。ドキュメンタリーとかは何度かそういうことをやってるしね。

◎やっぱり国葬に合わせてこれをやったっていうことにとても意義があると思います。映画もひとつの出来事だから、そういうふうに思って嬉しくなりました。以上です（拍手）。

◇自分にとってレジェンドやアイドルな人に囲まれて、幸福な時間でした。映画をつくることと上映することそのものをひとつの"出来事"、"事件"にするようなことができるのだ、という感動もありました。こんな閉塞の破り方もあることは、希望です。戦後の失われた時間をつなぐものが少し見えた気がしたのも大きな収穫です。その点は脚本の井上淳一さんに感謝します。井上さんが私を動かしてくれました。感謝します。ありがとうございました（拍手）。

○井上君がみんなの意見を反映するんじゃないかって言ってくれたり、梅さんもそう言ってくれたりしてるけど、監督ってのは贅沢なもんで、人の意見なんか聞かないのが普通なんですよね（笑）。だから聞いてないフリして聞いてるし、聞いているふりしてね。それは単なる映画監督じゃないですか。なんか僕は団体の真ん中に座ってふわっと映画作りをやっていたつもりがあるので、そういう意味で言えばみんなの意見みんなの活動の中で監督って役柄を演じているだけと思ってるから、みんなは僕が怖い監督だとか元テロリストだといわれるんだけど、映画現場で一度も怒鳴ったこともなければ、いじめたこともないというか、今盛んにパワハラとかセクハラとかいわれてるけど実は全く無縁なんだけど、そういうようなことで、映画を表現として選んでいる奴がいろいろ偉そうなこと言ってると言われるかもしれないけど、実はそのぐらいちゃんとみんなに気を使ってるんですよね。俺はあんまり気を使わないんだけど。そういう意味で言えばここま

でイベント版というのをわざわざ作らせてもらって、もう執念として井上さんと言ってた国葬の日は絶対に向こうがイベントやってんだから俺もイベントやりたいっていう気持ちですよね（笑）。だから赤坂さんも行ったって言うけど、僕はあの国葬の前まで行っていろいろなことが小さいことを含めて起こるんですよね。僕なんかはその中にすぐ飛び込んでしまうから僕にボディーガードみたいな助監督がついていたけど、僕がそういうところに飛び込まないためのボディーガードだったですね。そういうようなことも考えてほんとに今日皆さんにお会いできたのは、スタッフやキャストのおかげだと思っています。

そういう意味ではこのロフトをちゃんと開けてくれてね。開けただけじゃなくて製作費まで出してるのね（笑）。そういう人たちがいて初めて映画は成り立っているんですね。映画作るって金かかるんですね。だから僕は生活費をもらって生きてるんですけれども、それもまた批判の対象になってますね。お前映画を作って金稼いでんじゃないかっていうけど、そんな当たった映画は作ったことないかならね（笑）。そういう意味では稼いだ事は一度もないっていうのもあります。

それから塩見孝也（1941-2017）っていう赤軍派の親分だった奴と喧嘩したことがあるんですけど、国賊のくせに生活保護をもらってなんだ、俺は労働してるって偉そうなこと言ったんだけど、駐車場のガードマンを2時間やって労働してるって言うから、そんなの労働でも何でもないと喧嘩したこともありましたが、その国賊が国に養われてなんだって生活保護について言うからバカヤロー、権利でもらってんだって言い返したら、それが福祉事務所に届いてね、あなたの生活保護費は地方行政が出してるんだから国家に食わせてもらっているなんて言わないでって（笑）、国家公務員じゃなくて地方公務員というなら許してあげるって叱られたりしました（笑）。そういうところで映画を作るっていうのはいかに楽しいかっていうのを実感させてもらっています。それはこうやって見てもらったときに初めて成立することであるからありがとうございました。皆さんに感謝したい（拍手）。

『魂の震えは続く』

「震え」の追求

2022年7月8日、TVの臨時ニュースで安倍元首相「銃撃事件」を見て、大変なことが起こったと思った。慌て騒ぐ警備とSPたちの姿に呆れていると、いつの間にか、私の頭の中で「ブルルーン！」という得体のしれない振動音のような震えが響き出していた。

この異変と言うか脳内アレルギーというか、以前にも味わった記憶があった。だから、無意識のうちに「またか！」と独り言を発していた。事件の実相に集中して何とか分析しようとしている間も、振動音は決して治まらずに続いた。生理的な変調ではないだろうが、何が起こっているのか頭の中で忙しく探ってみていた。

これは殺人事件に関係があるに違いないと推測しつつも、苛ついて思いを巡らせ、いろんな殺人事件の記憶を探ってみる。今度こそは正体を見極めようと決めた。

そして、続くニュース映像の中で、山上徹也が逮捕される姿と顔の表情を観ていて、その謎の全てが氷解した。カミかえって組み敷く私服警官の下で、山上徹也は身じろぎ一つせず銃撃した先を見つめている。その眼差しに、全てをかけて行動に出た者の確信と放心が重なって表れている。「そうだ！彼は確信犯だ、一人の決起に違いない！」と確信し、続けて、脳内の振動音の正体にも「分かったぞ！」と独り言を発していた。

54年前の1968年に、同じような振動音に見舞われた。『連続射殺魔』という名で全国に指名手配された犯人が捕まった。それは未成年の永山則夫で、私服刑事に両腕を抑えられ、呆然と突っ立ってカメラ後方を見つめる映像に出会った時だ。同じ震えを味わっていた。

その時は、振動音を聴きながら、映画製作の協働者たちと永山則夫が逮捕されるまでの経歴を調べ、足跡をたどって撮影して廻り、彼の生涯を描く映画を作った。その作品の仕上げで、富樫雅彦と高木元輝に音楽を依頼し、演奏音響の響きに身を委ねているうちに、私の振動音はドラムとサックスの音色の中に吸い込まれて消えていった。富樫たちの音響に共振して吸い取られたのか。良かったと安心した。だが、それがなぜ、何の理由で始まったのかは不明のまま忘れていた。

今回は、何処でこの振動音が消えるのか、楽しみになった。理由も分かるに違いないと、気負わずに待つことにした。

銃撃事件の続報を追っていると、携帯電話がじゃんじゃん鳴り始めた。「あんた

の仲間系列ですかね？」とか「彼に会ったことは？」とか「まさか、旧知の人物じゃ
ないですよね？」などと身柄確認を急ぐ報道人たちの問い合わせの来襲だ。それ
に「全く知らない人物だ」と応えながらも、頭の中の振動音を探りながら、再び「そ
うだ！」と叫んでいた。かつての時と同じように、「この事件を映画にしなければ、、、」と要求されていると直感したのだ。映画をつくれば、その理由もわかるだろうし、いずれ治まってくれるだろうと、気楽になった。

　そして同時に、今度は、この「震え」の実態を追及する仕方そのものを映画の
テーマと方法に取り入れようと決めた。

　では、どのようにするか。

　かつて作った『略称』は、永山則夫の経験を対象化するために、彼が放浪した足
跡を見つめ直す方法にした。永山の彷徨った足跡を追い、永山の視点で風景を見
つめているうちに、永山が立っていたであろう空間をも含めてカメラで切り取ろ
うとした。最後は、永山の不在が浮かび上がるように試みた。

　それが、四方田犬彦氏の論評だと、従来の劇映画が主人公たちの行動が織りな
す人間ドラマとして展開して見せるところを、『略称』は主人公の不在、すなわち
主人公にテーマを対象化せずに「非対称性」を機軸に描いている、と論評するもの
になっていた。

　しかし、今回は、永山則夫が風景に拒否され閉ざされ続けた問題よりも、山上徹
也が銃撃に至るまでに溜め込んだであろう怒りと苦悩と哀しみ、そして絶望の果
ての銃撃の真相をイメージし、それを実像として描くべきだと、直感したのだ。

　つまり、私自身の脳内の震えへの解答は、主人公に密着すること、主人公が自分
の想念に向かい合う時は必ず心の雨が降ってくること、そういう構成案で応えよ
うと決めた。

　シナリオを協働する井上淳一さんには、二点の方法論だけを告げたのだが、彼
の精力的な反応で、書き直し案のやり取り、ピンポン合戦は順調に進んだ。

「震え」への応答

　突然「銃撃事件」を映画に作ることを決めた割には、製作資金がすぐに用意出
来て、信頼するラインプロデューサーが「やる！」と決心してくれて、製作体制が
整いそうになった。だが、大問題が待っていた。丁度コロナ禍の波の狭間になり、
スタッフとキャストが他の作品に入ってしまって誰一人集まらないし、決まらな
い。方々に連絡して体制作りを急ぐプロデューサーの脇で、誰も来ないなら「一人
でも作る！」と、つい吠えてしまった。傍の人にも聞こえてしまいそうに「震え」が
高揚を続けていたからだ。

　そうして居る間に、岸田首相が「国葬を開催する」と宣言した。それを聞いて、
「震え」は最高潮に達した。私は、「国葬反対！国葬当日に、必ず上映しよう！」と叫
んでしまい、集まったスタッフたちが「間に合うのか？」と多少浮かないまま頷い

てくれた。そう決めた途端に、支持された所為か「震え」が低くなってくれた。

　しかし、何となく不安は残った。『略称』の時は、演奏音で収まった。今回は、スタッフたちの頷く意思表示に共振して、逆に「震え」は呑み込まれたのだろうか。

　いずれにしても、国葬の期日までに実現しようという戦闘のような撮影を開始した途端、潜航していたらしい「震え」が再び地鳴りのように沸き起こって来た。

「震え」の増幅と継承

　この映画の上映を「国葬反対」のイベントを第一歩に開始することになり、全スタッフとキャストは何が普通で何が無理なのかを判断する暇もなく、クランクアップを目指して行った。その中で、私は一丸となった映画作りの楽しさを満喫させてもらっていた。だから、ほぼ撮り終えた時に行う役者さんへの「お疲れさまー！」の挨拶が次々と始まり、山上徹也を演じて来たタモト清嵐さんだけが残った。いや、残っただけでなく、「これでオツカレだと思う」と言いながら、少し撮っては、ラストの確定に悩む私の決断の遅れで「もう少し撮り足したい！」と要求し、「オツカレ！」の挨拶会を三度も繰り返した。彼はいつもニコニコ答えてくれた。

　そう言えば、タモトさんとは演技設計やダメ出しはほとんどしないつもりで始めた。私が求めていたのは、タモトさんが思う「山上像」が、私のイメージの「山上の実在感」と重なっているかどうかを一緒に考えて進めることだった。だから、あれこれ注文せず、山上徹也が深部に溜め込んでいただろうマザコンをどう演じてくれるかを見守っていた。母親との道行での会話シーンでは、忍者よろしく母親をストーカーするようにとか、二シーンある理性的な「山上像」が感情を露わに高揚する時くらいは話し合った。一度は、安倍元首相のコトバと統一教会の癒着詐欺に踊らされていたことに気づいて悔しがり、木偶の坊のような象徴石柱を突き倒し足蹴りして暴れる暴力的な行為。もう一度は、銃器の完成と同時に銃撃の決意を固めた時には脱皮の苦しみを踊り狂う奇妙な舞踏行為。

　タモトさんは、見事に「タモトの山上像」を演じきった。その演技を撮っている時、私の「震え」はあたかもカメラが見つめるタモトさんの方から伝わって来るかのようだった。

　遂にイベント上映の日が来た。

　演出部と製作部の提案で、上映開始前に「国葬会場訪問を中継する」ことを決めた。私をレポーターに仕立てて日本武道館の葬儀の様子を中継することになり、葬儀そのものより参列者の列と群を見学して廻った。国葬反対のデモ隊と少数の支持派が対峙し声高に主張を投げつけ合っている。それを眺める警備の機動隊員たちは手持ち無沙汰にしている。ビシッとスーツで身を包んで花束を抱えた若者が坂道をゆらゆら登る老婆を助けて歩くという過剰な演出のパフォーマンス場面に出会った時は、思わず「やりすぎだよ！」と声を立てて笑ったりした。

さて、イベント会場へ全体状況を報告していると、私自身の「震え」は、銃撃するに至った山上徹也の魂に答え続けない限り収まりそうもない、と信じ始めていた。

　次いで、国葬当日を挟んで三日間続けたイベント上映は、世間の関心事である「銃撃事件」をあつかった作品なので、常に観客で溢れていた。観てくれた人々とのQ&Aでは、主人公の銃撃という「決起行動」への評価の多様な各論が噴出した。

　私の方は、映画の中のラスト近くのシーンの主張に論点が集まって来るだろうと予測していた。「川上の妹」は国葬を爆破するのかしないのか？そこで、妹は、「川上」が逃げずに自分と向き合ったことを尊敬するが、それでは不十分で政治家を変えなければ社会は変わらない、自分は別の道を選ぶ、と宣言するところが問題になるだろうと思っていた。暴力を否定するのかどうかが焦点だ。その通りに論議が起こったが、川上の妹のセリフは、実は、矛盾する内容を提案しているはずなのだが、おおむね「暴力否定論」に立っていることが会場で肯定されていった。

　もともと、私は、山上徹也の銃撃はテロとは違う「個人決起」だと主張していた。では、テロと規定できないなら、個人決起とテロの違いは何処にある？という議論も多少はあった。しかし、それらを巡る議論に応えながらも、私の最大の関心事は、完成版で描くつもりの「主人公は、銃撃後に何を考えているのか？」に思いを馳せていた。

　何故なら、「REVOLUTION＋1」は問題提起を行って、「決起」を評価している。だが、現実社会の中で、革命を志すなら、沸騰している各論の結論は、「＋1」に委ねる方法を取らなければならない、と思い始めていたからだ。

「震え」はまだ止まっていない

　12月24日に完成版の先行上映が幾つかの映画館で始まった。

　驚いたことが起こった。　上映後に客席から拍手の波が広がったのだ。

　「山上の決起」への評価が、映画を見ながら一定認められた、と感無量になった。そして、挨拶に立った私は「有難うございます。しかし、私の造った映画に拍手が起こるとは。日本は今、そこまで不幸になっていることを痛感する」と発言せざるを得なかった。

　つまり、日本の社会も政治も最早底が抜けてしまっていて、「山上は決起せざるを得なかった」と主張している私には、この映画はその問題提起を多少は成しえているのかもしれない、と実感したのだ。そして、「震え」が続いている理由もわかった気がした。

　現代日本の社会と政治の底抜け情況を変革するには、「REVOLUTION」を担ったつもりで負け続けて来た私としては、「＋1」による新たな革命の土壌を培養し続ける問題提起を続けなければいけない。その責任が問われていると痛感せざるを得なかった。

そして、この「震え」は何処まで続くのだろうかと不思議がり、次の作品の構想に委ねる以外にないのではないか、と疑い始めている。

了。

「本当のREVOLUTIONが起こるまで〜
『REVOLUTION＋1』完成版を観て」

井上淳一

　「安倍と最もかけ離れた人生を生きてきた男ですよね、山上は」「家に食べものがない三兄弟、進学校に進んでも自衛隊に行くしかないこの国が、安倍を殺したのでしょう」「シングルマザーの貧困に派遣社員の労働問題、インターネット時代の孤独……山上の人生には全部入っていますよね。なのに安倍の功績ばかりを讃えるマスコミ、アホ過ぎる」と共同通信の安藤涼子さんからメッセージがあったのは、事件から二日後の7月10日午前10時28分。最初は「安藤さん、人に言えないことをボクに（笑）」などと軽く返していたら（たぶん本当にそうだったと思う。僕を愚痴の相手に選んでくれて感謝しかない）、「彼の目から見た世界を描くのは、こりゃもう映画の仕事ですよ」と強烈な一撃が来た。確かに若松孝二さんなら速攻で映画にしているかもと、足立正生さんに即電話をした。「俺もお前に電話しようと思ってたところなんだ」と足立さん。そうやって『REVOLUTION＋1』はスタートした。目指すは、国葬当日の上映。もちろん、まだ国葬の日時は決まっていなかったけど。ただ時間がないことだけは確かだ。

　しかし、国葬当日に緊急上映版を上映したのは時間がなかったからではない。シナリオに書いてあったことは全部撮影していたし、編集も最後まで終わっていた。その時、僕は『福田村事件』という関東大震災直後に朝鮮人と間違えられて日本人（しかも被差別部落出身の人たちだった）が虐殺された事件の映画化で京都に行ったきりで、本当のところはイマイチ分からないのだが、どうもラストで山上（映画では川上）の妹が国葬を爆破するシーンが問題になったらしい。いくらフィクションとはいえ、実在する妹にそんなことをさせていいのかと。それに、今回はあくまで国葬当日一日だけの上映、ここで全部見せてしまったら本公開（通常の上映）ができなくなるという論理が重なって、いつの間にか短縮版の上映が決まってしまったのだ。僕は反対したが（本当に間に合わなかったのならともかく、わざわざ一度全部繋いだものを短縮版に編集し直したのだ）、遠距離から電話とZOOMでは太刀打ちできなかったというのが本当のところだ。

　さて、それで本題。僕に与えられたお題は、「完成版を観て」というもの。そんなこんなで短縮版の上映は不本意ではあったもの、よくこんな短期間でちゃんと上映するに足る映画ができたものだ、こんなこと他の誰が真似できるか、と秘かに自負もしていた。しかし、内容はまた別。それはシナリオの時から自覚していたが、国葬前日のロフトプラスワンで短縮版を観た荒井晴彦さん（足立さんの弟子で僕の師匠でもある）の言葉によって、突きつけられた。荒井さんはこう言った。

「これは再現ドラマに過ぎない。あと30分に期待する」と。

その批判は痛い程分かった。短期間で作るということは、取材時間も限られるということだ。ただもし時間があったとして、何ができただろう。本人取材はもちろんできない。妹や母親への直接取材も不可能だろう。ならば、マスコミ報道に頼るしかない。彼らだって、全力を尽くしているはずだ。実際、週刊文春の取材力は他を圧倒していた。といっても、所詮は二次情報。やはり限界がある。いや、その限界を百も承知でやったのだ。だから、あと30分足しても、再現ドラマの域は出ないことは自分が一番分かっていた。

そしたら、足立さんが追撮（追加撮影）に行くという。それは完成版にラストに足された川上の彷徨シーンなのだが、正直、それを聞いた時、それが再現ドラマ批判に対する根本的な解決になるとはとても思えなかった。

だから、完成版を観て、驚いた。彷徨の末、大地に寝転がった川上は胎児のように丸くなる。子宮回帰。それは自主映画時代からの足立さんのテーマだ。脚本作には『胎児が密猟する時』（1966・若松孝二監督）というズバリそのもののタイトルまである。不覚にも感動した。自分の脚本でこんな感慨を持つことは初めてだった。そこには、間違いなく足立正生がいた。足立さんがこの映画を作る意味が、意義が確かに刻まれていた。僕は国葬へのカウンターとして、この映画を作ろうとしていた自分を恥じた。完成版では母親とのシーンがふたつ増えている。そのシーンだけでも、統一教会は嫌っても母親は嫌えなかった宗教二世の複雑な思いが描かれているが、ラストの子宮回帰によって、それがより際立った。足立さんは「季節商品」を「作品」に昇華させた。

それでも、この映画は再現ドラマという誹りを免れないだろう。ただこれだけは言いたい。この映画を作って以降、山上に関する新情報はほとんど出ていない。今作ろうがあの時作ろうが、得られる情報は変わらない。ならば、あの時に作る意味は間違いなくあった。この国にこういう映画がなくなって久しい。他の誰もやらないなら、自分たちでやるだけだ。裁判になれば、本人の肉声も聞こえてくるだろう。直接会うことだって叶うかもしれない。そしたら、きっと書き直したい、撮り直したいと思うところも出てくるはずだ。その時は『REVOLUTION＋2』を作るまでだ。本当のREVOLUTIONが起こるまで。

映画コメント

栗原 康

　くだらない世の中だ。ションベンかけてやろう。すごい映画だ。気迫をかんじる。やさしさにあふれている。足立監督が徹頭徹尾、山上徹也によりそっている。主人公の「川上達也」をみていると、途中から山上がしゃべっているのか、足立監督がしゃべっているのか見分けがつかなくなってくる。足立監督に山上が憑依している。

　もうどうなってもいい。自分のことなど投げ捨てて、死ぬ気で決起してしまうのだ。この映画を撮ったら、右翼に襲撃されるかもしれない。どこも上映してくれないかもしれない。世間から猛烈にバッシングをうけるかもしれない。チキショウ。それでも山上のおもいをつたえてしまうのだ。やめられない、とまらない。それがこの映画にたぎっている異様な力につながっているのだとおもう。なにがそうさせるのか。愛だろ。

　さて、安倍晋三が体現していたこの腐った社会。ぼくらは奴隷の生を強いられている。貧しさにあえいでいれば、自己責任。おまえがわるいと負い目をせおわされる。おまえの努力がたりないのだ、おまえの我慢がたりないのだと。父親が自殺をして、兄が大病をわずらって、家にカネがないのもわたしがわるい。

　精神的にたえきれなくなった母親が救いをもとめ、統一教会に入信していく。すると教団でもいわれるのだ。おまえがわるい。それは戦前に日本が韓国にたいしておかした罪が原因だ、贖いたまえと。そうしてあり金すべてを教団にまきあげられる。苦しい。だが日本では、その苦しさは自己責任とよばれてしまう。ふたたび救いをもとめて教団にすがれば、さらに貧しくなって、ますます救いが必要になる。無間地獄へ一直線だ。

　どんなに低賃金で、どんなにコキつかわれても問題ない。奴隷のようにはたらいて、奴隷のように教団につかえるのだ。だって贖罪だもの。より善くなりたい。自分の損得を考えたらこれしかないのだ。みずからすすんで奴隷になる。統一教会とタッグをくんだ安倍晋三がもとめていたのは、そういう従順な国民をつくりだすことだったのだとおもう。国家は宗教だよ。

　どうする、川上。この身体に染みついた奴隷根性をうちくだけ。ひとりじゃキビシイかもしれない。自分であたまをこねくりまわし、ダメな自分を克服しても、たいていは社会という名の宗教にひきもどされてしまう。おまえがわるい、より善い自分をつかめ。ちゃんとはたらけ、まっとうになれ。自分で自分を奴隷にしていく。

　だけど、映画の川上はひとりではない。ある日とつぜん、死んだ兄ちゃんが降り

てくる。もう統一教会にいいようにあつかわれるのはまっぴらごめん。そんな人生を拒否するかのように、首をつってしまった兄ちゃんのおもい。それとおりかさなるかのように、すかさず足立監督が川上に憑依していく。奴隷化された人生なんてクソくらえ。豚のままくたばるか、野獣となって生きぬくか。革命のために命を散らしていった仲間たちのおもいがふきだすのだ。星になりたい。

　川上が自他の区別をうしなっていく。わが身かえりみず、奴隷の生をうちくだく。そんななにものかに変化をとげる。それをやったら自分の人生は終わってしまうかもしれない。それがどうした。やっちゃえ、川上。神のように君臨するあの絶対権力をうて。いちどにすべてをのぞんで、マッハ五〇で駆けぬけろ。おれは統一教会の奴隷じゃない。安倍晋三の奴隷じゃない。自分の奴隷ですらない。だれにもなんにも支配されない。ビバ、レボリューション。

　最後にひとこと。たぶんこの映画をみたひとは、スクリーンから川上が自分にのりうつってくるのを感じるはずだ。この手にカタカタと震えを感じるはずだ。自分なりの武器を手にとって、このくだらない世のなかに一発かましてやりたいとおもうはずだ。散弾銃じゃなくていい。歌でもいい。踊りでもいい。筆でもいい。街頭にでてただ叫ぶ。未来はぼくらの手のなか。おれたちのゆくさきは真っ暗闇ときまっちゃいねえ。だけどなんだか夕焼けみるとまた泣けてくる。ぼくといっしょに痙攣しよう。

「映画コメント Ⅱ」

ダースレイダー（ラッパー）

　乱世来る！そのエネルギーはあちこちで溢れ出てきている。こうしたエネルギーにいち早く足立監督が表現者として反応した重要作である。一人の人間が水浸しの牢獄で一人語りをする社会が出来てしまった、その先を想像する。

『歴史を逆撫でするものについての対話』

鈴木創士×嘉ノ海幹彦

　タイトルはドイツの思想家ヴァルター・ベンヤミン（1892-1940）の歴史哲学テーゼから借用した。

　「歴史的持続性をこっぱみじんに吹き飛ばす意識こそが、革命的階級の行為を特徴づけるものである」（ベンヤミン『歴史の概念について』）。歴史については対話後半で語られている。

　2022年というのは様々な面で大きな変化の年となった。ウクライナ戦争に象徴される地政学的解釈に基づく侵略があり、この日本でも安倍晋三銃撃事件が起きた、映画の世界では足立正生監督がこの出来事を映画化し安倍晋三国葬の日にぶつけた。

　今回の企画に参加した時に、何より鈴木創士と話をしたいと思った。同世代（1954年生まれ）であることが第一の理由だ。同じ時代を生きた者として、そして鈴木は言葉に携わるものとしてどのように感じどう考えたのか。

　対話の場所は彼の地元である神戸元町のバー「アビョーンPlus ONE」である。

　店主の大川透さんによるとPlus Oneはゴダールの映画『One Plus ONE』（1968年）由来であるとのこと。彼は元々子供の頃から『ロック・マガジン』の読者で当時『R.N.A.O Meet P.O.P.O／RNA ORGANISM』も購入したという。店に飾られたジャケットやジョン・ケール（1942-）の肖像写真は1970年代から80年代初頭のまさにロック・マガジンの時代のものだ。大川さんはその時の体験（音楽は体験芸術だ）を原点として、そして同じ感覚を共有できる人と人とが出会う場所として店を立ち上げた。

　まず驚いたのはこの店に額装された「NEW PICNIC TIME」の銀黒のポスターが飾られていたことである。また来店するミュージシャンからは「ここはロック・マガジン系のお店ですね」と言われることも。大川さんにもロック・マガジンからの化学反応が起きていたということなのだろう。

　それでは対話を始めよう。（嘉ノ海）

===
○鈴木創士（作家、ミュージシャン。EP-4のオリジナルメンバーでもある。最新刊に、『芸術破綻論』、『もぐら草子　古今東西文学雑記』がある）
●嘉ノ海幹彦（情報処理コンサルタント。FMDJ）

《安倍銃撃事件についての第一印象》

●店に入って「NEW PICNIC TIME」のポスターを見て驚いたよ。1979年に僕らがロックマガジン時代に主催したイベントのものだよね。40数年ぶりに店に飾ってるのを見ました。この店は初めて来たんだけど店内を見回してみるとロック・マガジンの系譜があるんだね。

○嘉ノ海君にポスターを見せたくてこの店を選びました。

●ありがとう、今日の対話にピッタリだね。君とこのような話をするのは40年振りだ。どんな話ができるのか楽しみです。どうぞよろしくお願いします。

○そうだね、こちらこそよろしく。

●まず銃撃事件について聞きたいんだけど、知った時の第一印象は？　どのように感じましたか？

○最初はTVで見てたんだけど、すぐに複数の友人から電話が来たり、「おまえどう思う？」とかメールやメッセージもあった。最初は願望として新左翼かなと思ったけど、今は新左翼にそんな力はないし、風貌や見かけからはやくざのヒットマンでもないし、右翼の構成員にしてもちょっと違うかなと。
その後すぐ思ったのが『タクシードライバー』（マーティン・スコセッシ監督1976年）の主人公トラヴィスですね。テレビの情報くらいしかなかったからね。その日は夜遅くまで友人から電話がかかってきてたりして、みんなある種の興奮状態にあった。同世代から僕より若い世代まで強烈に反応していました。その時はどういうことかもはっきりとわかっていなかったので明確には言えないけど、「やったな！！」と思いましたね。
後からの話になるんだけど、いろんな論客が意見をいっていますが、サブカル世代の引きこもりとか、秋葉原通り魔事件（2008年）と比べている人が多いね。でもそれとは決定的に違うと思うんですよ。何故かというと、やった相手が元首相安倍晋三だからね。

●不特定多数じゃなくて明確に安倍をターゲットにした暗殺だよね。それだけでも決定的な相違がある。

○そう、彼は不特定多数というのを意識的に避けたわけだし。その後すぐに統一教会の話が流れたから、選挙中だったしね。それから山上は元自衛隊員だったで

しょ。トラヴィスもベトナム戦争に行っているし、軍隊経験というのがあって、それと選挙で遊説中の政治家を銃撃しようとするよね。だからそれと重なって、これは活動家じゃないだろうなと。

事情は分からなかったけど、いずれにしても孤独で真面目な青年だろうなと思った。これが僕の第一印象ですね。ただもう一度言うけど「やったな！！」と。それについてはいろんな思いがありますね。

その後ジャーナリストや、宗教学者や、評論家の意見や論考も読みました。もちろんまだ何もわからない段階ではあるけど、ほぼ全員が自分の分野のトピックスとして論じているだけだと感じました。だから山上自身のことや、ずばり暗殺事件そのものを問うている人はほとんどいないね。

ところが足立正生監督は、最初から安倍の葬儀にぶつけるということで短縮版の映画をつくったわけで、足立さんだけが事件そのものに対してじかの反応を示したと思います。僕も足立さんが今までどういうことをしてきた人なのかは分かっているつもりですから、特別に興味を持ちました。

●僕はこの事件についてしゃべって来る友人もいないけど、たまたま仕事も休みだったのでTVを見て知りました。やっぱり「やったな！！」とは思いましたね。その後いろんな人が想像の世界でコメントするわけだけど、「暴力で民主主義を破壊する暴挙だ」とか「言論弾圧だ」とか、その時は本当につまらない意見ばかりだった。

○民主主義を破壊したのは安倍晋三なのにね（笑）。

●言論弾圧も安倍だしね（笑）。しょうもないなあと思っていたら、翌日くらいに写真家の藤原新也（1944-）が山上徹也は既に死者の気配だったというコメントを書いていて、これが的を得ていると思った。シンプルだけどやはり写真家の視点は鋭いと。そういえば藤原新也はEP-4のジャケット（金属バット殺人事件の家の写真＝『東京漂流』1983年）の写真家だよね。

○うん。事件だからみんなその背景とかを考えるけど、出来事そのものの意味というのはそういうことだけじゃないからね。出来事そのものはそれとは違う次元で手つかずのままだし、出来事そのものを捉えるのは至難の業だと思う。文学が何度もやろうとして、失敗してきた。背景とか人は後づけで考えるんだよね。必然と偶然ということから見ても、そのようにしては必ずしも出来事は起こらない。事件は実際現場で起こっているし、写真も撮られているわけだし、藤原新也の場合は写真家の目としては当然の反応だし、さすがだね。

●あの現場に死者がいてもわからないよね。後で警備の不備とかいわれたけど、生命のエネルギーを感じさせているわけではないので、氷のような山上の気配が警備の人たちに伝わらなかったのも当然だと思った。

鈴木に聞きたいんだけど、「日本の社会は底が抜けている」って足立さんも言ってるよね。特に「美しい国を作る」とか「絆を大切にする」とか、安倍だけじゃないけど政治家全般、彼らは耳障りのいいイメージだけを操って、言葉そのものを破壊したと思っているんだけど、どう思う？

○そのとおりだと思うよ。政治家たちこそが日本語を破壊している。今では普通の日本語の意味もなさなくなっちゃった。今の政治家たち、文部省、教育委員会の人たちは文盲ですね。教育改革とかのたまう前に、自分が小学校の教科書からやり直さなきゃ。そうじゃないと、若者に軽蔑されるだけだよ。

本来、言葉というのは行為と結びつく。文学でも同じですよ。そういう風に考えると、日本語を破壊したのは彼らであって、表現の自由もへったくれもないでしょう。わざとピント外れなことばっかり言ってる。忖度で済むと思っていたら、こういう事が起きたわけです。責任は全員にある。

もう一つ、これはテロであるかテロでないかという議論があるけど、その前に言いたいことがあります。テロリズムというのはフランス革命の発明なんですよ。テロルっていうのは「恐怖」、恐怖政治のことで、当時からテロリズムという言葉もあったんです。恐怖主義、恐怖政治主義ね。これはフランス革命において自由・平等・博愛とともにに生まれたんです。それをみんな忘れているけど。

ということは、テロリズムとはまず国家的なものなんです。それを押さえておかなければならない。足立さんも参加した日本赤軍はテロリストだといわれているけれど、あれはパレスチナとイスラエルの戦争だったわけですね。先にテロをやったのはイスラエル国家ですから。そのことを考えないといけない。今ではテロというとイスラム原理主義の自爆やジハードなどのイメージや9.11を実行したアルカイダなんかもそうですけれど、元々の起源はフランス革命にあって、国家的な枠組みの中で行われた。国家をつくる過程でできた言葉であり、考え方であり、行為なんだよね。だからかならずしもジハードだけがテロリズムではない。それに国家が行う暴力の質というのは全く変わっていないし、今もウクライナとロシアは戦争をやっているけど、あからさまな形で立派にテロは行われているわけだしね。昔から暴力の本質は不変でしょう。

●湾岸戦争（1990-1991）の時もテロとの戦いだっていわれたけど、テロによってこんな被害を受けた人がいますとかこんな悲惨な被害になっていますよとか国家の側がイメージ宣伝して、テロというイメージを書き換えてしまったんだよね。だからアメリカの大統領ジョージ・H・W・ブッシュ（1924-2018）が「テロとの

戦い」だといい、国家＝政府もそれをイメージ操作して使用しているわけだよね。テロという元々の意味が国家戦略によって歪められてきたということだね。

○例えば広島と長崎に原爆を落としたことだってテロリズムじゃないのか。暴力についてどう考えるかって息せき切ってすぐに反応しているけど、勘違いもはなはだしい。難しい問題だけど、状況が変われば暴力の形態は変わるしね。でも残念ながら人類と暴力は歴史的に切り離せない。そんなに簡単に結論を出せる問題ではない。

だから山上の行為がテロなのかテロじゃないのかという議論があるけど、始めからおかしな方向に行っているとは思いましたね。テロだと弾劾すれば、何事かを言った気になっている。山上徹也のやったことは暴力なんだけど、テロという言葉を聞くたびに、そのことをいつも感じますね。

かつて極左暴力集団の一人だった僕から言わせてもらえば、もちろん国家に対抗する勢力はテロっぽいことをやるわけだけど、そうするとそれを弾圧する国家による暴力は一層エスカレートしていくし、それはみんな目の当たりにしているけど、そんなことは関係ないって感じでしょ。事実、日本には今戦争はない。これは幸せなことです。ロシアの空爆を受けて死んだ民間人はテロの犠牲者ではないのかって言いたいよね。

●暴力というのは元々人類にとって根源的なものではあるけれどね。例えばルネ・ジラール（1923-2015）の『世の初めから隠されていること』に書かれている宗教的欲望と暴力の問題とかジョルジュ・バタイユ（1897-1962）『呪われた部分』のポトラッチとか祝祭とか宗教とか共同体や集団における根源的な暴力というのはあるけどね。

○暴力は人類が生きていくために必要不可欠なものとしてあったのでしょう。バタイユやジラールは、人類が暴力とともにいかに残酷なまでに宗教的であるかということを力説している。

はっきり言ってすべての戦争の歴史は宗教戦争の歴史ですよ。今まで宗教戦争で最も多くの人が死んでいるし、宗教と暴力ということはジラールが言うように根本にある。

ただね、今回の論者の中にはこの問題をキリスト教の問題と捉えている人もいるけど、統一教会の教義はキリスト教でもなんでもないですよ。僕からすれば、どっちかというと悪魔崇拝に近いような考えですね。統一教会の問題を一神教の問題（！）とか、仏教の問題とか、神道とかと大げさに絡めて考える人がいるけど、まったくトンチンカンだと思いますね。

《朝鮮戦争と統一教会と岸信介と勝共連合の系譜》

●統一教会と勝共連合と岸一族というか安倍一族との関わりとかについてどう捉えている？

〇山上が考えたように、安倍晋三は岸信介(1896-1987)の亡霊に取り憑かれていたわけです。岸信介の幽霊は成仏していないのです。それが安倍のファミリー・ロマンス、家族小説の重要な鍵でもあります。安倍晋三はその意味でも完全に病気ですね。精神科に行かなければならないほどの段階だったと思う。

じいさんの岸信介は中国で散々なことをやった後、A級戦犯になったのに、笹川良一(1899-1995)とともに一切御咎めなしということになった。それを画策したのは完全にアメリカですよね。岸はCIAの要員といっていいくらいのことをやったし、処刑されなかった裏にはGHQの意向があったのでしょう。岸は、日本が中国侵略をして、満州国は自分の作品だなんて馬鹿なことを言って、それで金儲けして、中国人に対してもそうだし、満州に行った日本国民を全部騙して大変な目に合わせて、やったことは最低の所業ですよ。悪人の鑑です。最後は60年安保でしょ。60年安保闘争で岸政権が2年しかもたなかったからね。学生たちに潰された。ざまあみろですね。だから安倍にはその恨みがあるわけです。おじいちゃんの恨み。

僕らが若い頃は、統一教会はずばり国際勝共連合ですからね。1958年くらいにKCIAの意向を受けて文鮮明が反共思想の片棒を担ぐという指令を出したんですね。安保闘争以外に1960年に何が起こったかというと、社会党の委員長だった浅沼稲次郎(1898-1960)を山口二矢(1943-1960)が暗殺しましたね。山口二矢は赤尾敏(1899-1990)の右翼思想を信じていたから右翼の暗殺事件なんだけど、反共の旗印の元に実行したわけです。彼は獄中で自殺していますね。

僕は思ったんだけど、山口二矢でしょ、そして山上徹也だよね、名前が韻を踏んでいますよね。だから山上徹也の事件を知った時に60年の山口二矢のことが脳裡に浮かびました。山口も山上も「一人一殺」。他の奴は殺さない。日蓮宗の僧侶であった井上日召(1886-1967)による血盟団の考えですね。真宗大谷派の「一殺多生」というのもあるけれど。

＊＊＊＊＊＊＊＊＊＊＊＊＊＊＊＊＊＊＊＊＊＊＊＊＊＊＊＊＊＊

浅沼稲次郎暗殺事件(あさぬまいねじろうあんさつじけん)は、1960年(昭和35年)10月12日(水曜日)に東京都千代田区の日比谷公会堂で開催された自民党・社会党・民社党3党首立会での演説中の浅沼稲次郎日本社会党中央執行委員会委員長(日本社会党党首)が17歳の右翼少年・山口二矢(やまぐちおとや)に刺殺された事件である。事件は少年の狙いの逆効果となり、事件前に日本社会党は党内の反共社会主義である民主社会主義派が民主社会党を創設という党内分裂もあり、議

席減が予想されていたが、事件による同情の影響で1960年11月の衆議院総選挙で党首立会の3党のうち民社党のみ議席を減らし敗北した。民社党か社会党どちらが野党第一党となるかを決めた事件であり、日本社会党による野党第一党の地位獲得による55年体制確立の原因となった。

＊＊＊＊＊＊＊＊＊＊＊＊＊＊＊＊＊＊＊＊＊＊＊＊＊＊＊＊

●なるほど、韻を踏んでるなあ（笑）。山上徹也（yamagami tetsuya）って響きで山口二矢（yamaguchi otoya）を思い出したんだ（笑）。

〇山上はどちらかというとある種の右翼思想の持主だったかもしれないけれど、だからといって右翼的な暗殺事件だとは言い切れないと思います。だけどそんなことからも歴史の繋がりを感じました。当然統一教会も表舞台に立たされることになるよね、別のラインから見てもね。だから宗教思想というよりも、ネトウヨの人たちに言いたいけど、統一教会は完全に反日思想ですよ。「美しい日本」の安倍は、涼しい顔をしてそれとつるんで結託していた。おかしくない？　矛盾というか、めちゃくちゃだよね。統一教会は日本人が朝鮮人韓国人にやったことに対して償いをさせるために、あれだけの多額の献金をさせて金をふんだくっているわけですね。その思想が根幹にあるでしょ。

●アダム国（韓国）とエヴァ国（日本）という旧約聖書を捻じ曲げた教義ね。

〇あれもおかしくって、アダムとエヴァは二人ともが楽園から追放されたんだよね。それを忘れてはいけない。別にアダムがええもんではないわけですよ。またしてもめちゃくちゃなことを言っている（笑）。確かにエヴァが蛇に誘惑されて楽園を追放されるんだけれど、その前にユダヤ教のリリトとか、もっと変なのがいるけど、韓国がアダム国であるとか、とんでもないことを言っているんだよね。二人とも楽園を追い出されたのにね（笑）。

●確かに原罪って旧約聖書に記述されているけど、ギリシャに端を発するグノーシスでは人類において原罪ではなく、原無知があると説いて救済と認識がひとつだとしたんだよね。

〇グノーシス主義はさておき、旧約において「原罪」が何を意味するのか、いろいろあるみたいですけれど、旧約のユダヤ人はヨーロッパの歴史の遠近法における「消点」かもしれない。必ずしもいわゆる「やましい意識」とかではないと思います。グノーシス教徒たちにとっては、物質、つまりこの世自体が「悪」なのですから、善なる神は遥か彼方にいて、この世とは無関係です。だから「グノーシス」（知

識）は宇宙的規模において現世を突破しなければならないのだけれど、「原罪」が何なのか僕には即答できませんね。でも人類は罪深いですよ。どんな歴史書にも書いてある。ローマ帝国の歴史を読めばわかりますね。近代においても、政治と悪魔主義または悪魔それ自体が結びつくのもその意味においてだと思います。他の動物はそんなことないですし。歴史をざっと見ただけでも、人類は何も反省しないし、同じ過ちを繰り返すし、思想的にもちっとも進歩していないのですから。

●先ほどの岸信介の話やその辺りのカルトっぽい教義の内容は松本清張（1909-1992）の『神々の乱心』にも似たようなものが書かれている。「月辰会」という降霊術を中心としたカルト教集団の話なんだけど、満州国や関東軍が背景として出てくるし、その宗教団体が呪術的な行為により天皇家をも取り込もうとする話で、大本教や島津ハル事件も神政龍神会事件などベースになっていますね。類似点が多いな。

〇大本教も関係があるんだ。でも大本教は日本政府がぶっ潰したし……。系譜としてはあるかもしれませんが、岸信介は出口王仁三郎ではないですよ。

●もちろんスケール感が全然違うよね（笑）。その大本教からは谷口雅春（1893-1985）の「生長の家」に繋がり、日本会議の母体になっているよね。だからその辺りの関係とかもあぶりだされてくるのかも知れないけど、でもやっぱり闇の中かなあ。

〇闇のまた闇でしょう。信者だって知らないことがいっぱいあるわけで。日本会議といえば、それと神道政治連盟ね。古神道じゃない方の新しい神道ね（笑）。

●国家神道！　明治以降にでっち上げられた神道も多いからね（笑）。

〇そう、何を考えているのかさっぱりわからない、ある意味で狂信的神道（笑）。日本には日本を呪う怨霊がいっぱいいるのにね。神道なのにそのことは忘れたのかな。

《身体の幽閉について、ある宗教的体験》

●山上徹也の関連に戻すとね。少し自分の幼少期の宗教体験について話すね。僕は父親の転勤先だった長野生まれで、母親がカトリックの信者だったから教会でバプテスマ、いわゆる幼児洗礼を受けているんです。その後やはり転勤先の大

阪府泉南郡岬町というところに住んでいて、通っていたのは教会付きのカトリック幼稚園だった。家では就寝前に「天にまします我らの父よ。願わくはみ名をあがめさせたまえ。御国（みくに）を来たらんことを。父と子と聖霊のみ名によりてアーメン。」と唱えていたんですよ。クロスをきってね。この命も身体も「神様から与えられたものなのよ」って言われたし、自分のものではないという漠然とした感覚はありました。

余談だけど、ローマカトリック教会では十字を切るときの方向は上から下へ左から右へ切るんだけど、ウクライナとかロシアなどのギリシャ正教会は上から下へは同じだけど右から左へ切るから逆なんだよね。

○そうなんだ。でも十字架って面白いよね。原初的なサイン、というか最も簡単なシーニュ、記号だよ。縦と横の二つの動作でできている。言語の、身体言語の最初の形というか。これを逆さにしたら悪魔崇拝になる（笑）。

●12月になるとキリスト教の行事としてクリスマスキャロルってあるでしょ。僕が体験したのは田舎の山道をローソクを持って讃美歌を歌いながら歩いて入院患者がいる病院へ慰問に行くわけ。着いたら「メリークリスマス！」とか言うんだけど、自分と同じ歳くらいの子供が入院していて正月には家に帰れない。そんなやせた子がベッドに横になっていてね。その時に本気でその入院している子の身体と入れ替わりたいって神様に願った。今でいういわゆる軽い宗教二世かもしれないけど（笑）。

これが自分にとっての最初の強烈な宗教体験となっているんです。つまり身体は自分のものであって自分のものではない。母親から愛されていたしこうやって育ててもらったし。でも今回のテーマのひとつにしたいんだけど、自分の身体は幽閉されているということ、閉じ込められていること、そんな感覚は今でもありますね。

もうひとつ宗教と言っていいのか信仰というべきかはわからないけど、家庭を破壊していく側面もあるでしょ。これも話したい。

○家族を壊して「家族」をつくる。特に原始キリスト教は「聖家族」をつくる方向だからね。イエスがギリギリの状況にあって、その意味で革命をやったことに変わりはない。その先には「共同体」問題があります。共同体も破綻している。足立さんの映画会のトークショーで言ったので繰り返しになるけど、「共同体から離脱する共同体」というものがあって、それ自体は未知のものだけれど、我々はさまざまな形でそれを試して失敗した経験があるわけですね。でも共同体から離脱する共同体というものがやはりある。

《身体と共同体の問題について》

●「共同体から離脱する共同体」か、面白いね。ルドルフ・シュタイナー（1861-1925）とかも1922年から今でも世界中で活動しているキリスト者共同体という組織を作るんですよね。

○イエスの箱舟事件もそうだったよね、たぶん悪いことは何もしてないと思うけど。自分の身体を誰かにあげる、捧げる、犠牲というか、究極的には生贄もそうですよね。これは身体の問題でもある。
この身体をどうするのか。だからこの身体が最初に存在することになる「家族」の問題というのも根幹にある。それがフロイトのファミリー・ロマンスかキリスト教の聖家族かという違いはあるけど、精神分析と告解はよく似ていますね。
20世紀哲学の中に最後の哲学的重要命題として「身体」というものが如実に出てきたと思うんだけど、僕は詩人で役者・演劇家だったアントナン・アルトー（1896-1948）のことをそのラインでも考えていました。最近、日本人論客たちによるアルトー論集『アルトー横断 ——不可能な身体』（月曜社）という本を編集したんですけど、その時に思ったのは、アルトーという人のめまぐるしい宗教的変遷においてもキリストの身体という問題が大きいということです。アルトーもそれと格闘していたところがあって、彼は精神病院に強制監禁された頃、カトリックになったり、ミサも受けているし、でもそれをすぐ否定したりしていました。その前はオカルティックになっていた時期もあって、その後全部それを自分で否定するみたいなことをやっていた。ものすごく短いスパンです。それは全部手紙で残っているんだけど、それを読むと完全にカトリックの影響があるわけ。20世紀の哲学者たち、ドゥルーズ（1925-1995）やフーコー（1926-1984）やデリダ（1930-2004）たちがアルトーに注目したのも、アルトーの狂気が「身体」の問題、言語と身体、思考と身体の問題から切り離せないからですね。そのことを考えると、アルトーにとっても十字架にかけられたキリストの身体というのが大きな問題としてあるわけです。カトリック的身体みたいなものがね。彼は最後にはそれをバラバラにして、否定しちゃうんだけど……。アルトーにはそんな時期があったんですよ。

＊＊＊＊＊＊＊＊＊＊＊＊＊＊＊＊＊＊＊＊＊＊＊＊＊＊＊＊＊
キリスト者共同体は、またの名を宗教改新運動といい、キリスト的宗教共同体、もしくはキリスト的教会である。ドイツを中心に活動し、現在五大陸全てに教区を持つ、国際的な宗教活動である。その規模や日本での活動に関しては後述する。
それは人々をキリストへと導こうとする道であり、今日という我々の時代が持つ意識とその要求に適応しているものである。その中心には改新された祭儀が在

る。

一般によくある誤解であるが、キリスト者共同体はアントロポゾフィー協会の宗教部門ではない。確かにこの道が開かれたのは、霊学或いはルドルフ・シュタイナーの助けに負うところが大きい。しかし前者はれっきとした宗教的共同体であり、後者からは全く独立している。また後者も宗教とは一切の関わりを持たない。キリスト者共同体は、それを求めている凡ての人々、特に伝統的な教会の道において、キリスト教を見出すことができない人々の為にある。その後両方の団体に属すかどうかはその個人の意思にのみによって自由にかつ自己責任を持って決定される。祭儀以外に取り組んでいる活動は、告知(広報)、魂の世話、そして社会福祉である。

もう一つの名前である宗教改新運動は、宗教のみならず、宗教を通して人間の人生における全ての領域を改新しようというものであることを示している。

＊＊＊＊＊＊＊＊＊＊＊＊＊＊＊＊＊＊＊＊＊＊＊＊＊＊＊＊＊＊＊＊

＊＊＊＊＊＊＊＊＊＊＊＊＊＊＊＊＊＊＊＊＊＊＊＊＊＊＊＊＊＊＊＊
イエスの方舟事件(イエスのはこぶねじけん)とは、日本で1979年 - 1980年に発生した信仰集団「イエスの方舟」がマスコミによってバッシングされた事件である。

イエスの方舟とは、主宰者の千石剛賢(せんごく たけよし、1923年7月12日 - 2001年12月11日)が開催していた聖書勉強会が母体となった集団である。千石は、1923年(大正12年)に兵庫県加西市の富裕な農家に生まれ、1943年(昭和18年)、20歳で海軍に入隊。終戦後は自営業である刃物工場の経営に失敗し、てきや、レストラン支配人など職を転々としながら教会に通い始める。常に何かに飢え、何かに怒っていた[1]。20代は喧嘩に明け暮れる毎日だった。自分自身の気の短い性格に、いつかは傷害事件を起こしたりして最後は死刑になるのではないかとおびえていた。夫人と再婚後[2]の1952年、大阪で聖書研究会に参加する。1960年にはその研究会会員10名とで東京都国分寺市に移動して「極東キリスト集会」を主宰し共同生活に入る。これが「イエスの方舟」の起源である。

＊＊＊＊＊＊＊＊＊＊＊＊＊＊＊＊＊＊＊＊＊＊＊＊＊＊＊＊＊＊＊＊

《キリストの身体とカトリック芸術の過剰性について》

●今はカトリック教会へは行ってないけど、聖体拝領ってあるじゃない。パンの端切れを「これはキリストのからだです」、ぶどう酒を「これはキリストの血です」と言われて食すわけよね。これも強烈な体験だった。

〇あのやり方は非凡ですね。ミサの中に「これが私のからだである」っていうキリストの言葉があるでしょ。とにかくイエスはそれを見せるわけ。「これだ」と言って自分の身体を示すことによって、この世で見出され具現化された何かになるわけです。キリスト自身は磔になるのだから、何を生贄にしたかっていうと自分のからだを生贄にしたわけじゃないですか。ところで、あるグノーシス文書に「この世に死体を見出した者はこの世にふさわしくない」とあるのですが、これには「この世は悪である」ということが前提になっています。だから「この世にふさわしくない」というのも歴史を逆撫ですることです。それとイエスは死体から蘇ったということがあります。蘇ったということは死体がないということですよ。カトリックの人たちはエルサレムの聖墳墓教会（ゴルゴタの丘はこの場所にあったとされるが、よくわかっていない）すなわちキリストの墓があったとされるところへお参りしますよね。僕から言わせると「その墓にキリストの遺骸はないじゃないか、だって昇天したんでしょ」と言いたくなります。だからとても変ですし、キリストの身体をめぐって不思議なこと、不可解なことがいまだに起きている。

●でも聖骸布（イエス・キリストが磔にされて死んだ後、その遺体を包んだとされる布）は残っているんだよね（笑）。

〇そう、布ね（笑）。生々しいことだよね。嘘やインチキだという論争はあるけど、聖骸布は本物でしょう。それが残っているのでキリストが実在したことは確かなのでしょうね。キリストがこの世に存在するためには母マリアがいなければならなかった。マリアの教義も複雑です。どうやって人間が神を生んだのかという捻じれた論議をカトリックは使うわけです。この辺りは個人的にも非常に興味があるんだけど、奇妙な理屈をつくって、すべてを転倒させる論議です。カトリックはそれを公式の宗教会議で教義化する。中世に形づくられた理論だけれど、14世紀のフランチェスコ派のドゥンス・スコトゥスなどがそれに寄与しています。同じ時代のダンテも『神曲』のなかで同じようなことを言っています。神の身体はいかにこの世で創造されたのか。それには人間でもある母マリアが介在しないわけにはいかなかった。つまりマリアは神の母であり、同時に神の子、娘なのです。母にして娘。
それとカトリックには「偶像崇拝の禁止」という旧約的な掟に関して、教義的にはむちゃくちゃな面があると思いますが、それが逆に西洋美術の興盛をうながしたところがあると思います。カトリックの政策によって、という面がある。ルネッサンスやその後のバロックもね。バロックなんて完全にヴァチカンが推奨してやらせたみたいなものですよね。例えばマリア像その他を見れば、完全な偶像崇拝だし、その意味では一神教の中でユダヤにもイスラムにもプロテスタントにもそんなところはないし、唯一カトリックだけなんです。太古の時代を除けば、近代へと

いたる西洋美術の起源と展開は完全にカトリック的だと僕は思っています。

●しかもとんでもなく過剰だしね。装飾とかの範囲を完全に逸脱した過剰さがあるよね。

○うん、何もかもが過剰性の方向へ逸脱している。ある作家が言っていることだけど、キリスト教の中にも異端思想はいっぱいあるし、異端者は火炙りにもなっているが、しかし数々の異端思想よりもカトリックの中心思想のほうが狂気に近いって。カトリックにはそういう面も無きにしも非ずだと思います。しかも世界宗教のなかで信者数が一番多いでしょ。

●しかもカトリックは異端を排除するよね。異端審問官がいて裁判して魔女狩りとか火あぶりにしたりね。でもイスラム教は逆にどんどん異端を作るというか分派していくよね。十字架の時代の「山の老人」とかイスマーイール派はグノーシス主義と結びついたりしているし。ジェラール・ド・ネルヴァル（1808-1855)の『東方の旅』はこの辺りの秘密結社の話だよね。個人的には異端思想も面白いし、イスラム神秘主義の流れにあるこれらの結社にも興味がある。

《『REVOLUTION＋1』をどう観たか》

○たしかに分派していくのが力になっている、スーフィズムとかは。スーフィのダンスみたいだ。くるくる独楽のように回るけど、少しずつ移動していく。
話を映画の方に戻すとね、この問題と関係があるんだけど、妹が「ハンバーグを食べたい」と叫ぶシーンがあるでしょ。お母さんが「私たちの身体は神様のためにあります……云々」というのはキリスト教的なことを言っているんだよね（笑）。足立さんは正統的に捉えているけど、統一教会が果たしてそうなのかというのはあるな。

●全然違うと思うよ。たぶん統一教会がそんなことを言うわけない。

○でも信者の中にはそのような人がいるかもしれないとは思うよ。たぶん。上層部は悪魔信仰だから、それでえらい目にあっているわけでね。
それと個人的印象になるかもしれないけれど、前回の縮約版と今回の正規版でやはり印象的だったのは、テルアビブ空港で死んだ赤軍派の安田安之（1947-1972)が出てくるシーンです。あれは事実のようですね。そして足立さんの解釈でもある。麻雀屋で山上のお父さんと安田がマージャンをやっているというシー

ンね。その後すぐ飛行機が爆破されるシーンだったかな。安田安之と山上のお父さんは京大生だったから知り合いだったんだ。どちらの版にもオリオンの三ツ星というのが出てくるけど、あえて言っておくと、オリオンの三ツ星というのはリッダ闘争（テルアビブ空港乱射事件）を戦った、安田を含む日本赤軍の三人のことですよね。「我々はオリオンの三ツ星になる」。事件後、京大西部講堂の屋根にオリオンの三ツ星がでかでかと描かれていました。ずっとあったのに、今は消されたみたいだけど。

●そうなんだ。西部講堂は出来てからかなりの年数が経って老朽化しているからね（笑）。それもあるかも。でも瓦屋根の「オリオンの三ツ星」は西部講堂の象徴になっていたし、僕も描かれた直後には見に行きました。

○足立さんが俺は失敗した革命家だと言っていましたが、その娘である革命家二世と宗教二世山上の場面は、なにか微笑ましいところがあってちょっと笑ったけど、でも切実な笑いなんですよ。それが現代だと思います。足立さんたちがパレスチナで活動をする以前にはまだ日本になかった光景だと思います。私は革命家二世です！　もうすでに娘はいたんでしょうが、まだそれを言うことはなかったかもしれない。それが現代だなあと思いましたね。だから現代の映画でもあるわけだし、現代はずっと繰り返されている。かつても、これからも。足立映画として見ても、『幽閉者 テロリスト』（2007年）ともまた違うしね。『略称・連続射殺魔』（1969年）は永山則夫（1949-1997）の眼が見た風景だけをずっと撮っていて、カメラのアングルがまったく違うわけですね。映画のなかにある「視線」自体が違う。それにそもそも映画にあっては、誰も見ていなかったかもしれない映像を映画のなかに映し続けるカメラの眼というのは、神の眼みたいなところがある。
今回の映画に関して足立さんが、目の後ろにカメラを据えて撮るとご自分で言っていますが、山上の後ろにもカメラの眼が置かれている、というか回っている。彼の内面にまで迫るためだと足立さんは言っています。その意味では『幽閉者 テロリスト』は、同志であって実際に足立さんがよく知る人物が対象ですし、その岡本公三（1947-）は現に今も生きているわけだし、主観と客観が複雑になっていますよね。だからつらいものがある。でも今回の映画は縮約版から非常に爽やかに感じました。足立さんの映画にしては爽やかやなあと思った（笑）。それと好きなシーンは雨が降っているところね。雨が外と内、外部と内部を同時に成立させる。「雨はいつも過去のなかに降っている」とボルヘスが言ってたけれど、それはちょっと違うか。それから重要なのは、映画の山上は壊れていないということ。実際の山上徹也もそうだと思うし、そこもとても良かった。例えば、他の無差別殺傷事件とは違いますね。

●さっきも言ったけど氷のような死者の魂を持った山上徹也。秋葉原とは全く違う事件やな。

○山上は壊れていないし、事件そのものを反抒情的に捉えることはできるんだけれど、もちろん人だから抒情的な面もあるわけですね。僕が映画監督だったら思わず頭脳明晰な山上のツイッターの文章を引用してしまうかもしれないけれど、足立さんはやらなかった。何故かって足立さんに聞いたら、山上徹也は現在も監獄に入っている、だから彼の今の姿とあまりにもリンクするのを控えたと言っていた。彼に迷惑をかけたくなかったから引用しなかったと。優しくて素敵な選択ですね。
それで、「雨」は、山上の言葉にならないある種の引用だと思った。ただ今回の完成版では、僕の記憶違いかもしれないけど、山上の独房の中で雨が降ってプールのように溜まっているシーンはなかったように思う。短縮版は独房の中で雨が激しく降っていたんじゃないかな……。あの雨のシーンを抒情的過ぎるという人もいるみたいだけれど、僕は映画としてあの雨のシーンはすごくいいなあと思いました。一種の抽象的アクセントになっているし。嘉ノ海君は雨のシーンはどう思った？

●雨のシーンは僕も印象的で、まずアンドレイ・タルコフスキー（1932-1986）を思い出した。『僕の村は戦場だった』（1962年）でも『ノスタルジア』（1983年）や『惑星ソラリス』（1972年）でもそうだけど、映像の中では水が流れていたり、雨が降っているシーンが非常に多いよね。僕はタルコフスキーの水は現象ではなく外部からの霊的働きを象徴していると思うんです。水はエーテル体といってもいいかも知れない。エーテル体には溶かす力と凝固する力があり、改めてこの現実は霊的力に満ちていると意識させられるんだ。
雨でもう一つ。監獄のシーンでは幽閉者ルイ・オーギュスト・ブランキ（1805-1881）を想起させるんだけど、雨は共同体（社会）の中で孤立を強く意識させるよね。
ところで完成版の最後のシーンで山上が惑星のような場所を彷徨うところがあったでしょ。

○なんか恐山みたいなところね、荒涼とした。僕も雨のシーンではタルコフスキーのことを思った。

●あのシーンは『惑星ソラリス』をイメージしました。だから惑星か地球外の場所なんじゃないかな。惑星ソラリスは人間の意識がソラリスにある海が反応し物質化する知的生命体の話ですよね。今回の『REVOLUTION＋1』ともつながっている

印象があるな。山上が想像力で作り出した惑星。映画の中では川上が「何億という中のどの星に行けばいいのか」「俺は星になる、何の星が分からないけど」と独白し、「僕は星になれるかなあ」ということを頻りに言ってたけど、最後のシーンに繋がるのかと思った。

雨が降っている場面もこの映画の中でとても好きなシーンなんだけど、いま鈴木の話を聞いていると映画表現としての山上の引用だと、そういう捉え方もできるなあと改めて思った。

○後、ヒステリーを起こして、それから踊る場面があったでしょ。たしか大友さんのテーマ曲が流れて。部屋のなかで突然ヒステリー起こすじゃない。それがダンスになって段々と形になっていく。ヒステリーから生まれる形式。混乱から何かが形をなしていく。カオスだけじゃない。舞踏ですね。それは山上の明晰さをあらわしていると思いましたね。彼は壊れてなどいない、ということ。すごくいいシーンだなあと思ってね。

ところがダンスが形になって次のシーンが銃を製造するシーンなんですよ。ここから銃につながり、それが完成するという非常に論理的なシーン。はじめはヒステリーすなわち苦悩なんだけど、それがダンスになって別の形になって、次はパッと銃の理論に変わるという（笑）。それは映画のシーンとして素敵やなあと思ったね。

●なるほど、興味深い捉え方やね。今の話でも、おおっ、やっぱりソラリスやと思ったよ（笑）。映画っていう芸術はタルコフスキーもそうだけど、足立さんの映画も霊的なものを物質化していく作用があると思う。

映画ではもうひとつ印象的なシーンが川上が自殺未遂で入院している病院で女の子とブルーハーツを歌う場面。

○あれはいいですね。ブルーハーツを聴いていた世代は泣きそうになると誰かが言ってた。

●短縮版でもあのシーンはあったけど、完成版の方では長くワンコーラス歌ったね。かなり感動した（笑）。

○足立さんは意識的にやったのかどうかわからないけど、あれは完全にパンクのシーンですよ（笑）。

●あと妹さんのシーンね。短縮版でもカメラに向かって話しているけど、完成版の最後の自転車に乗って坂道を漕いでいく場面もいいですね。靖国神社とか日本

武道館の前とかさ。自転車に乗ってるのがよかった。

○ブルーハーツの「未来は僕等の手の中」だったっけ、あれは直接的に妹というひとつの鍵が手渡されることにつながるという感じだね。妹の存在と言動はこの事件後の一つの鍵になる。だから足立映画としては非常に珍しい視点かもしれない（笑）。

●脚本書いた井上（淳一）さんが言ってたけど、日本武道館を爆破と脚本にはあったっていうことでしょ。

○それは日本赤軍の革命家足立正生に直結しているところがあると思いますけどね。俺たちは失敗したけど、それで終わりではない。プラスワンというのはそういう意味らしくて、プラス・ツーでもマイナス・ワンでもいいって。
それとセリフでいいと思ったのは、安倍の不誠実な顔を見ながら「この顔が俺を決意させた」っていう川上のセリフね。僕も安倍の顔は不誠実な顔だと思います。官僚の問題とかいろいろありますよ、でも日本に「不誠実さ」を蔓延させたのはまず安倍晋三その人の人格と思想だからね。政府が官僚を牛耳るようになったとかいろいろ問題はあるだろうけれど、それはさっきの日本語を破壊したのは安倍晋三だっていうのと直結することなんだ。

《時代性についての考察》

●鈴木と今日話したいという理由のひとつが同じ1954年生まれで同い年だっていうことなんですよ。
安倍晋三って1954年9月21日生まれなんだよね。僕が9月22日生まれなので1日しか違わない（笑）。僕らの世代がこの底の抜けた日本に関与しているわけですよね。

○べつに僕は若い世代が嫌いじゃないから、年下の人たちともいろいろ話をすることがあるけれど、僕らの世代が日本を悪くしているとしかいいようがないよね。その感じは強くあるでしょ（笑）。

●あるよ（笑）。自分はどうなんだと問いかけたらその問題は抱えているわけね。

○だからひょっとしたら、安倍は、あえて神道風に言えば、日本の神々が命じて殺害されたのではないかとも思った。こいつを自由にさせたら日本は潰れるぞ！

神道政治連盟には悪いけど、アマテラスが命じたんじゃないか。安倍の死はその
くらいのことだと思った。
宮台真司さんが刺された件はどうなんだろう。

●まだ事件の背景はよくわかってないけど、本人は全然めげてないどころか今ま
で以上に発言が多くなっているよね（笑）。

○それは立派ですね。この間ロフトプラスワンウエストで短縮版上映した時、
トークショーに出るので、僕は足も体も顔も悪いし、僕より若い屈強な二人が同
行してくれたんだけど、完全に肩透かしだったわけですよ（笑）。昔だったら右翼
の妨害とか絶対にあったけど、会場の雰囲気はまったくそうではなかった。会場
のあの友好的で熱烈な感じはもちろん悪くなかったですけれど、今更ながら日本
は変わったなあと思いました。

●前だったら何かあったよね、右翼が抗議に押し掛けるとかね。今の時代はそれ
も含めて底が抜けているんだね。

○ところが影では起こるんだよね。宮台さんが襲われたのがそういうことなのか
どうかわからないけど。
さっきも言ったように暴力の本質を考えると何も変わっていないけど、ただ大阪
のトークショーの会場は非常にいい雰囲気で、足立正生に興味がある人もいた
し、若い世代で自分の悩みを抱えているような人がいたりね。その雰囲気がまあ
驚きでした。構えて行ったんだけど、ただの老婆心のアホな徒労で、和やかな雰囲
気でした（笑）。昔の集会とかとは波動が全然違った。僕が高校生の時は赤軍派に
近かったので、そのような政治集会は怖いものがあったけれど、比べることじゃ
ないけど、さすがに変わったなあと思いました。

●僕の高校の時でもそうでしたね。大阪城公園での関西赤軍派の集会に出たこと
があるけど、ちょうど連合赤軍事件（1971-1972）の後だったから連帯へのあいさ
つとか出来なくて怒号がすさまじかったのを覚えているよ。

○ただ宮台さんの事件を受けて、見えそうで見えない敵もやることは変わりがな
いんだなと思いましたね。やり方が陰険になったと。宮台さんの事件が個人的動
機によるものだったとしても、同じことですよ。まだ右翼の宣伝カーが来て妨害
する方が健康的だよね（笑）。人気のない場所で切りつけたりするよりはね。

●本当にそうだよね。

宮台さんが『ゆけゆけ二度目の処女』(若松孝二監督　1969年)を中学生の時に見て衝撃を受けたと言っているんですね。今回『REVOLUTION＋1』を見た時に、それまでの時代にはなかったけれど、69年と似たようなカタルシス＝娯楽を感じたと言っているんだけど。今の時代に当時の雰囲気とか感じることはある？

○僕にとってそれはかなり違いますね。それに「娯楽」という観点は僕にはないし、娯楽ということがわからない。どっちがよかったとは言わないけど。その時代はまだ若者で苦しい時期だから、誰もがそうだから一概には言えないけど、今とは感じ方が違うなあ。ただそれがどうだったのかというと、よくわからないとしか言いようがない。

●もちろん記憶なんていうのはどんどん変質していくから今感じていることとは同じだとは思えないけど。

○ただ哲学的な話になるんだけど、記憶のなかに本当に自分がいたのかと思うことがあるんですよ。だって記憶のなかの自分がどこにいたかってはっきりわかる？　わからないでしょ。これって記憶の特質だと思っていて、自分というものにはつねに分身が同居している。同時に、自分と分身は「非関係」でつながっていて、どちらが主人なのかわからないし、オリジナルとコピーの関係にはない。古代ギリシャの哲学者のなかには、モノが見えるということは、物体からモノが剥がれて目に飛び込んでくるからだと言っている人がいます。物理学的に考えてもそれはある意味当たっている。おまけにそれは「モノの分身」が飛んできているということになる。たぶん僕は記憶のなかに存在したんだろうけど、それが本当に自分なのかというと微妙なんですよね。「分身」としかいいようがない。「分身」って単に英語ではダブル、フランス語ではドゥーブルです。「分身」ってドッペルゲンガーみたいにおどろおどろしいイメージがあるけど、実は二重ということでね。そういう意味では昔はよかったとは言えないところもあるんだけど、同じではないですね。だって外から受ける影響も相当大きいわけだし、その全体が「状況」というものだしね。状況というものは必ずありますからね。

●それに状況に応じて自分の記憶も一日一日変わっているわけだし。

○外的な状況もあって、それに一人で生きているわけではないしね。主体とか客体とかはすべて相互作用で成り立っているわけだから。

●生物学的にいっても身体構造だけじゃなくて、脳も変化しながら常に動的平衡を保ちながら化学変化を起こしているわけだからね。

○何かを見るっていうのもそうだからね。僕らは現実を見ていると思っているけど、数学的な意味で厳密な現実を見ているわけじゃない。我々の見ている現実世界は微妙に歪んでいるしさ。眼球は丸いし、像は倒立して目に入ってきているし、それを脳がひっくり返しているわけでしょ。だからおかしなことが起きているわけですよ。そもそも「見る」ってそういうことだから。だから相互作用があるわけだから同じとはいえないし、同じ瞬間は絶対にないですね。だからあまりにノスタルジックになるのも考えものです。自分にとって害になると思う時もあるくらいでね。でもその当時に受けた衝撃は同じかと言われると全然違うね。

だから足立さんが自分のことをシュールレアリストだというのはそういう意味も含んでいると思いますよ。みんなその発言を引用するんだけれど、何においてシュールレアリストかというのを付け足したいですね。何かっていうと、新宿においてシュールレアリストなんですよ(笑)。アンドレ・ブルトン(1896-1966)の『シュルレアリスム第一宣言』(1924)にならうと、「足立正生は新宿の眩暈においてシュールレアリストである」。間違ってはいけないのは、デペイズマンとか、あっちとこっちの違うものをくっつけるとか、シュールレアリスム絵画に連想されるようなシュールレアリスムじゃないんですよ。僕はシュールレアリスムは政治思想だとずっと思っていて、だから政治思想でなくなった時にシュールレアリスムに興味がなくなったんです。シュールレアリスムにはそういう面があって、美学にも影響するし詩にも影響するけど、それを解体することを含めた芸術をめぐる社会的な革命的グループだった。だから政治的であることを免れないグループです。DADAもそうだったんだと思うけど、よく言われるように、シュルレアリスムはその点を弱体化したとは思わない。理論化しようとしておそらく失敗したけれど、あんな若者たちがあれを書いたり、長年にわたってやったりしたのはたいしたことですよ。だから足立さんのシュールレアリスムは昔のATG (日本アート・シアター・ギルド)みたいな、はちゃめちゃなエロ映画的な意味だけでは必ずしもないと思います。だからそこは押さえておかないとね(笑)。

彼はシュールレアリストだっだからパレスチナゲリラになったんだと言っていました(笑)。

●新宿からパレスチナへっていうのもすごいね(笑)。その意味でのシュールレアリストなんだ(笑)。

○昔はあったけど今はないこと、今はあるけど、昔はないことだってあるからね。決定的な違い。でも「昔々あるところに……」は今でもあって、それを今語ることができる。かもしれない。だから足立正生は自分のことを失敗した革命家だと言っているんです。もちろん僕は彼のことを代弁できないし、想像するだけだけれど、そういうことかなと思っています。つまり失敗なんかしていない!

《足立映画の系譜から読み解く『REVOLUTION+1』について》

●足立映画の系譜について話したい。僕は足立正生の全作品を見ているわけではないけど、『赤軍-P.F.L.P 世界戦争宣言』(1971年)『幽閉者 テロリスト』や『断食芸人』(2016年)は見ました。
僕には『断食芸人』の主人公は苦行僧のように映ったけど。だって断食だし(笑)。でも今回の『REVOLUTION+1』の川上は、言葉も発するしモノローグもあるけど、やっぱり一種同根の苦行僧という感じもしましたね。
断食芸人はしゃべらないけど、今回の映画は『断食芸人』の系譜にあると思っているんだけど、どう思う？

○僕も『断食芸人』に直結していると思っています。というかね山上徹也という人物が断食芸人なんだよ。何故かというと原作のフランツ・カフカ(1883-1924)の小説『断食芸人』の主人公は、「自分に合った食べ物を見つけることができなかったから、僕は断食した」と言っている。これって山上のことですよね。

●まさしく、そうだよね。今鈴木が言ったのは、カフカ『断食芸人』の最後のシーンだよね。断食芸は40日間と決まっていたけど、断食芸人は満足せず40日を超えても辞めなかった。でもそのうち飽きられ忘れられるんだよ。ある日興行主が檻を掃除して気が付いて断食芸人を見つける。そして死の直前のセリフとして言うわけね。その後断食芸人は死んで、芸をしていたその檻には生命力のあふれた豹が入るんだよね。そんな素敵な小説でしたね。

○今回の映画でも現実でも、山上の家から食べるものがなくなったしね。政治においても、社会においても、美味しいものがあれば食べた。まずいものばっかり！そういう意味では『断食芸人』から直結していると思う。

●だからもう一度DVD借りて『断食芸人』を見直した。僕も直結していると思った。やっぱり断食芸人って修行僧みたいじゃないですか。

○まったくその通りですね。カフカ自身もそういう人だからね(笑)。

●これは余談ですが、僕は『ロック・マガジン』をやめてからサラリーマンになって今に至るなんだけど、フランツ・カフカは本当に読みましたね。サラリーマンの必読書(笑)。カフカには『変身』『審判』とかあるけど、最高作はって聞かれたら間違いなく、日記だと答えるね(笑)。そのくらい日記は読みました。

○面白い意見だなあ。カフカの日記でよく覚えているのは、「俺は眠った、俺は目覚めた、俺は眠った、俺は目覚めた、なんという暮らし！」という一行だけの日記（笑）。それは印象的だったなあ。それとアフォリズムで好きなのは、「ある地点から先に帰還はない。到達しなければならないのはこの地点である」。

●日記にルドルフ・シュタイナーのことが書いてあるんだよ。シュタイナーは1911年にオカルト生理学についての講義をカフカの暮らしていたプラハでしているんだよ。（『オカルト生理学』ちくま学芸文庫　高橋巌訳）
講義に来たプラハでカフカはシュタイナー博士と会っている。カフカは小説を書く行為と労働保険局での仕事の間で引き裂かれるような精神状態だったんだ。そのことについて意見を聞きたいと思い面談した。日記だからその相談した内容が書かれていると思うけど、全くそのことには触れず、シュタイナー博士は風邪を引いていて鼻水が出るので鼻の穴にハンカチを指に巻いて押し込んでいたということが書かれている。これもすごいでしょ。面談したシュタイナー博士の仕草を淡々と描写しているだけ（笑）。まったくもってカフカらしい（笑）。

○へえー。シュタイナーってそんな古い人だったんだ。カフカと会っているなんて知らなかった。シュールレアリスム宣言の年は1924年だから、シュタイナーはほぼ同じ時代ですね。カフカは勤め人だったし、嘉ノ海としても共感できるよね。

●カフカは、プラハにあった労働者傷害保険協会に勤めていて、今でいう労働基準監督署みたいな職場だろうけどね。ちょうど工業社会勃興時だから機械で腕を切断した人なんかもいただろうし、そのために生活が困窮して相談しに来た人とかもいたんじゃないかな。だから短編集『流刑地にて』（1919年）にも処刑機械が出てくる。

○近年になって注目されているポルトガルの詩人フェルナンド・ペソア（1888-1935）もサラリーマンだった。貿易会社か何かに勤めながら詩やエッセイを書いていた。でもポルトガルだし、時間が来たらきちっと帰宅して、決まったレストランで食事をする。すごく働いている感じはないけど、一生勤め人だった。生きているときは詩人としてはほぼ無名でした。でも、君と同じように、モダニズムの雑誌にかかわっていた。そして死後、原稿の詰まったトランクが残された。ペソアという作家は非常に変わっていますよ。

●読んだことないな。

○面白いよ。カフカの日記が好きな嘉ノ海だったら絶対気に入ると思う。

●また余談（笑）。鈴木に聞いてみたかったんだけど、カフカをフランス語に訳したのはピエール・クロソウスキー（1905-2001）なんだって？

○全部じゃないと思うけど、クロソウスキーは日記をやっていると思います。クロソウスキーは翻訳家としても変な人なんだよね。他にもギリシャのウェルギリウス（紀元前70-紀元前19）とかのフランス語訳とかね。ドイツ語作家ではカフカの他にヴァルター・ベンヤミンとかも訳していると思うよ。パウル・クレーも訳したんじゃないかな。ドイツ語ができたフランスの作家って、当時としては印象として面白いね。

●確かライナー・マリア・リルケ（1875-1926）と関係があるんだったけ。

○お母さんがリルケの恋人だったようで、血はつながっていないと思うけど。クロソフスキーはリルケから色々な知識人を紹介されて、ジッドの秘書をやったのもそういうことじゃないのかなあ。弟の画家バルテュス（1908-2001）は小さい頃リルケに可愛がられていた。子供時代のバルテュスの絵本の序文はリルケが書いています。猫の本。クロソウスキーとバルテュスは相当仲が悪いみたいだけど（笑）。

●兄弟なのにね。兄弟だからかも（笑）。

○ところで、無名だったバルテュスの絵の評論を最初に書いたのは、実はアルトーなんですよ。まだかけだしのバルテュスをアルトーが見つけて、君は相当僕に似ているって。バルテュスはアルトーを尊敬していたと思う。バルテュスはその後女性問題か何かで自殺未遂をしているんだけれど、そのバルテュスを救ったのがアルトーだった。たまたま家に行ってね。あとバルテュスはアルトーの芝居の書割をつくっているしね。だから一種の弟子みたいな関係だったと思う。

●年齢はバルテュスの方が相当若いよね。

○うん。パリは狭い世界みたいでね。いいことか悪いことかわからないけど、みなさん知り合いみたいね（笑）。

《再び幽閉されているということについて》

●アルトーも含めて身体論の話が出たけど、もう少し身体論のことを話そう。高校生の時に現代思潮社から笠井叡（1943-）の『天使論』が出版されて相当衝撃的だったんですね。

〇不思議な本だね（笑）。

●「オカルティズム」のことを当時は訳語がないから笠井さんは『天使論』の中で「隠秘学」と訳して使っているんだよ。その中の「肉体の錬金術」という章にゲオルギイ・イヴァノヴィチ・グルジエフ（1866-1949）の思想について書かれている。宇宙は7つのヒエラルキーをもった法則に支配されていて、地球は月を養っていると、人間は意識が目覚めないようにクンダヴァファーという幻覚装置が埋め込まれているとね。同じ章に稲垣足穂（1900-1977）とマルキ・ド・サド（1740-1814）が論じられているんですよ。そこでさっき話した宗教体験と幽閉されている身体の関係がよく分かったんです。
その後ルイ・オーギュスト・ブランキに出会うわけです。それは幽閉されているということね。やはり高校生の時に現代思潮社から『革命論集』や『幽閉者』というブランキの評伝が出版されていたけど、決定的だったのが『天体による永遠』ですね。今日も持ってきた（笑）。

〇そう、ブランキの翻訳は『革命論集』くらいしかなかったよね。それに当時は普通の意味での過激な革命家だとみんな思っていた。むしろ「ブランキスト」というのは蔑称だったけど。「お前は無責任なブランキストだ！」とか言われた（笑）。クーデタの、武装闘争の専門家。その後だよね、あの素晴らしい『天体による永遠』の翻訳が出版されたのは。

●『天体による永遠』は幽閉されていた要塞で書かれた文章で、当時の宇宙論の最先端であったピエール＝シモン・ラプラス（1749-1822）の天体力学論なんかを読み込んでいるしね。片方では革命家でしょ。自ら組織した四季会とかの革命軍を組織して逮捕されて何回か脱獄しているので最後には要塞に幽閉されているわけだしね。
鈴木も高校生の頃の話も絡めてブランキのことを書いていたし、ぜひ話したいと思っていたんだよね。

〇ブランキの存在はパリ・コミューン（1871年）ではものすごく大きくて、親分ですからね。捕虜交換でブランキ一人とキリスト教の大司教を含めた70人くらいを交換しようとして、それを拒否されたというくらいの人物です。だから結局監獄から出られなかった。その牢獄で星の本を書いた。パリ・コミューン前夜につか

まっているからね。フランスであれほど長い間幽閉されたのは、サド侯爵とブランキくらいですね。サドも境遇が似ていますね。ところで、早い時期に芥川龍之介（1892-1929）はブランキのことを書いているんですよ。革命家としてのブランキも、天文学のブランキのことも、芥川はちゃんとわかっていたみたい。

●足立映画に戻すと『幽閉者 テロリスト』で本物のブランキとは少し違うけど、頭脳警察のパンタ（1950-）がブランキ役を演じてたし繋がる部分もあると思っているんです。
山上についても幽閉されていることの感覚が自分の体験とも重なっているんですね。

〇幽閉されている感覚というのは、だから革命のことだけじゃないんだよね。生い立ちからすべてのものを持っていかれるのだから、全部関係するんですよね。いまはそれこそ幽閉者にされている山上徹也には、そういうつもりはなかったかもしれないけど。

《生い立ちの話》

●そうですね。生い立ちというか親との関係が強かった時期の体験とかも影響して来るよね。母親とかとの関係とかさ。
鈴木の体験としては、高校生の時にブント（共産主義者同盟）に近いところにいたでしょ。

〇はい。影響を受けたかな（笑）。
ところで、トークショーでも少ししゃべったんだけど、今回の対話でも母親のエピソードを話しておこうかな。母方は家系的には右翼系なんですが、彼女はモノに動じない人で左翼でも右翼でも関係ないという感じの人だったんです。見かけとは違って、ばあさんになってもいたずら好きで楽天的な人だった。
若い頃からずっとひどい親不孝をしているので、最後くらいはちゃんと看取ってやろうと思って病院に詰めていたんです。「死」というものが何なのか、それを見届けてやろうと思っていた。結局、わからなかったけど（笑）。それで、母が死の床にあって、いよいよ終わりかなと感じていたとき、彼女から「なんで安倍を暗殺しないの」って言われたんです（笑）。主語がなかった。それって僕への批判かよ。そのときはそうは思わなかったけど、僕だけに言っているんじゃなくて、「あなた達は」って言いたかったんじゃないかと。ドキッとしたよ（笑）。それから何年かして、山上徹也でしょ。予言めいていた。

●すごいなあ。うちの母親は全然違う（笑）。先ほど言ったように昔はカトリック教会へ通っていたけど、僕が中学生くらいからは行かなかった。それから数年たってこんなことがあった。1970年代には大学でも原理研（原理研究会＝CARP）の活動や統一教会の布教活動も盛んだったでしょ。

ある日家に帰ったら、みんな（家族全員）の実印を作ったからって象牙のものを見せられた（笑）。家には高麗人参エキスの瓶がたくさんあったり、さすがに壺はなかったけど（笑）。直感的に統一教会だって思って、しばらくするとその担当と会うことになってストレートにあなた統一教会でしょと言ったら来なくなりました。

○誰かの家で見たことあるよ、印鑑といっても当時５０万円くらいでしょ。だけどその頃は統一教会だけじゃなくて、普通にそんな怪しいのはありましたね。ただね、キリストは「お前の金を差し出せ」とは言わなかったよ。「お前の食べ物を分け与えよ」と全然反対のことをやっているんだよね（笑）。

●そうなんだよね。キリストだけじゃなくて金を差し出せっていう宗教はないよね。

それで思い出したけど、幼稚園の頃買ってもらったおもちゃが家からなくなって、親がなんでだろうと思っていたんですよ。そしたら近所の友達のお母さんが最近うちにおもちゃがたくさんあるって（笑）。僕は全然記憶になかったんだけど、もらったものを友達にあげていたんだよ（笑）。とんでもない子供だったと。今思い出した（笑）。

○いい話じゃん。キリスト者としては正しい行為ですよ（笑）。僕も子供の頃からいじめに参加したはことない。それは胸を張って言える。人をいじめるのは意識して嫌だった。ケンカはやったよ。暴力をふるったことも何度もあるけど。でもみんなで誰かひとりをシカトしたりいじめたりするのは、今ほど陰湿ではなかったかも知れないけどあったでしょ。絶対に嫌だったね。

それに僕らの頃はまだ戦後が残っていて、戦後的な貧困の問題がまだあった。同級生にひどい貧困家庭があったりさ。

●あったよ。大阪の小学校に通ってたけど、前日まで一緒に遊んでいた友人が学校に来なくなって、心配になって先生と一緒に友人宅に行ったら、家財道具が全部なくなっていて先生が「あっ、夜逃げや」って言った。今考えると親が借金を抱えていたのかかも知らないけど、お互いバイバイって言うこともなく突然いなくなった。そんなことは神戸でもあったでしょ。

大阪の京橋駅の下にはアコーディオンを抱えた傷痍軍人もいたしね。

○神戸でも普通にあったよ。傷痍軍人も一緒だよ、闇市の名残りはあったし、売春宿とか戦後にできた赤線・青線風のものも残っていた。

●映画『泥の河』(小栗康平監督　1981年)は大阪が舞台だったけど、バラック風のうどん屋とかあの感じはまだ残ってた。

○神戸も一緒です。でもわずかに残っていたものも「阪神・淡路大震災」(1995年1月17日)で古い街がつぶれて、風景が変わってしまった。そのずっと前も、かつてのアメリカ領事館の近辺がスラム街だったんです。天皇が神戸に来るとなって全部排除された。

●綺麗にしたんだ(笑)。

○だから今居留地とかいっている場所は、西洋人が住んでいたところはそうなんだけど、そのすぐそばの港の方はスラム街だった。

●鈴木が前に書いてた俳人の西東三鬼(1900-1962)とかが住んでた場所？

○いや、三鬼はこの上(元町駅の北東側)の辺り。神戸トアロードのどん詰まりに東亜ホテルという東洋一の高級ホテルがあったんだけど、西東三鬼が住んでたのは勿論そこではなく、もう少し南側のもっと「庶民的」なホテルで、今はないです。いろんな国の外国人、春をひさぐ女性たちも住んでいました。西東三鬼が描いている世界は、その後の東映映画の終戦直後物とかヤクザ物にもつながるところがある。稲垣足穂や十一谷義三郎もそうですけれど、神戸について書かれた最も好きな作品の一つですね。
当時の雰囲気を伝えるものとしては、僕が知っている限りでは、新神戸ホテルという浅川マキ(1942-2010)が常宿にしていたらしいホテルはまだあった。何度も行ったことあるけど、古い船員用のホテルで、安くて、外国人用につくったホテルだから椅子とか調度品が古いけどハイカラでね。そんな神戸風なホテルはまだあった。でもやっぱり震災でビルごと崩壊しちゃった。残念です。

●高校生の頃通ったイカロス書房という本屋もこの辺りにあったよね。店の人がいろいろ教えてくれて、読みたい本がたくさんあった。しかも無駄な本は一冊もなかったよ。

○うん、イカロス書房はこの近くの三宮の高架下にあって、僕の高校の先輩がやっていたんだよ。京大の初期ブントの人だった。お前、あんまりむちゃくちゃや

るなよ、って説教されたことがあったなあ(笑)。

●そうか、それは知らなかったけど党派の新聞は全部揃っていたな(笑)。本当にお世話になった本屋だったんだ(笑)。稲垣足穂の『足穂大全』もイカロス書房で購入したし。現代思潮社の古典文庫なんかも買った。

《歴史認識について》

●今回の対談のタイトルにした「歴史を逆撫でするもの」はヴァルター・ベンヤミンの「歴史の概念について」(1940年)から借用したんだけど、どう思いますか。記憶について鈴木の話を聞いている時に頭に浮かんだんだよ。歴史認識についてはどう?

〇歴史があるということは、どうやらそうらしいんだけれど、リアルタイムでそれを目にしたことはないね。
例えばフランソワ=ルネ・ド・シャトーブリアン(1768-1848)というフランス・ロマン派の作家がいるんだけど、世界は神が創造した、しかしそれは1秒前かもしれないと。では、遺跡とかどうするのかという疑問がある。遺跡ごと神が世界を創造すればいい(笑)。1秒前でも、それはできる。だから歴史はその瞬間瞬間に古いものも含めてそこにあったということだから、それは確かなんだけど、今生きている今この瞬間に歴史を目にしているかというとそうでもないんだよね。僕らは「進化」の観念にとらわれすぎている。「進化」の瞬間も目にしたことがない。
ところが「出来事」というものがある。それが「存在」なのか「生成」なのかは僕にはわからないけれど、そのなかに居れば、ある意味歴史を目撃しているという可能性はある。さっき言ったように出来事をとらえることは急務なんだけど、それはとても難しい。それで「歴史」を、書かれた「歴史」を逆撫でしなければならない。

●だから藤原新也は写真家の視点で出来事=現象(歴史)を捉えていると思うんだよね。

〇もちろん公式の歴史では嘘もあれば真実もあると思うけど、公式なものは基本的に歴史を逆撫でしないよね(笑)。
だって教科書に載っているような「歴史」というのは公式の言語であって、ある種の秩序を強要するのだから。フランスにはアナール学派という現代歴史学の一派がいたりするんだけれど、歴史の「実在論」と「唯名論」の論争がある。唯名論はノミナリスムというんだけど、神学的な考えです。実在があるのか、ただ名称だけが

あるのかという論争でね。

たとえば「犬」というものはいない。この犬がいるだけ。この犬とはポチとかコロとか太郎とか、野良犬でもいいけど、具体的な「この」ワンちゃんであって、「犬なるもの」はないと。それはただの名称である。これがノミナリズム。

昔から神学論争があって、むしろ近代科学に結びついてきたような流派はノミナリズムに近かった。「実在」はない。それがあったとしても、認識の問題としていえば厳密にはそういうことじゃないんだとね。彼ら神学者全員にとって一番大切なのは「神の存在」だから、まずはその神の実在を巡って論争があったんだよ。神の存在論的証明。彼らだって死に物狂いの闘争をやった。

そして歴史に関しても同じような考えをする人がいて、たとえば公式の歴史があって、事件があって、物事が実在してきて、歴史も実在しているとみんな思っているわけだけれど、そうではなく、歴史を語った「おはなし」がいくつもあるだけだ、それが無数にあるだけだ、という考えもあるわけ。それは「言葉」の問題、名称、名前なんだよね。

それを語った人間がたしかにいたし、今もいる。今ではデジタル技術が発達して瞬時に写真とか撮られて世界に配信されていると思うけれど、それは嘘だという連中もいるわけですね。極端にいうとアウシュビッツはなかったという馬鹿な連中もいるわけでしょ。それはある意味ではそんな風に言えるわけです、何だって言える、理屈としてはね。

僕は新約聖書を面白い本だと思っていて、まず四福音書は人類最初のジャーナリズムだと考えています。何が面白いかというと、彼らはまさにキリストの事件の「内部」にいて、それを書くためにだけ存在した。福音（良き知らせ）をめぐる筆記者。作家ですよ。福音「史家」と訳す人もいるけど、エヴァンジェリスト(Evangelist)は福音「記者」と訳すべきです。ジャーナリストなんですよ。出来事の内部にいて、キリストの出来事を目の当たりにしている連中が書いたわけでね。

●面白いなあ。『マタイによる福音書』『マルコによる福音書』『ルカによる福音書』『ヨハネによる福音書』、この４人はジャーナリスト！　そうかジャーナリズムの原型が新約聖書の中にあるんだね。事件の中にいて言葉で書いているわけだから。

〇キリストの言葉を書いただけじゃなくて、悪魔が出て来てこうしたとか、ネガティヴな事件のことも書いているわけで、旧約聖書みたいに予言者の言葉そのものが書かれているわけではない。神の言葉をそのまま書いたわけではないんですよ。イエスはこう言ったと書いているわけだから完全にジャーナリズムですよ。そういう意味でも歴史を考えると、出来事をどうとらえるかというのが重要になってくると思います。だから出来事をとらえるには歴史を逆撫でするしかない

んです。そしてそれは文学の問題でもある。

●歴史を逆撫でするのは表現者の問題でもあるんだよね。まさに『REVOLU-TION＋1』だ（笑）。
シュタイナーの翻訳も多い人智学者の高橋巖（1928-）が講演会で似たような話をしていたんですよ。どんな出来事でも対象化しないで能動的に自分の中に取り込めれば、どんな歴史も自分として体験しているんだと。これは20世紀に実現したことでシュタイナーはミカエルの時代だというわけ。でもそれは非常に難しい。

○もう一方に20世紀アヴァンギャルド＝前衛の問題があって、はっきり歴史を逆撫でしようとしたわけ。何故かっていうと物語は無しだ、もうそんなものはいいと。そこから始めた作家もいるわけです。それが20世紀の大きな特徴だったと僕は思っています。

●フィリップ・ソレルス（1936-）の『数（ノンブル）』辺りからかな。

○ソレルスもヌーヴォー・ロマンとかもそうだけれど、もっと前からでしょ。カフカくらいからだと思っている。
ベケットとかも完全に歴史を逆撫でしている。ソレルスに関していえば、彼も意識して出来事を書こうとしていた。『数』もそうですが、その少し後とか。翻訳はないけど『法』とか『H』とか、集大成となる『天国』とかです。直接的にはそれは1968年5月革命の経験なんだけど。5月革命について直接的に書いているわけではなくて、その「出来事」が言語にもたらしたはずのものをどのような言葉にするかということです。説明をしているわけではないから、だれが読んでも5月革命のことを書いているとは思わないけれど、作家にとっても出来事をどう書くかというのは永遠の問題ですね。それが作家に変貌を強いる。
結局、その点で一番頭をあげると、マルセル・プルースト（1871-1922）もそういう人だったのではないかと思っています。彼は日常のブルジョア的生活の日々のことを書いているけれど、『失われた時を求めて』はまさにそれだし、ある意味で出来事をどう書くかということに大いに貢献したところがある。プルーストがすごいのは、さまざまな知的傾向の外で、そういうことを誰にも教えられずに小説家として一人でやったということだよね。プルーストは僕にとっても無視できない存在ですね。長いから読み切れないけどね（笑）。
フョードル・ドストエフスキー（1821-1881）はその反対に壮大な思想的宗教的観点から「歴史」を書いたとは思うけれど、プルーストとは違いますね。『悪霊』とか好きだけれど、ドストエフスキーは、ジャン・ジュネ（1910-1986）も言ってた

けど、何か大根役者みたいなところがあるんですよ、作家として。歴史に対して俺はどう構えるかみたいなね。要するに歴史やその中にある思想や哲学を壮大な舞台としてみて、作家としてどこまで書けるのかみたいなね。ジュネはちょっと皮肉っていたけど、そういうところがある。僕にとっては、ドストエフスキーは芝居がかっていて、大風呂敷を広げているみたいに思うところがある。でもプルーストはもっと個人的で神経症的に閉じこもって書いていたわけで、たしかにドストエフスキーも精神病的だけれど、プルーストにはドストエフスキー的なところはないですね。プルーストは歴史を逆撫でしていたと思いますね、もう一つ別の意味でね。

《シュルファシズムについて》

●歴史を逆撫でするものとして、もうひとつ。今回のAGIは『REVOLUTION＋1』なんだけど、『ロック・マガジン』でシュルファシズムとして1981年にドイツのニューウエイブを特集したんですよ。彼らの音楽に衝撃を受けて、元々好きだった世界を編集した。この号は全部じゃないけど復刻したんで読めるんだけどね。（『vanity records』きょうレコーズに掲載されている）
僕は歴史を逆撫でしようと意識して編集をしたんだよ（笑）。シュルファシズムという言葉は、初めてDAFとかDie Kruppsを聞いたりレコード・ジャケットを見たりしたときに直感的に作った（つもり）だったんですよ。しかしその後バタイユ達がナチスドイツに対して文化的な抵抗として使っていたと知ることになるんです。

○嘉ノ海君が書いたとおぼしき文章は全部読みました。ドイツのニューウエイブは面白かった。革の軍靴の音がするみたいな感じだったね。闇のなかを行進していた。

●DAFドラマーのロバート・ゲール（1955-）は8拍子のロックンロール・ミュージックじゃなくてシーケンサーに合わせて、ストイックにしかもちょっとすらせてビートを刻んでいた。2拍子だよ。次第に機械音と肉体的な躍動がダンスミュージックは加速する。明らかにドイツ的な意志の力が奇妙でシャーマニックな陶酔に変わっていく。
それらを含めたものをシュルファシズムとして編集したんだよ。そのずっと後でバタイユ達がナチスファシズムに対してシュルファシズムと宣言したこととかベンヤミンがピレネー山脈で自死する前に自身の論文をバタイユに預けていたとかを知ったんですよ。

○ベンヤミンは社会学研究会の一員だからね。『アセファル（無頭人）』（1937年に
バタイユが秘密結社として創立）や『ドキュマン』（1929年にバタイユが中心に
なって発刊した雑誌）とかにも関わっていたんじゃないかな。バタイユはフラン
ス国会図書館に勤めていたから、ベンヤミンは自分の原稿を預けても大丈夫だと
思ったんでしょう。ベンヤミンの後半生の論文はパリに関することも多いからパ
リで書いていたんだろうね。

＊＊＊＊＊＊＊＊＊＊＊＊＊＊＊＊＊＊＊＊＊＊＊＊＊＊＊＊＊＊
「聖なるものの社会学」の研究を掲げ、G・バタイユ、M・レリス、R・カイヨワを発起
人として1937年の初めに構想され、2年間の活動をもって終結した研究機関。ほ
かにP・クロソウスキーやパリに亡命していたW・ベンヤミンなどが参加し、主に
参加メンバーの講演による理論活動を展開。
思想家やシュルレアリスムの画家や詩人たちの合流地点ともなり、ナチス・ドイ
ツの脅威、ファシズムの危機が次第に時代を覆うパリを舞台に、個人の〈生〉の条
件を批判的に乗り越える共同体の構想が探究された。秘密結社／雑誌『アセファ
ル』において揺籃期にあったバタイユの〈共同体〉をめぐる思考は、その直後に開
始された社会学研究会で導入された「社会学」という枠組みを通じて、国家、権力、
宗教などの社会構造の解明や社会的運動体の理論の構築へと向けられたのであ
る。
そこに見られるのは『アセファル』から連続する反ファシズムの系譜であり、第二
次大戦前夜という時代状況下においてこそ、宗教（神話）や軍隊（権力）などといっ
た制度のなかに見出される「聖なるもの」の社会学的次元が、特異な知的緊張を
もって共有されていた。
＊＊＊＊＊＊＊＊＊＊＊＊＊＊＊＊＊＊＊＊＊＊＊＊＊＊＊＊＊＊

●パリで執筆活動をしたいた時にブランキの『天体による永遠』を知って驚愕す
るわけですね。既に『パサージュ論』も書き始めていたしね。
『天体による永遠』について具体的に評価影響を受けているのはベンヤミンとフ
リードリヒ・ニーチェ（1844-1900）だけだということ。「無限の空間を満たす有
限の物質、すなわち無数の地球が誕生し、同一の地球同一の人類は過去から現在
を経て未来に至る各時間軸の各時間ごとに存在する」と訳者の浜本正文（1941-
2022）さんが日本語版の解説に書いている。

○『天体による永遠』の結論はニーチェと同じだからね。永劫回帰。あの個所は
ニーチェが書いたのかと思うくらいにニーチェ的だよね（笑）。さっき言ったけ
ど、我らが芥川龍之介がブランキのことを『侏儒の言葉』（1923-1925）でちゃんと

書いているのは驚きだよ。早い時期に。大正十二年頃。

●ブランキのことを芥川龍之介が書いているんや。なんで知ってたんだろう。

〇英語で読んだのかなあ。フランス語原文かも知れないけど。日本語訳とかはないからね。間違った捉え方をしていない。龍之介すげえと思った（笑）。ブランキの革命家としての悲しみまで書いている。だからブランキがどんな人かも全部わかっていたみたい。びっくりでしょ（笑）。

●めちゃびっくりした（笑）。あの時代にね。当時の文学者はすごいよね。大杉栄（1885-1923）にしてもマックス・シュティルナー（1806-1856）の『唯一者とその所有』（原著1844年）を訳しているし、辻潤（1884-1944）は『唯一経』として翻訳しているし。

〇大杉栄はフランスでパクられているからね（笑）。
ジャック・ランシエール（1940-）って知ってる？　フランスの哲学者でジル・ドゥルーズ（1925-1995）の少し後の人で、日本語訳もたくさん出版されているけど、僕が持っているフランス語のブランキの『天体による永遠』では序文を書いている。今のフランス哲学の状況はよく知らないけれど、ブランキとかに関心があるんだなと思った。やはり5月革命の世代だからね。
市田良彦（1957-）って知ってるでしょ。ランシエールは、彼の先生みたいな人だよ。彼の『ランシエール　新"音楽の哲学"』（白水社　2007年）はランシエール論であり音楽論なんだよ。ザ・スターリンも裸のラリーズも出てくるよ（笑）。
あと『ロック・マガジン』のシュルファシズムで思ったのは、ドイツってやっぱり特殊だなと。僕はリアルで知っているけど、そもそもドイツのパンクはアメリカやイギリスやフランスとはまったく違っていて、死の匂いがした。

《『ロック・マガジン』のシュルファシズム特集号（1981/01）》

●そうだよ。『ロック・マガジン』を見てもらうとわかるけど、「死の匂い」のイメージです。Die Lemmingなんて名前のバンドとかさ、死の行進をするハーメルンの笛吹きを連想させるもの。なんせ名前が野ネズミだからね（笑）。

〇ドイツはファシストの国だったからですよ。第二次世界大戦時、ドイツ・日本・イタリアって三国同盟だったでしょ。そして終戦後に世界的な学生運動が起こった。1968年5月革命の後、色々な運動が変化していくなか、テロを組織的にやった

のはこの三国だけなんです。ドイツはバーダー・マインホフ・グループのドイツ赤軍、日本は連合赤軍、イタリアは赤い旅団でしょ。例えば、フランスには毛沢東主義者がいっぱいいたのに、そういう方向にならなかった。それは我々の爺さんや親父がファシストの国だったからだと何となく思うんですよ。だからドイツ。

●DAFの『Der Mussolini』(1981年)なんてダンス・ミュージックなんだけど、新しい行進曲っぽいしね。DAFボーカルのガビ・デルガド(1958-2020)はお父さんがスペインで反ファシズムのパルチザン闘士だった。それがガビには誇りで音楽をやっているって語っていたな。いずれにしてもファシズムを経験した国の音楽だよ。

○ポスト・パンク、ニューウエイブの時代を考えてもドイツって特殊だと思った。ドイツは法律でも教育でもファシズムにまつわることを禁止しているじゃない。戦後処理において国民全員でそれをちゃんと浴びたわけね。彼らは真剣に考えた。しかしそれはプラスの面だけじゃなくてマイナスの効果もあって、ファシズムの経験しているわけだから、いろんな反応が出るのは当たり前なんだよ。初期のネオナチも含めて。これってドイツだけだよね。イタリアも日本も暴力的なその感じはないもの。教育者たちやリベラルなコメンテイターたちが言うようにいい面だけじゃないよ。その中からネガティブなものを若者が受けたり引き受けたりするのは当然の話だよ。それをひっくるめて、ドイツの選択は正しかったのだと思う。でもいいか悪いかというのは別問題なんだけどね。

●フォーエバー・レコードの東瀬戸悟君から聞いた話で、ドイツのVINYL ON DEMANDという昔リリースされた音源をパッケージデザインもそのままに復刻しているレーベルがあるんだよ。vanity recordsの最後のアルバム『Musik』を制作する時に、オリジナルでは入っていた赤い生地に黒色のvanityのロゴ人形を刻印した腕章がおまけに同封されていたんだけど、腕章は作れなくてTシャツに変更した。その腕章はナチスをイメージさせるということでさっきの法律に抵触するらしい。徹底しているよね。

○あとね、シュルファシズムというのはウクライナにもあると思うよ。ニュースではあまり伝えられていないと思うけれど、民族主義の問題はずっとあると思う。
フランスのヴィシー政権(1940-1944)はファシストの政権だったけど、レジスタンスに負けたからね。だからフランスは違うんですよ、ファシズムに勝ったからね。そういう気持ちはフランス人のなかにあるからさ。戦時下はヴィシー政権だったけど、それをレジスタンスが倒したので全然違うんだよね。その後アル

ジェリア戦争（1954-1962）とかで同じことになるんだけどね。あれもフランスの
ファシスト問題ですね。今フランスの国民連合の党首になっているマリーヌ・ル・
ペン（1968-）っているじゃない。父親はアルジェリアでひどいことをやった奴だ
からね。

●確かアルジェリア戦争の時の将軍だよね。

○フランスの隠されたトラウマについて、日本のフランス歴史研究家にそれを指
摘したことがある。違いますと言われた（笑）。でも近代フランスにはふたつのト
ラウマがあると僕は思う。ひとつはアルジェリア戦争でもうひとつはヴィシー政
権。もちろんそれらを支持した連中はいたわけだからね。レジスタンスはあくま
でも抵抗運動だったわけで、大変な目にあっているからね。でも過激派が爆弾闘
争もやっていた。構造主義の父といわれたジャン・カヴァイエス（1903-1944）と
いう数学者がいて、素晴らしい人物なんだけど、戦時中爆弾闘争をやって、終戦の
直前にゲシュタポに逮捕されて銃殺刑になっている。ドイツの天才数学者ゲオル
グ・カントール（1845-1918）などの紹介者であり、無限集合論とかの専門家。レ
ジスタンスの闘士でね。フランス人のなかにはそういう英雄の思い出もあるわけ
ね。今はたしか「ジャン・カヴァイエス通り」という通りの名前になっている。

●このように感じて体験した音楽から、鈴木は話してくれたことも含めて考える
と意味が深いよね。それに「コントルアタック」って組織があったよね。

○バタイユ達の「コントルアタック」はアンドレ・ブルトンも一緒にやっていた。
あれははっきり反ファシズムのための政治同盟でしょ。

●ドイツのファシズムに対するより強力なファシズムが必要でそれがシュル
ファシズムだって宣言していたわけでしょ。

○ただバタイユの『アセファル（無頭人）』ってさ、中身の半分はニーチェ研究みた
いなものだからね。バタイユやクロソウスキーとかが書いているんだけど、ギリ
ギリなんだよ。例えば当時のフランス共産党に属する人たちから見れば、彼らは
ファシストじゃないかと捉えられてもおかしくない。ほとんどがニーチェのこと
ばっかりで、ニーチェを賛美していた。ファシストからニーチェを取り戻すとい
うのはあったのかも知れない。
大まかに言うと、あの時代は微妙でさ、ダダイストのなかにはファシストになっ
た人もいるし、共産主義かファシズムかの選択の時代だった。

●イタリアとかでも「僕ら、詩に速度を与えた」と詠った未来派の詩人フィリッポ・トンマーゾ・マリネッティ（1876-1944）なんかはファシストになったじゃない。

〇そうですね。最近読んだんだけど、イタリアにはクルツィオ・マラパルテ（1898-1957）という人がいてさ、元々若い時にアナーキストと左翼の暴動で捕まって、ガブリエーレ・ダンヌンツィオ（1863-1938）の学友だった。だからイタリアのデカダンな世界も知っている人で、その後ファシストに転校した。『壊れたヨーロッパ』（晶文社　1990年）という翻訳が日本でも出ていて、イタリア語で「クプート」（壊れた）っていう意味らしいけれど、めちゃくちゃ面白い本でね。彼はファシストなんだけどヒトラーもムッソリーニも軽蔑していたし、ファシストからも嫌われていて監視がついているくらいなんだよ。ジャーナリストで軍人でもあったんだけれど、いろんなこと、ファシストにとって都合の悪いことも書くから監視されていて5回くらい投獄もされている。とてもいい本ですよ。すでにナチスが台頭している時代から書かれていて、『壊れたヨーロッパ』はそれこそウクライナから始まるんだよ。虐殺されたユダヤ人の場面とかあるんだけれど、彼はそれに嫌悪感を持っているわけ。だから異端的ファシストなんです。
一番有名なのは『クーデターの技術』（中央公論新社　2015年）という本で、この本はレフ・トロツキー（1879-1940）も読んでいる（笑）。このイタリア人は不思議な人やね。そんなイタリアの伝統があるのかも知れないけど、イタリアはシチュアシオニスト（シチュアシオニスト・インターナショナル）が結構いるし、彼らは書き手としてもなかなか面白かった。

●ヨーロッパで反ユダヤ主義は昔からあるよね。ベラルーシ生まれのウクライナ人でもあるセルゲイ・ロズニツァ（1964-）監督の『バビ・ヤール』（2022年）は1941年にソ連の後に入ってきたナチスに加担してキーウ近郊の峡谷において2日間で3万人以上ものユダヤ人が虐殺されたドキュメンタリー映画なんだけど、ウクライナで起こったことなんですよね。全編当時のフィルムを使って作られた映画でした。

《書物から出てきた民ユダヤ人》

〇ユダヤ人というのは、もう一度言うと、ヨーロッパの歴史の遠近法のすべての線が集まって消える「消点」（Vanishing Point）だと思っています。ヨーロッパの思想にはやはり聖書というのが根本にある。旧約聖書です。これってほとんどユダヤ人問題だからね。ユダヤ人がなぜ散り散りバラバラになったのかが書いてい

るわけだから。今でもユダヤ教のご神体はモーセ五書でしょ。

●「創世記」「出エジプト記」「レビ記」「民数記」「申命記」という五書だよね。

○そう、だから書物なんですよ、神の御神体は。僕はエドモン・ジャベス（1912-1991）というユダヤ詩人の本を訳したことがあるんだけれど、ユダヤ人とは「書物から出てきた民である」と言っている。「書物」というのは大文字で書くと聖書のことなんです。だから反ユダヤ主義もあるし、ユダヤ人という存在はヨーロッパの消点になっている。しかし今のイスラエルは、パレスチナで自分たちがかつてドイツ人たちにやられたのと同じようなことをやっているわけでしょ。どうなっているのかと思うね。だからシオニズムの根は相当深いと思う。

●ベンヤミンとの往復書簡集が出ているゲルショム・ショーレム（1897-1982）ってユダヤ神秘主義の権威でヘブライ大学にいた思想家がいたでしょ。感動的な書簡集ですね。他に彼の書物が法政大学出版局から出版されているよね。

○ショーレムの本はいくつか読んだよ。カバラ研究とかね。

●ベンヤミンの死の直前まで交わされた書簡の中での主なテーマは、マルクス主義とユダヤ教そしてカフカだった。ショーレムはカフカの小説の中にトーラというかユダヤ神秘主義を見ていたんだよね。

○彼は完全にシオニストですよ。でもユダヤ学者としてのショーレムは面白いね。ずいぶん読んでいた時期があった。ユダヤ人詩人の翻訳をやるためににユダヤ教について勉強した。でも結局僕にはユダヤ教はわからなかった（笑）。ちゃんと理解できていない、というのが結論。

●彼はイスラエルに帰還してユダヤ神秘主義者として生きた人ですね。スイスのアスコーナで開催されたエラノス会議にも参加しているしね。確か「ゴーレム」について講演している。

○エラノス会議には、カール・グスタフ・ユング（1875-1961）、井筒俊彦（1914-1993）、鈴木大拙（1870-1966）もいた。アンリ・コルバン（1903-1978）というイスラム学者もいた。この人はハイデガーの最初の仏訳者でもある。おまけにそれを発表した雑誌はバタイユたちがやっていた雑誌。ところで、エラノス会議の写真があって、何かの雑誌でそれを見たときびっくりしたことがある。アンリ・コルバンが写っている写真なんだけど、若い弟子たちと一緒にいるんだ。何と彼らは

フランスで最も極左過激派だった「プロレタリア左派」の人たちで、元フランスの毛沢東主義者たち！　先生のお付きで来たんだろうね。彼らは五月の後にテロをやる代わりに、言語の勉強をしたということらしい。かたやラカン派精神分析、かたやイスラムの研究。イスラムに接近したミシェル・フーコーの影響ももろあったと思う。日本のフーコー研究家たちはそういうことは一切言わないけど（笑）。

　ゴーレムについては、色々あるけど、プラハの薄暗い裏通りを想像してしまう。中世のカバリストが、神が人間を創造したのを真似てゴーレムを創造したらしいけど、僕にとっては、まさに幻想のなかで、カフカのオドラデクとかぶるところがある。スペインの現代作家が面白いこと言ってた。そいつらは「黒い間借り人」だと。

●そうだね。昔プラハへ行った時に、夜の旧市街を歩いていたらゴーレムを想像したよ。街の片隅から出てくるんじゃないかと（笑）。ドイツ表現主義時代にパウル・ヴェゲナー（1874-1948）監督の無声映画『巨人ゴーレム』（1920年）がその雰囲気があった。その前に制作した『プラーグの大学生』（1915年）については、最近神戸映画資料館で上映された際に鈴木と安井（麻人）君が伴奏したよね。僕は昔山下信子さん主催「オルフェの袋小路」の上映会で観た。中世のプラハが舞台でボール紙で作ったようなユダヤゲットーの街が表現主義的で素敵な映画だった。
ところで、神戸という街はロシアとかヨーロッパからの亡命ユダヤ人が住んでいたという話だよね。

○うん。僕の生家の大家さんもロシア系の亡命ユダヤ人でした。名前が三つあった。ロシア名ボルコフスキー、ドイツ名カッツ、日本名イシイさん。かつて神戸はユダヤ人が多かったよ。僕が若い頃に住んでいた近くには、まだユダヤ村の廃墟も残っていた。今でもシナゴーグ（ユダヤ教会堂）がある。シナゴーグ、カトリック教会、イスラムのモスク、この三つの一神教が神戸北野町の狭い三角形のなかにある。それってエルサレムに似ているけれど、ただ機関銃の音はしない（笑）。

●ユダヤは料理とかも厳格だよね。肉料理に使った鍋では牛乳料理しないとかね、肉は死の象徴でミルクは生命の象徴だから一緒にしない。また食物には必ず文字で刻印されたものを使うとか。生活の隅々まで生きているんだよね。そういう意味でも「書物から出てきた民」というのは分かる気がする。

《歴史を逆撫でする人は現れるのか、またどのように記述するのだろうか》

●今話していたような歴史的なものとして、安倍襲撃事件とか山上徹也のことを

記述する人は現れるのだろうか。敢えて言うとこの出来事そのものについて語っている論者はほとんどいないと思う。

○そうなんだよね、自分のフィールドでは語っているけど、今は足立正生だけですね。先で言ったけど、事件そのものについて語ったのは足立さんだけ。それは尊敬に値するというか、感銘を受けました。映画を見習いたい。手法としても。やっぱり映像なんだよ。映画にはスピードがある。いいなあ。文学ではそうはいかないけど。足立さん、やるなあと思って(笑)。さすが日本赤軍やなあと(笑)。

●さっきの『バビ・ヤール』でもそうだけど、映画とか映像の力ってエンターテイメントだけに簡単に入って行けるし、体験ができると思う。また何年たっても観た人がどんな出来事だったのかとわかるし考えたり体験することが出来るのがすごい。痕跡を残していると思いますね。

○足立正生は映画人として直観的にあの出来事を映画にしようと感じたんだと思う。
でもその点では『REVOLUTION+1』は他の足立映画とは違うね。こんな言い方したら失礼だけれど、彼はある意味で何も考えないでつくったと思う。映画としても新しい足立映画を見たように感じたね。例えば『断食芸人』にしても足立さんはいっぱい考えてつくっている。昔の映画にしてもそうだと思う。基本的に脚本家だしね。でも今回は直観的につくったのかなと思った。

●後シュタイナーとの関係で考えると、川上がヒステリーから痙攣して徐々にダンスの形になってというのとも印象が繋がるわけ。その後映画では銃に変わるという話。この指摘は非常に面白いなあ。
物質への秘儀参入というか、川上は意識してないけどシュタイナー的だと思ったわけ。あれはオイリュトミーでしょう(笑)。

○舞踏ってそういうものでしょ。動きと不動性。精神らしきものもどこかにあるし、その前に身体が厳然としてある。それは言葉と行為だ。魂は？ 言葉がいたるところにあるし、ゴミのように、また黄金のように落ちている。そんなことは言われなくてもわかっていると言われそうだけれど、本当にそんなすべてをわかっている舞踏家は誰だったんだろう。土方巽(1928-1986)と室伏鴻(1947-2015)はそうだったと思うけど。室伏に関しては、彼の死後、僕は彼の書いたものを編集して本にしたからわかるけれど、ものすごく言葉の人だったなあ。田中泯はどうなんだろう。笠井叡は？ まあ、いいや(笑)。

●どうなんだろうね（笑）。でもどのようにこの事件を身体で捉えるか見たいなあ（笑）。

しかし言葉と行為か。でもやっぱり人智学的行為だと思いますね。孤立というかね。

〇それはどうやって共同体を壊すかという問題にも結びつくわけでしょ。一方では共同体の問題って、僕だって税金を払ったりして、嫌々共同体に関わらざるを得ない。らしいです。だけどアルチュール・ランボー（1854-1891）ははっきり言っている、「俺はすべての義務を免れている」とね（笑）。でも一方では、「家族」、生身のものや、ややこしいもの、そういうのもあるし、繰り返しになるけど、それとは別に「共同体から離脱する共同体」というのがやはりあるはずですね。でも残念ながら一瞬しか続かなかったりする。それでいいと思う。足立さんは失敗した革命家って自嘲しているけど、もう一度言うなら、とても成功したと僕は思っています。

●最後に共同体の話になったのが象徴的だよね。足立さんの話に戻ったし（笑）。今回はやっぱり同世代の鈴木と話が出来て面白かったし楽しかった。ありがとう。

また是非会おう。ライブにも行くよ。

〇こちらこそありがとう。話が出来てよかった。じゃまたね。

==

〇対話を終えて
対談やインタビューは、自分にとって、その場の言葉という面が強く、思考が明後日のほうへ行ってしまうので、なるべくならやらないようにしています。でも今日はずいぶん久しぶりに嘉ノ海幹彦氏に会えたし、こういう機会をもうけてもらい、感謝しています。まずそれを言っておきたい。足立正生監督の映画については、『AGI 3 / MERZBOW』（きょうレコーズ）に文章を書きましたし、繰り返した部分もあるし、いまこの時点で多くのこと、その深みを語れていません。山上徹也の事件そのものに関しては、みんな論点が外れているなんて悪口を言いましたが、僕自身読み返してみても、出来事そのものには迫れているとはとうてい言えません。でも嘉ノ海のつけたタイトルはいいですね。「歴史を逆撫ですること」、ベンヤミンが書いているように、それは救済のイメージと結びついている。書き手である僕もまたささやかながら、ずっと前から「歴史を逆撫でする」ことを考えていました。みなさん、歴史を逆撫でしよう！

●対話を終えて

鈴木創士とは、1979年にあがた森魚の『乗物図鑑』録音の時期に出会っている。本人は全く覚えていなかったが、その後『ロック・マガジン』エリック・サティ特集号（1980/11）の記事がフランス語だったため一部分の翻訳をお願いした。当時はスタッフのみならず何分割かして知り合いに頼み込んでいたのだった。

今回の対話は多岐にわたり、時には脱線しながら進んでいった。この後の雑談では、現代思潮社の伝説的編集者から、舞踏家など鈴木が出会ったりかかわった注目すべき人々の話へとなだれ込んでいった。

『歴史を逆撫でするものについての対話』に付き合ってくれた鈴木創士に感謝する。また場所と雰囲気を提供してくれた大川さんにも感謝。

最後になるが、この対談でも触れている2022年12月25日京都で例年の高橋巖人智学講演会が開催された。

今年のテーマは「孤独と共同体」であり、まさに今回の山上徹也のことをアントロポゾフがどう考えいているかを聞くにふさわしい講演会であった。その講義での感想を記載しておきたい。

霊的な態度とは感覚的な知覚を能動的に体験することである。すなわち能動的に知覚すること。単なる物質から霊的存在に変わり、人はそれを芸術的、美的と呼ぶ。その霊的な体験を通して運命共同体になると語られ、シュタイナーはミカエルの時代と呼んだ。このようなことが語られた。

これは山上の内面の話ではないか。彼は全く意識はしていなかったと思うが、確かに霊的なキリスト衝動（今の時代のミカエル的衝動）を抱えていたのではないか。

講義の後質疑応答の時間が設けられており、私は以下の質問を高橋巖にした。

「安倍元首相銃撃事件について、高橋先生は霊学からどのようにとらえられているかとお聞きしたいです。

特に山上徹也さんの行為は決して、賞賛されるものではありませんが、ミカエル時代のキリスト衝動のようなものがあったと思っています。」

司会者から聴衆の前で質問が読み上げられた。しかし高橋巖からの回答はなかった。触れられなかったのである。それはその場にそぐわなかったのか、真意のほどは分からなかったが非常に残念な気持ちになった。94歳という年齢の問題なのか。

シュタイナー思想を学ぶアントロポゾフたちはこの出来事＝歴史をどのように語るのだろう。

第三章

「切通理作のやはり言うしかない」
　足立正生作品「REVOLUTION+1 」を語る
　町山智浩×切通理作
　2022年9月27日ダイジェスト版を観ての対談より採録

切通理作氏が主宰するYouTube番組「切通理作のやはり言うしかない」のために特別ゲストとして町山智浩氏を迎えて国葬の当日である2022年9月27日に配信されたものです。
内容は「REVOLUTION+1 」のダイジェスト版について映画芸術としてどのように評価するのかなどが語られています。

本作品は、安倍銃撃事件の山上徹也をモデルに制作されています。
そのため(背景やテーマ等の性格上)映画芸術、表現という点において論じられることは少ないのではないか。
このように考え、本書において採録致しました。　　　　　(編集部)

完全版を見終わって

そして彼は「星」になった
〜『REVOLUTION+1 』完全版で見えてきたもの　切通理作
「胎児が密漁する時？」　町山智浩

『REVOLUTION ＋1』
2022年9月27日収録

町山 智浩×切通 理作

　安倍晋三元首相銃撃事件の衝撃冷めやらぬ中、容疑者をモデルにした主人公の半生を描いた、足立正生監督の『REVOLUTION＋1』。

　その題材ゆえに発表と同時に世間に広く波紋を投じ、公開前からSNS上では批判が続出。さらに故安倍晋三の国葬が実施される9月27日前後に合わせて緊急上映が行われることから、おおいに物議を醸している。

今回特別ゲストとして映画評論家の町山智浩が登場！
事前に鑑賞したばかりの町山と切通の2人が、衝撃作を徹底的に語り合う！
(YouTubeチャンネル「切通理作のやはり言うしかない」『REVOLUTION＋1』回
https://www.youtube.com/watch?v=1s6Cr464ttg&t=1726s　リード文より)

〇町山智浩
　1962年生まれ、東京都出身。在日韓国人1世の父親と、日本人の母親との間に生まれる。放送作家の町山広美は実妹。編集者として宝島社に勤務し、のちに出向して洋泉社にて『映画秘宝』を創刊後、退社し1996年に渡米。アメリカ合衆国のカリフォルニア州バークレーに在住。その後は映画評論家やコラムニストとして活動する。なお、『最も危険な刑事まつり』ではメガホンを執っており、『進撃の巨人 ATTACKONTITAN』などでは脚本を手掛けている。また、『テッド』や『キングコング:髑髏島の巨神』といった洋画の日本語字幕監修も務めている。
　「ガース柳下」こと柳下毅一郎との対談コンビ「ファビュラス・バーカー・ボーイズ」では「ウェイン町山」を名乗っているが、ウェインとガースは『ウェインズ・ワールド』のボンクラ・コンビの名前であり、コンビ名は映画『ファビュラス・ベイカー・ボーイズ』のもじりである。

◎切通理作
　1964年生まれ、東京都出身。1993年より文筆家活動。並行して『おぼっちゃまくん』『月のベンチで、待っているから』『ゲイのおもちゃ箱』『アクアリウム』等のアニメ、テレビドラマ、映画の脚本も書き、2017年12月、初監督作品『青春夜話 Amazing Place』を新宿ケイズシネマで公開。翌2018年、神戸元町映画館、第七藝術劇場、京都出町座、名古屋シネマスコーレ、横浜ジャック＆ベティ、シネマ尾道で順次公開。アルバトロスよりＤＶＤ化、アマゾンプライムで配信。2019年、神戸

169

元町映画館の10周年記念映画『きょう。映画館に行かない？』の一編『これから』を監督。

　著作は『怪獣使いと少年　ウルトラマンの作家たち』(宝島社／洋泉社より増補新装版)でデビュー。批評集『お前がセカイを殺したいなら』『ある朝、セカイは死んでいた』(フィルムアート社)『情緒論～セカイをそのまま見るということ』(春秋社)で映画、コミック、音楽、文学、社会問題をクロスオーバー。『宮崎駿の＜世界＞』(ちくま新書)でサントリー学芸賞受賞。続いて『山田洋次の〈世界〉幻風景を追って』(ちくま新書)を刊行。『本多猪四郎　無冠の巨匠』(洋泉社)、『怪獣少年の〈復讐〉70年代怪獣ブームの光と影』(洋泉社)、『少年宇宙人　平成ウルトラマン監督原田昌樹と映像の職人たち』(二見書房)等の著書・編著がある。

　2021年より中央線阿佐谷で古書と駄菓子の「ネオ書房」を開店。2023年、神保町に「ネオ書房＠ワンダー店」を開く。

ーーーーーーーーーーーーーーーーーーーーーーーーーーー

【足立正生監督作品『REVOLUTION＋1』(ラフ編集版)を論じる】

町山　足立正生監督の新作『REVOLUTION＋1』が、プレ公開というか、ラフ編集でとりあえず一般試写が行われます。安倍元総理の国葬にぶつけてね。そのため、見る気もないのに「こういう映画を作ること自体が許せない」と言ってる人たちが大勢いて、上映禁止運動もあって、実際に上映が中止にもなってます。

　それに題材が題材なので、足立正生の映画作家としての文脈がまったく理解されないまま批判されてるとも思います。だから、それもある程度説明しないといけないとも思いまして、僕らは実際に作品を見て、意見をお互いに言おうと思ったわけです。この録画は、できれば国葬の当日に配信してほしいなと思ってます。

　ということで『REVOLUTION＋1』、ご覧になってどうでしたか？

切通　足立さんは「シュールレアリスト」とも言われてきましたが、今回は特にものの見方を引っくり返してなんとかというよりは、非常にストレートでわかりやすい、入りやすい映画になっていたのがまずビックリしました。

　例えば永山則夫の事件をきっかけに作った『略称連続射殺魔』(1969年制作1975年公開)。あれは足立さんだけで作った映画ではないけれども、所謂「わかりやすい映画」とは真逆ですよね。事件に関して、ナレーションで最小限に説明して、後は永山則夫の足跡を風景として映し出すっていうやり方。

　それに比べると、今回の『REVOLUTION＋1』は、今出来上がっているものを見た限りでは、非常にわかりやすい。いろんな意味で敷居を低くしている映画だな

と思いました。

町山　たしかに敷居の低い映画ですね。足立正生監督はよくシュールレアリスト
だと言われています。つまり、現実をそのまま描くという作風ではなく、とても比
喩的だったりします。今、切通さんが言った『略称連続射殺魔』は、1975年に足立
監督が作った映画で、1968年から69年にかけて永山則夫という青年が警官の拳
銃を奪って行きずりの人を4人射殺した「連続射殺事件」についてのドキュメン
タリーです。犯人は永山則夫という、北海道の網走番外地で生まれた貧しい青年
でした。父親も母親もひどくて、兄も精神病に入り、その過酷な環境で育った永山
則夫が日本中を転々として生きてきた風景をただ撮影していった映画が『略称連
続射殺魔』なんですね。タイトルに永山則夫も出てきません。70年安保の学生運
動も終わって日本がバブル経済に向かっていく日本の中で発展から取り残され
たような貧しく荒涼とした風景をずっと写していくことで、永山則夫の人生を観
客に追体験させる映画になっていましたね。

切通　そういう生い立ちの永山は、高度経済成長の時代の中で、都会出身者とは
さぞかし違った風景を見たのではないか？という仮説で撮り始めたら、日本中ど
こに行っても均質的な風景に囲まれている事に気づいた足立さんたちは、その均
質的な風景に永山が押しつぶされそうになったがゆえの爆発だったのではない
かという仮説を持ったと、作品の外で解説的に語っています。
　つまり「犯罪をするほど貧しかった人間は違うものを見てきたはずだ」という
わかりやすい落差の図式からも、その時点で逸脱しているんですが、でもさすが
に、半世紀以上経った現在の眼で見ると、当時の日本はまだまだ地方は地方だし、
いまよりは風景に起伏もあるんですね。だから、時代が経つことで、「なぜこの風
景が撮られているのか」という元の文脈が、わからないものになってしまってい
る。
　それに比べると、今回の『REVOLUTION+1』は、おそらく今のこの時代の空気
の中に全然居ない人が見ても、「こういうことがあってこういうことが起きたの
ね」とわかるし、最後主人公がやったことはテロなのか個人的行動なのかってい
う問いかけがあった上で、じゃあそれを獄の外にいる人はどう受け止めたらいい
んですか？っていう問いかけをしてるんですよってところまで描いちゃってる。
かなり親切。

町山　その『略称連続射殺魔』を撮った人が、今回、安倍元総理を射殺した男のそ
れに至るまでの半生を描くというのは非常に必然的な話ですね。

切通　そうですね。「山上」容疑者が映画では「川上」容疑者になっていましたけれ

ども、川上容疑者のお父さんの麻雀仲間が赤軍派のゲリラでイスラエルのテルアビブ空港で乱射事件(テルアビブ空港乱射事件＝リッダ闘争　1972年)を起こしてっていう、足立さん自身の仲間たちが行ったことを重ね合わせるような出自として描いていましたね。

町山　あれは本当みたいですね。

切通　そうなんですね。

町山　テルアビブ空港で日本赤軍が無差別に乱射をして、罪もない人子供を含む26人もの人を殺して73人を負傷させた事件ですが、その犯人の一人で京都大学の学生だった安田安之(1947-1972)は、実際に山上容疑者の父親と同じ京都大学で実際に親交があったみたいです。安田は現場で手榴弾で自爆してます。

【オリオンの三ツ星について】

切通　パンタ(頭脳警察　1950-)にも『オリオン頌歌』という2部作の歌がありますけど、そこでも歌われている、テルアビブ事件の実行犯の「オリオンの三つ星になる」っていう意味合いを山上にならぬ川上も引き継いでいましたね。自分にとっての星はどこにあるのかっていう問いかけがあって、クライマックスの行動に結びついたっていうような。

町山　１９７２年のテルアビブ事件の実行犯は3人いて、彼らは自分たちをオリオン座の三ツ星に重ね合わせていた。だから、この映画では川上が「オリオンの三ツ星のようにその星になりたい」と言うんですが、それは日本赤軍に参加した足立監督作品ならではの、完全なフィクションです。

切通　それを主人公の追い求めるものとして付した構成になっていました。

町山　足立正生は１９７１年に若松孝二監督と一緒にカンヌ映画祭に行った帰りにパレスチナに寄って日本赤軍を取材して、足立さんだけがそのまま居ついちゃって、日本赤軍として行動を共にして指名手配されて、１９９７年にとうとう逮捕されました。そんなテロリストは許せないと言ってる人も多いですが、足立さんは日本赤軍のスポークスマンで、実際のテロには直接関わっていません。だから刑期はわずか３年で、ちゃんと刑期は満了しています。

【カメラと銃が交錯する】

切通　一番最初に「安倍元首相狙撃犯を主人公に足立さんが映画を作る」って聞いた時は、そういう情報として認識していたわけなんですけど、その後に川上を演じるタモト清嵐さんが、実際に山上容疑者が使ったものに似せて作られた、カメラに模した銃を持ってマスクをしているキービジュアルみたいなものが出ましたよね。

　あれを見た瞬間、僕ははっとしたんですよ。つまり安倍元首相が撃ち殺された映像は僕も見ている……この映画の中でも使われてますけれども……それを見ている。だけどその狙撃に使用した銃はカメラに模していたんだと。つまり映画もカメラを通して撮るものだし、もちろん使用された銃はスチールカメラを模しているのでしょうし、そういう意味では厳密には違うんだけれども。カメラを通して切り取るのが映画であって、それでああいう事件が起きた時に、銃の代わりにカメラを持つのか、カメラの代わりに銃を持つのかわからないけれども、それで真実を捉えようとするってことなのかもしれないと。

　この映画は題材的に、作っちゃいけない映画なんじゃないかとか、足立正生がそれをやるのは許しがたいとか言う人も居るけれども、「いや、これは足立さんにとってやるべきことなんだ。映画人としても」っていう風に思ったんです。しかもタモト清嵐さんが本作に出るにあたって「誰かがやるなら俺がやる」っていうコメントを残しているんですよね。

　それがあのキービジュアル的な絵を見たこととが相まって、単なる好奇心だけではなくて「見るべき映画だな」って思ったことが最初にありましたね。

町山　足立正生自身が、それまでカメラを持っていたのに、日本赤軍に入ってそれを銃に持ち替えて、またカメラに戻った人ですね。この間『NOPE/ノープ』（ジョーダン・ピール監督　2022年）って映画見ました？

切通　はい見ました。この動画シリーズ『やはり言うしかない』の前の回でまさに扱っています。

町山　あれは銃の代わりにカメラを使う西部劇でしたね。カメラで撮影することを英語ではShoot（撃つ）というので、カメラと銃には共通したものがあるんでしょうね。

切通　今回の場合はカメラだと思ったらそこから弾丸が飛び出たということですよね。あとは岡本公三（1947-）のことがあると思いました。『幽閉者テロリスト』（足立正生監督　2007年）っていう映画があって、足立監督が釈放されて日本

に帰国してすぐに撮った作品です。それ以前はもっと獄中にいるかもしれないから、「獄中監督」にしようっていう、そういう話もあって、彼のシナリオやコンテに沿って、当時生きてた若松孝二（1936-2012）監督が撮るとか、そういう構想もあったらしいんです。それが、意外に釈放が早かったんで、外に出た足立監督が直接撮った映画です。

　その映画の内容の大半が獄中で、岡本公三がかつてのテルアビブの空港での事件も含めて過去を振り返っていく。これは足立さん自身が獄中体験が非常に長いので、獄中での自問自答がメインになってると思ったんです。今度の映画も安倍元首相を撃ち殺した後に山上は獄に入るので、彼の視点になった時に、彼と足立さん自身が重なったんじゃないのかなっていうふうに思いましたね。

町山　『幽閉者テロリスト』の主人公（田口トモロヲ）は、テルアビブで乱射事件を起こしたけど自決し損なって逮捕されて現地の刑務所に入った岡本公三がモデル。ずっと刑務所の中で自分がしたことを回想して、それが正しかったかどうか葛藤する。今回の『REVOLUTION＋１』もほとんど同じですね。それは足立監督自身が獄中で回想したり映画の構想を練っていたこととも重ねられているんでしょう。

切通　足立さんの言葉で「脳みそが牢獄そのものになるんだ」みたいな、そんなようなことを言っていて、入った人じゃないとぶっちゃけわかんない感覚なんだけれども、その感覚っていうようなもの、あとやっぱりパレスチナ問題が背景にあるわけですけれども、イスラエルによって壁を作られて……『オマールの壁』（ハニ・アブ・アサド監督　2013年）じゃないですけど、そこへ一歩中に入っただけで射殺されるかもしれないとか、幽閉された中で生きている人間っていうようなものもなんかどっかで重ね合わされているような感じもしたんですね。

　日本には一見目に見える壁はないけれども、今回の川上の生い立ちとか置かれた立場は、彼からすれば壁に隔てられた中で生きてきたのかなと。そういうこともちょっと思ったりしましたね。

町山　川上と社会との接点が、この映画の中でほとんど描かれない。刑務所に入る前から彼自身が閉じこもっていて、宗教二世という目に見えない牢獄に入ってるみたいな描き方でしたね。女性だけは何人か現れるけど。

切通　そうですよね。隣にたまたまゲリラっていうか革命家二世の女の子が住んでいて。

町山　ちょっと年上の人でしたね。

切通　彼女と対話するシーンがあるんですけれども、「新興宗教二世」と「革命家二世」っていうものが両方出てきて対比されてるっていうのも面白いなって思いました。

町山　彼女の年齢はおそらく設定上は40代なんでしょうね。女優さんはちょっと若く見えるけど。40代だとすると、その親は70ぐらいだから、全共闘世代なんですね。だから、あの女性は足立監督自身の子供の世代なんでしょう。つまり、宗教二世と革命家二世を似たようなものとして描いている。ちょっと自省的なところですね。

【『断食芸人』から繋がる足立映画】

切通　統一協会の信者であるお母さんが、ハンバーグを食べたいっていう娘に「飢えてる国の人たちはもっと大変なんだ」というふうに言いましたね。足立監督も『断食芸人』(2016年)を作る時に日本の中で断食するっていうのは所詮日本社会の中の断食なんで、「本当に飢えた人たちのことも一方で射程に入れて映画を作った」っていう風に言っていて、飢えた人がいるんだからそういうことは考えなきゃいけないってこと自体は別に間違ってないじゃないですか。だからそういうようなところもなんか宗教二世とか革命家二世という何かある部分相似形的なところっていうのはあるのかなと思いました。

町山　でも統一教会の人は「飢えた国の人はハンバーグ食べられない」なんて言わないよ。あれはリベラル系の人が言う言葉だよね。

切通　統一教会の人はそういうことは言わないんですかね。

町山　統一教会は食べろって言わないでしょ。信者を洗脳するために飢えさせるくらいだから。ご飯食べさせないと思考能力が落ちるから。全ての宗教に断食があるのは、理性的な思考ができなくするためですよ。あと、眠らせないのもね。
　とにかくあのセリフは完全に左翼的な文脈でよく使われる言葉ですよ。第二次世界大戦を経験した親ですね、「戦争直後は食えなかった」っていう。
　足立正生監督の『断食芸人』を思い出したけど、あれって一種の貧乏ごっこじゃん。パレスチナの人たちが苦労しているけど、我々は日本で楽をしていて恥ずかしいから、パレスチナの人たちを助けに行こうということ自体が、非常な傲慢な態度で、金持ちぼっちゃんの遊びなんだと当時批判されたけど、食べ物があるのにあえて断食するのも、飢えている人のふりをする「ごっこ」ですよね。そのへん、

自己批判的なところが感じられる。

切通　ただ宗教者っていうか、仏教の人が貧しい人の代わりに自分がミイラになっちゃうみたいな、そういうようなことを起源に一つ置くとしたら、確かに断食っていうようなものはいわゆる運動っていうものを支える良心ということを考えた時に、根本的なものであって、足立さんが『断食芸人』を前作の題材として選んだのもなんかわかるような気がしました。

町山　断食芸人とは足立監督自身なんだってことですね。あえて飢えること、日本の経済繁栄に乗らないことを選択するという。ロシアにも宗教的な行為として乞食や狂人のふりをする人々がいて、中国の古代の孔子の時代にも狂人のふりをしたり、日本でも一休さんとかそうだよね。
　乞食になるのはいろいろな宗教に共通する修行のひとつで、その発展系が共産主義の革命におけるナロードニキですよね。裕福な若者が農村に入っていって農民を経験する。そして「自己否定」する。自分が豊かに生まれたことを罪として否定する。あれは共産主義が出てきて急に始まったことではなくて、ロシアには伝統的にあったんですよ。カトリックでも、金持ちのボンボンだった聖フランシスコが全てを捨てて修道院に入ったのと同じで、一休さんも実は天皇の子供だよね。足立さんはそういう風に自分を捉えてるんだろうなと『断食芸人』では思ったの。
　だから例えば山上容疑者も一種の修行僧だよね。真面目な勉強家で、同志社大学に入って、ありとあらゆる資格試験を受けて全部取ってて、しかも自衛隊に入って国を守っていた。すごくストイックな青年で、女の子と出会っても自分を律して……。あれもすごく若松プロ的だなと思ったんですよ。若松映画の特徴としては性的な映画なのに、性を拒絶する人をその純粋さゆえに一種のヒーロー扱いする傾向があったでしょう。

【若松プロに流れる映画の系譜について①】

切通　足立さんが脚本に参加している『犯された白衣』（若松孝二監督　1967年）で最後夏純子の白衣のヒロインに唐十郎が抱き止められて、その瞬間機動隊がばぁーっと入ってくるっていうのは、今回の「私に甘えていいわよ」って同じ宗教二世の女の子に抱き止められた途端に照明が当てられるというシーンに共通してましたね。彼女の衣装も白かったし。

町山　若松プロの映画に共通するのはマザーコンプレックスですよね。

切通 そこを純粋に描かれるとちょっと胸を突かれますね。ブルーハーツの歌を歌うところとかも含めてですけどね。

町山 純粋なんだよね、主人公の描き方が。本当はどうだったか知らないけど。

切通 だってあの女性もいたかどうかっていうのがもう定かじゃないじゃないですか。

町山 あの女性はフィクションでしょ（笑）。

切通 映画の中でもこれってあったことなのかなかったのがよくわかんないっていう、『犯された白衣』もそういう描かれ方をしていますね。

町山 物語の上でも主人公の実体験なのが妄想なのかわからないように撮っている。それもまた若松プロ映画的ということですね。

切通 『断食芸人』でも断食をしている男に共感して、自分も近くに座り込む美大生の女の子が出てくるんですけども、その女の子が権力に操られたヤクザにさらわれて輪姦されてしまう。そのことは大変な被害なんだけれども、そういうことを経て彼女はある契機を掴む。彼女は粘土を捏ねて造形物を作っていたんだけど、何を作っていいか今一つわからなかったのが、最後は一つのオブジェを作れるようになりました……っていうのが『断食芸人』の複層的なストーリーの中にあって、女性が悪い奴に汚されちゃうんけど、それでも守ってる志があるみたいな純粋さが描かれてますよね。

町山 若松プロ作品はエロ映画にもかかわらず、性がいいものとして描かれてない。「純粋なものが汚される」みたいなイメージがある。時に性を拒否する男も出てくる。しかし、女性のキャラクターはいくら犯されても決して負けない。そんな男の暴力では決して屈しない強い存在として描かれることが多い。

切通 足立さんは脚本に入っていないけれど、若松作品で言うと『情事の履歴書』（若松孝二監督　1965年）もそうでしたよね。輪姦されて雪で自分の体を洗ってるっていう印象的なシーンがあるんだけれども、取調室で彼女の生い立ちを訊く刑事も、関わる左翼活動家といった男たちも、すべて跳ね返すような強さを彼女が持ってるっていう映画でした。

町山 セックスにおいて男は権力者で、女性を支配できると思っているけれど

も、実際はそんなものでは女はくじけない。若松プロ作品は、その辺が一貫している。もうひとつ若松プロ映画では、革命家とされる人物自身は革命を起こせず、その後ろや横にいた人達が実際の革命を起こすために立ち上がる、というテーマがある。

切通　今回の映画でタモト清嵐さんが川上を演じたんですけども、この人は『止められるか、俺たちを』(白石和彌監督　2018年)っていう若松プロを描いた映画では、秋山道男(1948-2018)の役だったじゃないですか。数年前にお亡くなりになりましたけど、秋山さんって言えばやっぱり足立さんが脚本書いた若松さんの『性賊セックスジャック』(若松孝二監督　1970年)の中で学生運動ズレしたやつらが内ゲバして滅んでいく中で、最年少の一番ノンポリと思われていた少年が最後1人でテロに向かっていう映画で、その少年を演じた人物ですよね。

町山　『止められるか、俺たちを』でも若松孝二はあくまで脇役で、その横にいてそれを追っかけてる子が乗り越えて行こうとする。『新宿マッド』(若松孝二監督　1970年)なんかもそうだけれども、今回も川上の妹が兄を超えていくかもしれない希望として描かれてるよね。

切通　川上の妹が、お兄ちゃんが自分と向き合って自分の思いを行動に移したっていうことは認めるけれども、私はそれを受け取って私の答えを出していくっていう宣言をしますもんね。

町山　「山上はこうしたけど、さあ君ならどうする」という問い掛けなんでしょうね。この作品だけ単独で見るとわかわないけど、過去の足立作品や若松作品と共通するものが描かれている。

切通　それがかなり敷居が低い形で、事件に対する単純な好奇心とか興味で見た人にとっても入りやすい足立映画になっています。
　数年前『止められるか、俺たちを』が出来て、それを見た時にも若松作品の入門としていいなと思いました。これを見た後に当時のパートカラーの足立さんとか大和屋(竺　1937-1993)さんが脚本を書いてた若松映画を……いきなり見たってわかんないところを……あの映画を入り口にして見るとかなり入りやすくなると思ったんです。今回はある種その足立さん版というか、これを先に見てたらひょっとしたら、かつて『幽閉者　テロリスト』とかいきなり見ても全然わかんなかった人にとっても、地平が開かれるんじゃないですか。

【山上容疑者の『ジョーカー』への強い共感】

町山　山上容疑者が『ジョーカー』(トッド・フィリップス監督　2019年)を本当に好きだったのは知ってますか？　彼のTwitterのアカウントが判明して、過去のツイートが掘り起こされたんだけど、とにかく彼は『ジョーカー』を見て本当に感動していくつも『ジョーカー』についてツイートしてるんです。

切通　えー、そうだったんですか。

町山　『ジョーカー』はアメリカで公開される時に、これが映画の内容どおりに無差別殺人などを引き起こす可能性があるということで、全米の警察が警戒したんです。結局アメリカでは何も事件は起きませんでしたが、日本ではこうして起きましたね。

切通　日本に飛び火してしまった。

町山　山上容疑者はツイッターで『ジョーカー』について立派な評論をしています。特に彼が共感したのは母親の描写です。ジョーカーの母親はバットマンの父親である大富豪ウェイン氏の元メイドで、今もウェイン氏を救世主のように信奉しています。そんな母をジョーカーは本当に愛して、自分の人生を母に捧げています。でも、実際はジョーカーの人生を惨めにしたのは母親なんです。そこに山上は自分を投影したんでしょう。
　あと、ジョーカーはとても孤独な男なんですが、住んでいるアパートで一人だけ自分に優しくしてくれたシングルマザーと恋愛関係に入っていきます。でも、それは後ですべてジョーカーの妄想だとわかります。『REVOLUTION＋1』で川上と関わる女性たちも、事実なのか妄想なのか曖昧に描かれています。

切通　そこも通じてますね。

町山　そのへん『ジョーカー』を意識してると思うんですよ。

切通　足立さんの脚本に井上淳一さんが共作していますけれども。

町山　『ジョーカー』要素を入れたのは世代的に井上純一さんだと思うんですけど、『ジョーカー』という映画によって喚起された山上容疑者の行為を、この映画でキャッチするというキャッチボールが行われている形ですね。

切通 ブルース・ウェイン（バットマンの本名）の家庭じゃないけれども、安倍元総理の少年時代の写真が貼り付けられていて、そこに自分とは真逆の人間だっていう認識をするってところを観た時、確かに僕の頭にも『ジョーカー』がちらっとかすめましたね。

町山 そうなんですよ。『ジョーカー』では、不幸のどん底にあるジョーカーと、大富豪の息子であるブルース・ウェイン、つまり将来のバットマンが、実は腹違いの兄弟かもしれない、ということになっていきます。『REVOLUTION＋1』で、川上が安倍元総理の少年時代の写真を部屋に貼っているのは、子供の頃から甘やかされて総理大臣になった安倍と自分の格差を思ってのことでしょう。あれもジョーカーとバットマンの関係性なんですよ。作り手がどこまで意図したかはわからないんですが。それと、川上が自分に目覚めていく中で、部屋の中で踊るシーンがあるんですね。

切通 ああ……。

町山 あれはジョーカーも最初の殺人を犯した後に公衆トイレの中で踊りながら目覚めていくというシーンの影響じゃないかと。

切通 最初に川上は自分の体を一生懸命拭うように神経質な動きをしてから、後に跳躍したような動きに移り変わりますね。

町山 ジョーカーの踊りは主人公がだんだんジョーカーという怪物に成長していく脱皮みたいなものを表現しているので、踊るシーンが繰り返されるんですけど、『REVOLUTION＋1』はそこまでしつこくやってないですね。でも、『ジョーカー』という映画に喚起された山上容疑者の犯行が発生して、それを映画で受けているという非常に映画＝現実＝映画っていう関係性なんですよ。

切通 最初は自分の汚れを神経質に拭い去ろうとしてる狂気の行動を描いているのかなと思ったら、それがだんだん跳躍した動きになっていくっていうのには、確かに脱皮的なものを感じましたね。

町山 『ジョーカー』では、人生の中で苦難ばっかり背負ってきた主人公が、自分を笑い者にしたテレビの司会者を射殺することで、街中の人たちがジョーカーに共感してですね、暴動を起こします。それがものすごい高揚感、カタルシスとして描かれているので、「危険」と評されました。
　観客は最初、ジョーカーを、こんな惨めな男がどうしようもないなと思ったで

しょう。いつもうじうじして、言いたいことを言わないで、気が弱く微笑んでいるだけの真面目な男だから。でも映画はゆっくりと観客を彼に感情移入させて、ついには彼と一体化させる。ジョーカーが司会者を撃つときにはもう「やっちまえ」という気持ちにさせている。で、暴徒たちに崇められたジョーカーがキリストのように両腕を広げて立ち上がるところで、達成感が頂点に達します。アンチクライストなんですけどね。

　もちろん、音楽は恐ろしい音楽にしてあって、「恐ろしい怪物が生まれてしまった」と言っていて、観客もそれはわかっちゃいるんだけど、でも、革命のカタルシスは抑えられない。それが『ジョーカー』という映画の恐ろしさですね。

切通　きわめて個人的な行動だったものが、あの瞬間、やっぱり多くの人に火をつけるっていう意味で、これは一種の革命の瞬間っていうか、そういう感情というものは確かに感じました。川上も「革命家2世」との対話で「俺はテロがやりたいんじゃない。個人的な行動だ」って言いますよね。

町山　でも、ジョーカー自身には革命意識は全くないんですよ。貧困の問題もほとんど何も考えてない。彼はただ非常に個人的な理由で殺人を犯すんだけれども、それが社会的なものとして広がっていく。それも山上と同じだと思いました。実際は多くのテロが実は政治的というよりは個人的なものだと僕は思います。

　スティーヴン・ソンドハイム（1930-2021）という『ウエストサイド物語』（1957年初演）の歌を書いたりしたブロードウェイの伝説的なミュージカル作家がいます。そのソンドハイムの作品で『アサシンズ暗殺者たち』（1990年初演）いうブロードミュージカルがあるんです。リンカーン大統領を殺したブースとか、レーガン大統領を撃ったジョン・ヒンクリーっていたでしょ。『タクシードライバー』（マーティン・スコセッシ監督　1976年）を見て「ブルック・シールズのためにやった」と言った男。あと、オズワルドも出てきます。ジョン・F・ケネディを暗殺した。そういった歴代の大統領暗殺者と暗殺未遂者が舞台にずらっと並びます。で、彼らが歌って踊りながら自分がどうして暗殺に至ったのかを語っていくんですが、それぞれの理由が全部個人的なの。

　自分はこういう育ちをしてこういう親に育てられて、こういうことをしてやってきたんだけれども、うまくいかなくて、結局大統領を撃つことにしたと。それぞれ全部実は個人的な理由なんですよ。でもその暗殺が社会を変えてしまう。ジョン・F・ケネディ暗殺やリンカーン暗殺はアメリカっていう国の歴史まで変えてしまった。

　でも、暗殺犯の動機は、本人の性格や周りの不理解や、個人的な理由。ジョン・ヒンクリーは甘やかされたお金持ちの坊ちゃんで、その幼稚さゆえにレーガン大統領を撃つんです。結局、暗殺のすべてが実は個人的な理由だったんだってことを

描くのが『アサシンズ暗殺者たち』っていうミュージカルなんですよ。

切通 そういうことで言うと、今までは……足立さんの直近で言えば『断食芸人』の断食男っていうのは途中まで一切寡黙じゃないですか。足立さんはそれをシナリオ書いてるうちに、大島渚監督の『絞首刑』（1968年）……足立さん自身が出演もしてるし、予告編の演出もやってるんですけども……あれと構図が似た話になりそうだなってことになんか自分で気がついたと。つまり主人公のRが寡黙で周りが翻弄されていくっていう。その構造に似てると思ったんだけれど、1つ違うのはRは非常に確固たるものを持ってるけれども、断食男っていうのは今の日本の中で優柔不断なものにならざるを得ないと。

だからちょっとふにゃふにゃした曖昧な表情をさせたっていうことを言っていて、今回のこの映画で一番気になったのは、そう言ってた足立さんが『断食芸人』の5年後に、山上を重ね合わせた川上にどんな表情をさせるのかなというのが非常に興味があって見たんです。

観て思ったのは表情以前に、今回は多弁だなと、非常に自分はこういう風なことがあってこういう風なことになったということを、人に言うだけじゃなくて、一人の時も喋るじゃないですか。

今回町山さんの話を伺ってて、つまりミュージカルみたいに舞台の上で自分のことを語ってるみたいな感じなのかと、ちょっと腑に落ちましたね。なぜ今回多弁になってんのかなといいうのは、つまり多弁性っていうのはある種の個人性であり、それが裏返って普遍性になるのかなみたいなね。そんなことを今思いました。

【『REVOLUTION＋1』川上の多弁性についての考察】

町山 『REVOLUTION＋1』の川上が多弁な理由には2つあると思います。1つは『ジョーカー』のジョーカーが日記においては多弁だったこと。あの日記はもともと『タクシードライバー』（マーティン・スコセッシ監督　1976年）の日記が元だから。『タクシードライバー』の中で主人公のトラヴィスは世の中に対する憎しみをずっと日記に書いてたじゃない、孤独の中で。それがナレーションとして流れていく形式だった。それがいちばんのベースになっているから、川上も自分語りをする。

もう一つは山上が実際多弁だったから。山上容疑者はものすごくたくさんのツイートをしてるんです。記録見たらいいと思うけど、安倍晋三や統一教会や自分の家族についても語っています。非常に頭がいいから文章に乱れが全くない。あれだけツイートしててほとんど誤字脱字がない。言っちゃ悪いけど国際政治学者

を名乗っている人でも何言ってるかわかんないからね。そういうのと比べるとものすごく明瞭、要旨が明確。山上容疑者はものすごく明晰な精神だったと思います。

切通　町山さんがRTで紹介していた部分は読んだんですけど、安倍元首相に対する非常に好意的だった時と、葛藤してる時期とそれから否定的になる時期っていうのがちゃんと追えるような形のわかりやすい意見表明ですよね。

町山　実際の山上容疑者の政治思想は非常に保守的でした。親の影響かもしれないですけども。常に左翼やリベラルに対して批判的。ただ安倍総理と統一協会の関係性も知ってたんだけど、それが思った以上に根深いことが分かっていくうちに、やるしかないと思ったようです。それは彼のツイートを追うとわかるんだけども、山上は安倍元総理の政治的な傾向については批判してないんですよ。彼が批判しているのは、ただ、統一教会との関係性だけなんですよ。
　そこが、映画と現実の違う点です。この映画の川上は安倍元総理に対する憎しみを表明したりするんだけど、実際の山上は統一教会にダメージを与えるためには安倍を狙うのが最も効果的だと冷静に判断したみたいなの。でも、映画ではかなり情緒的な動機になってるんですね。
　ただ、僕が『REVOLUTION＋１』が問題だと思うのは、公開前に批判されているほど危険な映画になっていないことだと思うんですよ。『ジョーカー』がなぜ危険だと思われたかといえば、テロをジョーカーにとってのハッピーエンドとして描いてることだと思うんですよ。

切通　何かを煽ってるように見えますよね。

町山　ずーっと踏みにじられて生きてきたジョーカーが、最終的に街を火の海にして笑う時、観客はどこか「良かったね」って思ってしまう。

切通　しかもそれまで『バットマン』のキャラクターとして描かれていた、ジョーカーっていうものと完全に重なるかどうかっていうところが少しぼかしてあるんで、逆に言えば誰でもこの主人公にはなり得るっていう含みがありました。

町山　『タクシードライバー』の方は、主人公がかなり共感しにくい人で、単なる八つ当たりで売春宿に殴り込みをかけてヒーローになっちゃうから、観客は「ダメだこいつ」と冷めて観る「距離」があるんだけど、『ジョーカー』の場合は主人公に徹底的に共感させるように作ってあるからね。そんな映画が全世界で大ヒットしたのって、すごくない？

切通　盛り上がりつつ「いいのかな」みたいに思いながら見てたところもありますね。

町山　堂々エンターテイメントになってるだもん。『ジョーカー』は全世界でメガヒットですよ、で、果たして『REVOLUTION＋1』はその危険性までに達しているかどうか。

切通　『REVOLUTION＋1』は、むしろ解毒剤になってるような映画ですよね。例えば妹が出てくるじゃないですか。兄のやったことに対して「民主主義への挑戦」だなんてなに馬鹿なことを言ってんだと。その安倍元首相が民主主義を壊したんじゃないかっていう風に言うんだけれども、そういうような社会を変えるには結局は政治を変えなきゃダメなんだと、我々に託されたものっていうのは、テロじゃない暴力でもないっていうことじゃないですか。だからそこはものすごくある種の道徳ドラマのラストみたいな。この事件を知った人が持ってるなんとなくモヤモヤとした気持ちを整理して次に行かせてくれるための喉越しがいいものに最後はなってますよね。

町山　作り手が意図したと思うのは『ライ麦畑で捕まえて』（ジェローム・デイヴィッド・サリンジャー原作　1951年）ですね。『ライ麦畑で捕まえて』の主人公ホールデンはとにかく大人はみんな汚れてインチキだと思って憎んでいて、自分の妹フィービーだけが純粋だと信じている。ところが、フィービーは少女なのに大人のようにしゃべり、ホールデンを客観的に批判する。最後はホールデンが精神病院に入る、つまり檻の中で終わるわけです。フィービーが実在するのかどうかかはわからない。そんな点で『REVOLUTION＋1』は『ライ麦畑で捕まえて』を思わせる。ホールデンなんてテロリストになるしかないからね。世の中すべてを憎んでいるから。
　切通さんが言うように、山上容疑者はこういう行動しかできなかったんだけども、我々にはそうじゃない形で世の中を変えることが託されている、とも取れますよね、だから世間が騒ぐほどには危険な映画ではない、と思うんですよ。

切通　で、ありながら、心の中にはちゃんとお兄ちゃんがいるからね、みたいなそういう感じの締めくくりになってましたよね。

町山　川上の妹は「お兄ちゃんはこうやって戦ったけれど、私には別の戦い方がある」と言って、世の中を変えるためのテロ以外の方法を暗示します。だから、全然危険な映画ではない。『ジョーカー』のほうが、どう考えても危険。客観的な視点を一切排除してるからね。ただ『ジョーカー』ぐらいの危険なところまで行く勇気

も必要な気もする。若松映画ってそうだったじゃん(笑)。

切通　整理できないものがちょっとは残っててほしいっていう感じはどこかありましたね。

【若松プロに流れる映画の系譜について②】

町山　若松映画は編集が論理的じゃなかったりするんで、わかりにくかったりもするけど、思わず「行け！」って拳を振り上げたくなるところもある。扇動力みたいなもの。でも、『REVOLUTION＋1』はスーッと落ち着いて終わる。『ジョーカー』のような危険な扇動力まではいかなかった。

切通　そうなりたいところをパッと大きな力で弾き返されて、また同じようにトボトボ歩いている自分に戻るというのが、足立さんの一つの描き方としてあると思うんですよ。そういう意味ではこれは足立さんの映画なのかなと思いながら見てましたけど。

町山　漫画家の新井英樹(1963-)さんは『ザ・ワールド・イズ・マイン』(1997-2001　週刊ヤングサンデーに連載)というテロ漫画の名作を描いてますが、あれも全てはトシというオタクな少年の妄想だったと終わらせることもできる。でも、そうしないで世界自体を完全に破壊するとこまで描ききった。それが映画や物語では何をしてもいい。人を殺しても世界を滅ぼしても自由なんだからさ。映画の中では見せてもいいと俺は思ってるから。

切通　現実にはそれができない事情っていっぱいあるのねっていうところに、視点は促さないと……っていうのはある種の良心なのかなと思ってみてましたね。

町山　でも、『REVOLUTION＋1』って、僕らが話している今、この時点ではまだ完成してないんですよ。僕たちが見たバージョンは静かに終わっていく形だけど、完成版がどういう風になっていくかわからない。

切通　そうだ。つまり未完なわけですよ。だからある意味この我々の意見さえも何か影響が与えることもあるかもしれない(笑)。ひょっとしたらラストとか変わるかもしれない(笑)。今回の終わり方を僕は非常に爽やかに受け止めたし、課題も受け取ったけれども、でもひょっとしたら、見た人の八割は気持ちよくなって終わって、もう翌日には忘れちゃう可能性があると思ったんですよ。モヤモヤさ

せないと……1週間経っても覚えてるとかね。そうなるべきじゃないかなっていうのは思いましたね。

町山　それこそ若松孝二の『餌食』（若松孝二監督　1979年）みたいな（笑）。『餌食』は呼び屋のウドー音楽事務所に対する内田裕也の怒りから作られてんだけど、最後には内田裕也は原宿の歩行者天国で歩道橋の上から街を歩く普通の人たちを無差別に撃ち殺しまくるじゃない（笑）。

切通　その後に、なんだかわかんないやつに撃ち返されて死ぬという。

町山　結局、企業だの体制だのよりも、お前ら普通のやつらが一番嫌いなんだよって。

切通　例えば重信房子が刑期を終えて出てきて、それを迎え入れる人が居るっていうだけでもものすごいバッシングされる時代なわけじゃないですか。足立さんに対しても、そういう風当たりも強い中で、かつてのテロリズムは否定するという一応公式見解のもとに居たりもするわけじゃないですか。そういうことの中でどういう風にこの題材を扱っていくかっていうのも、色々あったんじゃないかなとも思います。

【『REVOLUTION＋1』の完成版についての考察】

町山　『REVOLUTION＋1』を観てて、安倍暗殺事件は二つの人生の交錯だと思ったの。安倍晋三は、第二次世界大戦の戦犯の孫として生まれて王子様のようにちやほやされて育って、ロクに勉強もせず、漢字もちゃんと読めないまま総理大臣になった。いっぽうで山上は、一生懸命勉強して本当に勉強もできてしかも実際に自衛隊で勤務したのに食い詰めて。
　その二人の対比は、『ジョーカー』におけるジョーカーとブルース・ウェインの関係性。なぜ、「おれはあいつじゃないのか？」と思うわけです。「親ガチャ」って言われてるけど「親ガチャ」に当たった外れた、それだけの話。ジョーカーは政治にまるで興味ないけど、ブルース・ウェインを見てあまりにも境遇が違うんで、その格差が怒りに変わっていく。
　『REVOLUTION＋1』の川上は、もしかしたら安倍晋三として生まれたかもしれない、と思う、いや、安倍晋三として生まれて育った川上も描いたら対比が明確になったんじゃないか。同じ俳優で。

切通　同じ俳優がね。

町山　それこそシュールレアリスムじゃないのかな。違う俳優が川上と安倍を演じて、途中で何の説明もなくそれを入れ替えても面白い。ルイス・ブニュエルの『欲望の曖昧な対象』みたいに。で、暗殺して死ぬ安倍晋三の顔は川上の顔になってる。

切通　あーもう『デロリマン』ですね。もうちょっとお金がかけられる映画だったら、双方を等分描くっていうところに行ったかもしれないですよね。

町山　民主主義の資本主義社会では、どこに生まれようと努力次第で幸福になれた。でも、今の格差社会では、いい家に生まれなければ、どんなに勉強ができても一生不幸だ。その理不尽さこそ、安倍晋三たちが作り上げた今の日本なんだから。努力と無縁の安倍が総理大臣になって、勤勉な山上が貧困のどん底にある日本なんだ。

切通　今回はどうしても低予算なんだから、写真を貼ってそこにもう一つの人生に思いを馳せるというところで喚起させまでしか描くことはできなかったのかな。

町山　でも同じ俳優でやれば低予算で撮り足し出来る気もするんだけど（笑）。

切通　彼が安倍総理として生まれた人生というのをタモトさんが演じる（笑）。

町山　勝手なことを言ってますけどね（笑）。でも格差って偶然なんです。いつも、ちょっと間違ったら北朝鮮に生まれて、米も食べれない人生だったかもしれないと思う。『トワイライト・ゾーン』（アメリカのテレビドラマ　1959-1964）がよくやってたじゃない（笑）。すごく差別的なやつが偶然ユダヤ人としてナチスドイツの世界に生まれたらどうなるかとかね。
　で、いちばんくだらないのは「殺人者を主人公にしちゃいけない」とか言ってる奴ら。『復讐するは我にあり』（今村昌平監督　1979年）とか見ろよお前、こんなもんじゃないぞ（笑）。

切通　ポスタービジュアル的なもので、彼がカメラという銃をこちらに向けている画を見た時に、潜在的に喚起させられるものもあった気がしますね。川上は自分の星を探してる……ってところで思ったのは、オノ・ヨーコのアートで、星空を銃で壁に開けられた穴にたとえているわけです。その穴からこっち側を見てるっ

て奴らっていうのはいるんだよっていう、そういうようなところの映画には今回なってると思ったんですよね。

町山 星になる、というところで、本当の星空が欲しかったところだけど。入れてほしいね。まだ尺が足りないからね。

切通 足立監督の顔が最後に出てきましたけど。最後は星空が出てきて欲しいですよね。

町山 貧しい川上と安倍総理のように恵まれた者は格差という壁で隔てられているけど、全く交わらなかった二人の人生を交錯させたのは銃弾なんだね。

切通 雨が室内でも降っていて、タモトさんの川上が銃を持っているところがずぶ濡れで、安倍元総理が撃たれてしまうっていうところは実際の映像で……っていうところの繋ぎなんかは鮮やかだなって思いましたね。つまり本当の映像と芝居を組み合わせるっていうことはそもそも無理がある。みんな本当の映像を知っているわけだから、いかにもそこは後から挿入したって分かるんだけど、そこをあえて新たに撮った部分を雨でずぶ濡れにしている。つながらないところを自覚的に押し出している。もちろん実際には雨が降ってないっていうのはみんな知ってるんだけども、今町山さんがおっしゃった壁を撃ち抜くっていうところと通じるし、鮮やかだって思いましたね。

町山 川上が安倍を狙って銃を撃った後SPに取り押さえられるまでの流れはすごく綺麗につながってるね。

切通 あれも実際の映像は安倍元総理が撃たれて倒れ込んだ直後にカメラが山上の方に向けられるともう取り押さえられていますもんね、そこはうまく、実際の映像の既視感とつなげるような形になってましたよね。

町山 あと、雨の表現。室内でも常に降り注いでいて、川上の内面を表現している。雨が降ってるということは星空が見えないわけで、だから星を探しているのかなとも思った。ウルトラ世代にとっては、星って言われるだけでウルトラマンを想像するんだけど(笑)。

切通 それはありますよ(笑)。

町山 あるよね、星という言葉で少年っぽさみたいなところも感じたね。

切通　本当に少年ぽさっていうことで言うとブルーハーツの歌を少女と歌うところもエモーショナルでしたね。

町山　あのブルーハーツの歌には「未来は僕らの手の中」と歌う。それは観客に託してるんだろうね。

切通　『性賊セックスジャック』の秋山道男さん演じる少年が、自分の考えよりも早く自分は未来に行きたいっていうことを最後に言うわけですけど、それも思い出しましたね。

町山　山上容疑者を賛美してとかそういう映画じゃなくて、「さあ、この先どうするの」と、観客に問いかけをする映画なんだと思いますよ。

そして彼は「星」になった
～『REVOLUTION＋1』完全版で見えてきたもの

切通理作

　『REVOLUTION＋1』の国葬当日に上映したバージョンを観て町山智浩氏と話した模様は、YouTube「切通理作のやはり言うしかない」の町山氏ゲスト回としてUPされているが、その文字起こしを基にしたのが本誌に採録されたものである。私の発言に関しては、話し言葉すぎて読みにくかったり、ここは多少は補わないとわかりにくいだろうと思ったところだけ修正し、新たな観点や話題を付け加えることはしていない。

　その後完全版を観て、今度は文章で批評を書きおろしせよという本誌の依頼に応えた本稿は、必然的な役割として、国葬上映バージョンになく、完全版にあった描写を俎上に挙げることになる。

　国葬バージョンは約49分、完全版は約75分ある。約26分の追加部分をテーマ別に章分けすることも考えたが、先に挙げた本稿の趣旨をわかりやすくするため、描かれた順に見ていくことにしたい。

■ ＜母＞の呪縛

　完全版の開始後25分前後から始まる、安倍元首相がなぜ統一教会を必要としたのか、および韓国嫌いの「ネトウヨ」がなぜ統一教会とつるむ安倍を支持するのか等について、川上が歩きながら考察するくだりは国葬バージョンにはなかった。川上はこの考察の結論として、安倍を信奉するのは安倍に搾取されるタイプの人間であり、俺はそのような「奴隷」にはならないと叫ぶ。

　ここでは、川上が自分の標的を安倍にするに至った心理的プロセスが補強されている。彼は自分の意志で生きるために、呪縛を経つ必要があったのだ。

　叫びながら、モニュメントのようなオブジェをなぎ倒し、踏みつけにする川上。自分は誰の奴隷にもならない。自分自身の奴隷になるのも嫌だ……というモノローグは、やがて彼が行う安倍元首相への銃撃が、自分自身に銃を向けることを意味する暗示となっているのかもしれない。

　次に47分辺りから、（幻の兄に銃の撃ち方を指導されるという、国葬バージョンにもある描写の後）路上で母を尾け、やがて並んで歩きながら会話するシーンが完全版で初めて登場。ここで「川上38才」とスーパーが出る。

　母はこの頃統一教会の中で暮らしていたが、川上が引っ越しの為、保証人のサインを欲しがっていることを既に知っており、その話題を出す。川上は素直に頼めない態度を示しながら、結局はお願いしてしまう。その流れで、母は「得意料理」

を作ってあげると息子に切り出す。韓国料理と知って抵抗を示す川上だが、「食べないの?」と訊かれれば「食べるよ」と応える。

国葬バージョンでは描かれなかった、大人になった川上と母親の接点が出てくるのだ。

それは53分辺りから始まる、乗りつけた車から統一教会の建物を見つめる川上が、その門の付近を掃除する母を手伝う自分を幻視するシーンとも意味合いがつながっている。

自分が幼い頃よりは老いた母を大人になった息子がねぎらう当たり前の光景だが、しかしそれは、彼からそんな平凡な家庭の幸せを奪った統一教会の施設周りを綺麗にする行動に加担することにもなる。そうだとしても、彼はやはり母に寄り添いたい気持ちはあるのである。だがさすがにそれは、頭に浮かんだだけで、行動にまでは移さなかったようだ。

この二つのシークエンスで示されるのは、母と統一教会のかかわりを受け入れることは出来ないが、彼女が自分にとっての母であることは拒絶しきれない、川上のありようだ。彼は大人になっても、母の呪縛を絶つことは出来なかったのだ。

同時にそれは、川上がアパートの隣室に住む「革命家2世」の女性から「生きる事、生活する事」を大事にした方がいい……と忠告された事へのアンサーを裏打ちすることにもなっているように、筆者には思えた。

「生きる事、生活する事」とはすなわち、自分や親が属する世界の中のしがらみを受け入れる事につながる。川上にはそれが出来ない。しかしこの事情の中で、それは彼の責任なのだろうか?とも問いかけられていよう。 川上からは、大切な者に寄り添い、それとなく守る事さえ、奪われているのだ。

■「応援団」の過去に伏せられていたもの

55分あたり、岡山県で安倍晋三が応援弁士として登壇した小野田紀美後援会の会場に川上が入っていくくだりも、完全版で初めて登場。直接安倍の姿は映らないものの、その声は会場に響いている。

聴衆として一番後ろに座っている人物は足立正生監督本人だが、国葬バージョンの末尾にあった、これはまだ未完成だと告げる足立監督による観客へのメッセージは今回当然ないので、その代わりのカメオ出演とも受け取れる。監督としての足立の活気あるファイティングポーズと、一聴衆としての老人然とした姿。役としてであれ、安倍の演説を前にどういう顔をしていいか戸惑っているかのようにも見える。元気な姿の方が今後の上映ではなくなったのを少し残念に思った。

閑話休題。その会場で、スマホを手にしていた川上は、安倍晋三の遊説予定が変更されたことを知る。そこは奈良市大和西大寺駅前。「俺の地元。俺が生まれ育ったところ。俺が全てを奪われた土地」というモノローグが入り、狙撃場所に彼が運

命を感じた事を示す。

　そして川上は奈良へ戻り、アパートの自室で寝っ転がって過去を思い出すのだが、その前に、統一教会の建物へ向けて「カメラ銃」(犯行に使われたカメラに模した自作の銃)を向けて発砲する場面が挿入される。

　このあたりから、川上の内部現実と外部現実の錯綜が、事件に向けていよいよ深刻になってきた事のあらわれなのだろうか。現実の山上徹也は統一教会に対する直接的な襲撃を何度も考え、試みたという。

　やがて部屋に寝っ転がる川上の脳裏に、過去が走馬灯のようによみがえる。貧乏ゆえに「バイ菌」扱いされた小学校でのいじめ体験、運動の時間に足をひっかけられ転ばされた経験、自衛隊でのしごきが畳みかけられた後、開巻近くにも提示された、屋上で応援団のポーズをとるガクラン姿の彼になる。そこからカメラが引き、彼が左右を伺うと、周りには誰も居らず、屋上の下には山や畑や家屋といった奈良の光景が広がっている。

　川上は常に「一人」であり、自分で自分を応援するしかなかったのであり、地元の人々の暮らしとは、同じフレームに入った風景でありながら断絶していたのだ。

　岡山の後援会からこのくだりに至るまで、すべて完全版で初めて出てくる展開だ。

　屋上で応援団のポーズをとるガクラン姿の川上が映る場面は、前述した通り映画の開巻近くにもあるが、カメラが引いて周囲の光景まで写り込む前で次のシーンに切り替わっており、これは国葬バージョンの時からあった。

　それを最初に観た時、筆者は「川上にも元気で威勢の良い青春時代があったのだな」と思ったのだが、完全版になって、無心に母校を応援することで感じた周囲との絆は長くは続かなかったことが、くっきりと浮かび上がってきた。

　川上の母が統一教会に収入の大半を注ぎ込んだことは、家庭の中の貧困や飢え、不和そして兄の死をもたらしただけでなく、学校でいじめられることにまで波及しており、長じて彼が集団生活の場にことごとく馴染めず、はじかれることとも連鎖して捉えられているのだ。

　それが示されるくだりがあることで、自殺未遂で運ばれた病院にて「宗教二世」の女性と傷をなめ合うように交流する、国葬バージョンからあった印象的なシーンも、よりストレートに胸に刻み込まれたように筆者には感じられた。

■「その瞬間」以前、以後

　完全版にしかない映像はこの回想場面の後にも続く。川上が過去のつらい記憶を振り切るようにシャワーを浴びる姿の後、大和西大寺駅にやってきて、安倍が演説する予定の場所すなわち殺害予定現場を見下ろす。

　そして、その近くであろう場所で、スマホを持ちながら身体を屈めては立ち上

がり、足の震えをごまかすようにペットボトルの水を飲んだり、その場を行った
り来たりしながら石ころを拾って近くの鉄管に叩きつけたり、「カメラ銃」を入れ
たままのバッグで撃つポーズをしたりしながら、やがて心を落ち着けて笑みを浮
かべるまでの姿をワンカットで延々と映し出す。実行に向かおうという、彼の決
心を固める過程を観客にも共有させるかのようだ。スマホの画面からは安倍の動
向を伺っているのだろうか。「標的」がたしかに「そこ」に来るのかどうか、何度も
確認しているのかもしれない。

　国葬バージョンでは自室で「カメラ銃」を手に取って出かける準備をした後、す
ぐに実行現場の描写に飛躍したのとはかなり印象が異なる。川上が生身の身体を
持った人間だとここであらためて意識させているかのようだ。大友良英のメイン
モチーフが奏でられる中、サイレント映画のように現実音がない中で捉えられて
きた身体的な動作の後、ため息を一回つく時にはその声をハッキリ観客に聴かせ
る。そして現実音が蘇り、彼は歩み始める。

　やがて殺害予定現場へとやってくる川上。まだ聴衆も関係者もおらず「立入禁
止」のハザードテープで囲われている。

　ここで観客側としてはやや意識が混乱する。実際問題、この映画のスタッフが、
テープで囲われている「現場」を撮影したのは、当然事件後ということになる。だ
が劇中では、まだ事件は起こっていない。この場所は「起こる前」と「起こった後」、
つまり事件の瞬間でラインを引くならば、過去と未来が渦巻いている場所という
事になる。

　『避妊革命』など、かっての足立作品が、現代を飛び越えて未来の時間に侵食し
ていったことを、思い出さずにはおれない。

　そしてこの時「俺は何者でもない」という川上のモノローグがかぶせられる。

　そう。「起こる前」の彼は、世間から見れば「何者でもない」。だが「起こった後」で
はもはや彼を「何者でもない」人間としてかまわないでいられる世界ではもうな
くなっている事を、我々観客は知っているのだ。

　「俺は泣くために生まれてきたんじゃない」というモノローグとともに彼が決
意を携えて歩く時「7月8日　11：30」とスーパーが出る。狙撃の瞬間の一分前だ。
こうして事件のその時までのプロセスがより丁寧に描かれる時、我々はある事に
気づく。開巻からこれまで、山上のそれぞれの時点の年齢と起きた出来事、場所な
どがスーパーで記されてきたのは、事件の直前にあって、いよいよそれがカウン
トダウンのごとく、安倍元首相暗殺の日時と場所に向けて迫っていくまでの道の
りを示していたのだということを。

■単なる「被害者」ではない

　そしてついに狙撃の瞬間の描写になる。実際の安倍元首相の映像に川上そして
彼を取り押さえるＳＰの姿が編集される。川上が映る場面で雨が降っている事も

含めて、国葬バージョンと基本同じ展開だ。

　違うのは、先述の走馬灯のような場面にあった、川上が子ども時代から自衛隊時代までのいじめられてきた過去のフラッシュバックが、まるで「カメラ銃」を標的に向ける彼を応援するかのように、畳みかけられる点である。だがそれぞれの回想で、それぞれの時代の山上は逆境の中でも立ち上がってきた事がここで初めて明らかになる。

　彼は決して単なる「被害者」ではない。常に「俺は泣くために生まれてきたんじゃない」「俺は負けるために生まれてきたんじゃない」と思いながら生きてきたのだ。そして今は、迷うことなく引き金を引く。

　襲撃後、妹のＵＰとなり、兄へのメッセージが語られるのは国葬バージョンと同じだが、その後に、自転車にまたがった妹が靖国神社前を横切り、国葬の当日、会場近辺を歩くさまが捉えられる。そして去っていく自転車の背後で爆発音がする。

　これは、妹が国葬会場に爆弾を仕掛けたのだと捉えられなくもないが、実際には国葬会場でのテロは起きていない。妹が言った「政治家を変える」という、いつか来る未来を予感する爆発音なのだろうか？

　いずれにせよ、完全版は、妹の発言にある「政治家を変える」という言葉の意味が、選挙で選び直すことで政治を変えるといった手段として一義的に捉えられるのを回避しているかのようだ。

■彼がたどりついた場所

　その爆発音をきっかけに、画面は、白ちゃけたトーンで、賽の河原のような海岸を行く川上を映し出す。

　「俺はいま星に向かっていると思う」

　そこでの彼のモノローグには、以前のような切迫したトーンはない。統一教会や安倍に対する怨念から解放され、すがすがしい気持ちとなり、今なら妹とも、母とも素直に語り合えるという思いに至る。

　川上の本当のこだわりは、世の中をどうにかする事よりも、家族と手を握り合いたかったのだという認識にも促される。裏を返せば、母や身内の人間とのつながりを断ち切られた者は、そこまでしないと己を恢復できないという事を意味もしよう。

　一人で星を見上げ、波音を子守歌に、まるで胎児のようにくるまって眠りにつく。そこで彼は充足を得ることが出来た。

　先に妹が自転車を走らせるシーンで「一人で寂しい？　そりゃないよね。いつも一人だったんだもん」と獄中の兄に向ってモノローグしたように、川上は、ここでも「一人」だ。

　国葬の日の上映で、山上容疑者と文通したり、会って話し合う気はないのかと

問われた足立正生監督は、その気は一切ないと応えている。

　川上自身が言うように、彼の行動は革命でもなければテロでもない。もう一つのなにかとしての「個人的決起」であった。

　足立正生は、行動を起こした「一人」の青年に、「一人」の人間として向き合った。

　観客の「一人」である自分にとっても、世界を隔てる壁に穿たれた孔である「星」の一つ一つから、それを通してこちらを眺める視線を感じることが出来るのではないかと思えた。「いつも兄さんと一緒にいるつもり」と答えた、あの妹のように。

　町山氏との対談では「最後は星空が出てきて欲しい」と発言した筆者だが、星空を眺める視点ではなく「星になった」視点に到達したのが『REVOLUTION＋1』だったのかもしれない。

「胎児が密漁する時？」

町山智浩

　この対談の後、完成した『REVOLUTION＋1』を観ました。川上が母と触れ合う場面が挿入されていました。また、最後に川上は胎児のように体を丸めて映画は終わります。川上の犯行はまさに『胎児が密猟する時』だったのかと思いました。それは実に足立正生的ではあり、山上の動機も実際はそうだったのかもしれません。でも、映画は事実や常識をふりきって星を目指して欲しかった、と勝手ながらに思いました。

第四章

REVOLUTION
+1
Book

「ラジオJAG」
浅野典子氏が主宰するYouTube番組「ラジオJAG」より元首相銃撃事件が
ひろげた波紋の大きさと影響を芸術や表現に関わる者たちがそれぞれの
立場でどのように考え表現に挑むのかをテーマに、パーソナリティであると
同時にプロデューサーでもある浅野典子氏による三部作として採録。
尚、芥正彦氏の収録は2022年7月の映画公開前となります。

2022年7月29日配信　芥正彦×浅野典子

完成版「REVOLUTION+1 」

2023年1月24日収録　平野悠×浅野典子×加藤梅造
2023年2月7日収録　足立正生×浅野典子

ラジオJAG vol.60「芥正彦／元・首相 殺害に想う」

（2022年7月29日収録）

芥正彦・浅野典子

　先日の参議院選挙直前に元・首相である安倍晋三氏が銃弾に倒れるという事件が起きました。その後、様々なメディアで多くのコメンテーターが話をしていますが、私が一番話を聞きたいと思ったのは芥正彦さんです。

　事件の直後でもあり、推論も多いです。でも戦前、戦後の天皇制のあり方から電通との癒着、三島由紀夫氏と憲法の話、メディアのあり方・・等々。ちょっと話が広がってしまいましたが、面白いと思います。一つの考え方として是非聴いてください！！

◎ゲスト＝芥正彦（劇団ホモフィクタスを主宰、俳優、劇作家、演出家）

　東京大学在学中から同時多発的ハプニング性に満ちた前衛演劇（67年）を組織し、自ら作演出出演し、演劇の変革を推進する。

　1969年、東京都目黒区駒場の東京大学教養学部900番教室にて催された三島由紀夫との公開討論会『討論 三島由紀夫vs.東大全共闘─美と共同体と東大闘争』を解放区のイベント劇として企画し、全共闘側の一人として参加。"最後の論客""天才"と呼ばれ、圧倒的なカリスマ性を発揮した。

　その傍ら、空間都市や形態都市等、アングラ演劇運動を指導し、寺山修司と『地下演劇』誌を発行。現在ホモフィクタスメタドラマを計画、実践中である。ジャンルを超え現代に斬り込むセンスと明晰さは継続されている。

＜パーソナリティ＞

浅野典子 ： プロデューサー

1970年代後半、当時全盛だった暴走族／キラー連合（警視庁指定７団体／4,000人）のリーダーとなり注目を集める。その後、道路交通法の改正に伴い、国策にて逮捕され、1年間の少年院生活を経て社会復帰。戸井十月著『シャコタン・ブギ』（角川文庫）のモデルとなる。

少年院を退院後、映画監督 石井聰亙と出会い表現の世界の面白さを知り身を投じる。

初プロデュースは、無名時代のBOOWY・氷室京介を起用した8mm自主映画『裸の24時間』（40,000人動員）。その後、少年院LIVE（出演／泉谷しげる、憂歌団）、学生時代の高城剛（ハイパーメディア・クリエイター）のプロ第一作等をプロデュースした後、Es・遊・Esコーポレーションを設立。

その後、海外でも幅広く活躍するDJ KRUSH（DJ／音楽プロデューサー）や澤田純

（画家）をマネージメント、プロデュース。

1996年からは「JAGプロジェクト」を主宰。2005年には世界中のアーティストを巻き込み、音楽やアートなど、表現を通してアフリカの現状を伝える『African JAG Project』を本格始動。自らが現地を訪れ、最貧困層のエイズ孤児の自立支援、緊急援助等を行っている。2011年の東日本大震災後は、『Rebirth JAG』にて南三陸の仮設住宅に住むお年寄りの心の復興プロジェクトを始動。

2010年からNHKエンタープライズとの共同事業『Kawaii.i』を立ち上げる。目的は『サブカルの聖地・東京』を世界で認知・確立させること。ストリートから日本を元気にすること。

2021年にはコロナ禍のなかYouTubeにて「ラジオJAG」を開始。ゲストの多様性と忖度しないトークが一定層に人気。

現在もジャンルにこだわる事なく、その時々で自分の感性と一致した物を次々にプロデュースしている。これまでに世界48カ国102都市を訪問。モットーは『世界を遊ぶ・世界を考える』

Radio JAG (ラジオJAG)
https://www.youtube.com/channel/UCDfpDCITAR1KAgK3YwLH6Cw

ーーーーーーーーーーーーーーーーーーーーーーーーーーーー

◎芥正彦
●浅野典子

【安倍晋三襲撃事件（2022年7月8日）から感じたこと】

●選挙の前々日7月8日に安倍晋三さんが銃撃されて亡くなるとがいうことがありました。

私個人的に政治のあり方であったり、それから銃に対してもそうだけど、メディアの伝え方だったり、いろんなことに疑問符が付いたっていうか、これは何なんだろうなーっていう自分の中で納得できないことがあったわけです。

今日はこれらの話について一番話を聞きたい人って誰かということを考えた時に、芥正彦さんに無理やりお願いして来て頂きました（笑）。

◎はい、芥です（笑）。

●これって難しい問題だし、難しい問題ではないんだけど、言葉をひとつ間違え

ると大変なことになってしまうっていう話だと思うんですね。

事件があってからいろんなことが少しずつ、その犯人の山上徹也君の背景とかバックボーンとかが分かってきて、メディアがというよりも本人が足跡を残したっていうかね。これって扱うのが難しいというよりもいろんな政治的な思惑があったりすると思うんです。

特に芥さんはすごく影響力を持つ人なんでちょっと怖いと思いつつも、まあくるなら来い！って感じで、話をしていきたいと思います（笑）。

この事件があったときはどこにいらしたんですか

◎自分の部屋だよな確か。つけっぱなしになってたテレビにパッと出たんだ。

●その時まず最初に思ったことって何？

◎あ、ついに一人一殺の義賊が現れたか、と一瞬思ってね、心の中で「よし」って言った気がするけど（笑）。

●私は、なんていうんだろう、あんな真昼間に、観衆も少なかったというのもあるけど、あんな閑散とした場所でしょ。ちょっと変な感想だったんですけど、そんな場所で安倍晋三が死んだっていうか、一人の人間を殺されたってしか思わなかったんですよ。だからすごいことが起こったというより、あの安倍晋三さんの命もそこにある誰でもみんな、命って一つで、その一つがやられたとしか思わなかったですよ、なぜか。

だからそれほどの影響力があるように思えなかった。もちろん違うんだけどね。

◎僕としては、日本がおかしな方向へ傾きすぎてどんどん復元できない方向に傾き増してきている、全体主義やファシズムの方へね。これはまずいなあ、今度の選挙もまたその状態がさらに進む状態になるだろうなあ、と思っているところにある種の珍事が起こったというかね。

三島由紀夫（1925-1970）は、「珍事が起こるのを待つ」という変なところがあったけど。

もしかしたら、この事件をきっかけにあらぬ方向に傾いた船が元の水平に戻るきっかけになるかもしれないというのをその後感じたんだよね。

僕は演劇人だけれども、日本国の人口1億2千万の生命をあらぬ方向に傾け続けさせるのは危ないじゃないですか。それがアメリカの軍産共同体の差し金で、どうも平和憲法は邪魔だから、あれを改正しよう取り除こうとする連中に肩入れするようなね。安倍政権に対してはね、特に第二次政権に対しては、この力はかなり強いと思うんですよ。

それがこれで少しどうなるかですね。これからまた一人ひとりがじっくりと腰を据えて日本国を見つめなきゃなんないと思う。そういう意味では僕ら一人ひとりが真剣に生きていかなきゃならないわけです。そうすることによって事件を無駄にしないで済む。安倍さんの命も山上君の人生も、進退をかけているわけですからね。それでターゲット以外の人間を殺さない方法は銃しかないということでしょ。

鎌倉時代でいえば弓の名人が弓を振り絞って本当にターゲットだけに当てるというね。源義経の叔父さんの為朝は弓の名人でね。この為朝は後に神様になるんですよ。様々な村で発生した疫病を退散させる神になる、そのこともエピソードとして思い出したりしていました。

【安倍襲撃事件の歴史的背景···その①】

◎で、この事件は、殺される側に深い問題があるんですよ、どう見てもね。いろんなところで書かれているけど、親子三代の長きに渡ったこの問題はね。統一教会は反共勢力に守られたカルトですから。聖書を装ってるけど利用しているだけですからね。一種の悪魔崇拝教に近いわけです。いくらソビエトが朝鮮半島に攻めてきて反共が大事だといってもね。ただ社会党の委員長だった浅沼稲次郎（1898-1960）さんが山口二矢（1943-1960）さんに刺されるじゃないですか。あれを一瞬思い出したね。

＊＊＊＊＊＊＊＊＊＊＊＊＊＊＊＊＊＊＊＊＊＊＊＊＊＊＊＊＊＊
浅沼稲次郎暗殺事件（あさぬまいねじろうあんさつじけん）は、1960年（昭和35年）10月12日（水曜日）に東京都千代田区の日比谷公会堂で開催された自民党・社会党・民社党3党首立会での演説中の浅沼稲次郎日本社会党中央執行委員会委員長（日本社会党党首）が17歳の右翼少年・山口二矢に刺された事件である。事件は少年の狙いの逆効果となり、事件前に日本社会党は党内の反共社会主義である民主社会主義派が民主社会党を創設という党内分裂もあり、議席減が予想されていたが、事件による同情の影響で1960年11月の衆議院総選挙で党首立会の3党のうち民社党のみ議席を減らし敗北した。民社党か社会党どちらが野党第一党となるかを決めた事件であり、日本社会党による野党第一党の地位獲得による55年体制確立の原因となった。
＊＊＊＊＊＊＊＊＊＊＊＊＊＊＊＊＊＊＊＊＊＊＊＊＊＊＊＊＊＊

◎次に、思い出したのがケネディ暗殺事件ですね。当然だけど軍産共同体ではつ

ながっているしね。反共リーグ(世界反共連盟)というのができるんですよ。アジア反共産主義国家同盟かな。これはある本によると横田だと思うけど、米軍の海軍基地の情報部が中心にGHQ (General Headquarters＝連合国総司令部)と岸信介(1896-1987)がリーダーみたくなってた巣鴨の戦犯グループにより、それが受け皿になって文鮮明に反共の布教活動をやらせるわけだから。

それまでは、絶対天皇制の名の元に朝鮮半島をいいように虐めて、戦争が終わったら「絶対」を消してヒューマニズムの皇室になっちゃったから、日本では共産主義者がもって来る「絶対」に対抗する「絶対」がなくなっちゃったんですよ。

それで文鮮明(1920-2012)は、「ユダヤ教的な絶対」を捏造して、共産主義を封じ込めようとして、反共の思想を布教して、ある意味ではウイルスを撒き散らして共産主義に対抗していくわけだから。それを守るベビーシッターたちとしてGHQやKCIA (大韓民国中央情報部)もいたわけで、根っこが相当深いわけですよ。だから1950年代の朝鮮戦争から三島由紀夫の『鏡子の家』とかね、題材的にはあの時代ですよ。

＊＊＊＊＊＊＊＊＊＊＊＊＊＊＊＊＊＊＊＊＊＊＊＊＊＊＊＊＊＊

『鏡子の家』(きょうこのいえ)は、三島由紀夫の長編小説。「戦後は終わった」とされた昭和30年前後の「時代」を生きた若者5人のニヒリズムを描いた作品で、三島が自身の青春や「戦後」といわれた時代への総決算として力を注いだ小説である。成功作とはならなかったが、三島文学の軌跡において極めて重要な意味を持つ小説である。

名門資産家の令嬢・鏡子と、そのサロンに集まる4人の青年たち──世界の崩壊を確信しているエリート商社マン、私立大学の学生拳闘選手、才能豊かな童貞の日本画家、売れない美貌の新劇俳優──といった、終戦直後の廃墟の原体験と無秩序の意識を持ち続ける5人が、新たな時代の転換の中で抱く虚無的な感覚を描いた物語。彼らの前に立ちはだかる時代の「壁」に対する孤独でストイックな方法と破滅が、抑制的な成熟した文体と古典的心理主義の手法で描かれている。当初、市川崑監督で映画化の話もあったが、実現には至らなかった。

＊＊＊＊＊＊＊＊＊＊＊＊＊＊＊＊＊＊＊＊＊＊＊＊＊＊＊＊＊＊

◎要するに日本では天皇が全く無力に近い状態の時に、朝鮮では冷戦が武力で開始される。でも日本は経済的にそれをきっかけに立ち直って今日の繁栄までつながるわけですからね。

朝鮮半島の側から見れば、奴等は自分たちで勝手に「絶対」を作り出して俺たちを散々いいようにしておいて、戦争が終わったらすぐにその「絶対」を消してアメリカとくっついて、経済的発展を謳歌している。俺たちがとんでもなく血を流した

あの戦争をきっかけにあんなに経済的発展をしたんだっていう「恨(ハン)」や「恨み」はすごく強いんですよ。

だから日本で統一教会はすごいでしょ。年間550億から600億ぐらい半島に送金されてるらしい。とんでもない額じゃないですか。それからこれはあくまで憶測ですけれど、北朝鮮の「絶対」も統一原理(統一教会原理)の「絶対」もかつての日本国天皇制も、「絶対」という共通項があるわけです。

ちょっとツイッターに上げといたけれど、戦前の宮沢賢治(1896-1933)さんが国粋主義の秘密会合に参加するために、岩手から東京からまで夜行列車で来てたんだよね。日蓮系の国柱会です。

＊＊＊＊＊＊＊＊＊＊＊＊＊＊＊＊＊＊＊＊＊＊＊＊＊＊＊＊＊＊

国柱会(こくちゅうかい　國柱會)は、元日蓮宗僧侶・田中智学によって創設された法華宗系在家仏教団体。純正日蓮主義を奉じる右派として知られる。

国柱会の名称は、日蓮の三大請願の一つ「我日本の柱とならん」から智学によって命名された。独立した宗派としての正式名称は「本化妙宗」。また、智学の造語であり、戦前日本では国家主義のスローガンとして多用された「八紘一宇」を最初に標榜したのは国柱会であった。「日蓮主義」という表現も、国柱会によって初めて使われた。「主義」という概念が、明治以降に流入した西洋哲学に由来するものであり、後述のように日蓮主義という概念は、日蓮教学の近代的体系化の一端を表している。

＊＊＊＊＊＊＊＊＊＊＊＊＊＊＊＊＊＊＊＊＊＊＊＊＊＊＊＊＊＊

◎この国柱会に近いものかなあ、絶対天皇制の「絶対」は。賢治の『注文の多いレストラン』ってあるでしょ。ある意味統一教会も注文の多いレストランですよ(笑)。レストランに入ってから出れなくなって、最後は皆殺しになっちゃうんだから(笑)。もちろんこれは北朝鮮も同じだよね。スターリン主義の悪い部分と絶対天皇制の悪い部分をくっつけて、あんな王朝ができるんだから。若干日本にも責任があるわけで、そうすると統一原理の場合は、根っこが太平洋戦争から冷戦構造から来ていてね。

浅沼稲次郎暗殺事件に話を戻すとね、そのアジア反共産主義国家同盟の本によると、浅沼さんは消されるんですよ。元々浅沼さんはカリスマ性があって、この人なら私たちの生活をよくしてくれる、私たちのために頑張ってくれていると農民の多くが社会党に入るんですよ。でも彼は天皇主義者で毎朝神棚にお参りしてから社会党の本部に来るような方なんです。どうしてそんな浅沼さんを消すのかというと、農民が社会党化すると自民党政権が危なくなるからね。それはアメリカの国益に反するわけです。反共勢力がは勢いづいていくからね。そして朝鮮戦争の

後に冷戦がベトナムへと発展して、ベトナム戦争が勃発する。いわゆるドミノ理論でどんどんアジアを共産主義が席巻するんじゃないかとね。この時に同じ組織が基になってアジア反共産主義国家同盟が世界反共産主義国家同盟に変わるわけ。

不思議なのは、オズワルドがケネディを暗殺したという見せかけの犯人ということですよ。オズワルドはアジア反共産主義国家同盟の始まりを作った横田基地の情報局で訓練を受けているんだよ。それにもちろんCIA（Central Intelligence Agency＝米国中央情報局）も絡んでいるわけだから。文鮮明もその絡みでアメリカへ布教しに行って脱税で捕まって実刑判決が下りていますね。日本では自民党がその人を迎え入れるわけですからね。

【安倍内閣が壊していったもの】

●だからおかしいんでしょ。そういうことがね。

◎自民党が腐ってきた。田中角栄（1918-1993）さんまでは何とか持ちこたえたんですよ、戦争の悲惨さを知っているから。彼自身は、この後戦争を知らない世代が内閣を作ったらまずいなと思っていたんです。日本はダメになっていく一方だと予言していたみたいで、さすが世の中を見るちからがあるんだと思いましたけどね。実際その通りになる。
特に第一次安倍内閣があっけなく1年くらいで消えちゃう。まだあの時は議会政治をルーチンの中で内閣をやってたんですよ。

●というか私は、第一次安倍内閣は本人がやりたかったわけじゃないと思っている。第一次安倍内閣は、祭り上げられて1年で終わってしまんですよね。本人の責任ではないというかね、本人に勘違いさせた自民党に責任があると思う。

◎今までの自民党だとあれが限界だったわけですよ、2世議員ばっかりで。

●人材がいなかったですもんね。

◎そのあと政権も交代するじゃない。ところが悪いことに3.11の津波で原発が壊れて国家危機に襲われましたね。さすがに俺たちも電源が供給されないとまずいなあと思ってね。その電源を地下に作ったのは誰だってことなって、そしたら原発を作った時のアメリカの図面では電源を地下に作るという設計になっていて。原発を作った当時もこれはまずいと変更を申し入れたらしいけど許可されな

かったというんだね。だったらその設計図通りに無理やり作らせたところに賠償請求をしないといけないだろうと一種の筋論でやったんだよね。
あの時に自民党がどんなに惨めな状態にいたのか、ということです。

●そうね。

◎政権を失う、今までのやり方じゃもうダメだ。その惨めさを克服するには野党に数でまず勝つ、どんな手を使っても勝つ、政権を取り戻す。議会制民主主義みたいなややこしい時間の掛かるものはできるだけ避ける、だから閣議決定みたいな変なものを起こしてきてね。本来法律は国会の承認をへて法律になるわけなのに、閣議決定で全部決めちゃうわけじゃないですか。これでもう議会制度を全部オシャカにしているから、これ自体が憲法違反ね。憲法違反を全部使って第二次安倍政権は運営されてきたわけですよ。
これを考えると、国家が蓄積しておかないといけない事実に基づくデータを勝手に改竄するし、些細な犯罪まで入れるときりがないね。それで政教分離を無視する、それ以上に三権分立の土台を崩す。僕らがまだ若かった頃は政治家がダメでも東大出の連中が天皇を担いで官僚制度とちゃんと維持していれば、日本国は守れるということはあったんだけどね。でもその官僚制度そのものが破壊されてるんですよ。

【戦後復興と天皇と平和憲法と】

●というか私は思うのは、かつて政治は二流三流でも、企業とか経済は一流っていわれた時代があったでしょ。官僚も企業人も戦争を知っていて、戦後復興もやっている人たちだからしっかりしていたと思うんですよ。

◎そう、戦後の惨めさも知っているから。でもそれは僕ら全共闘までですよ。

●うちの父親は昭和2年生まれなんですけど。

◎三島由紀夫と大体同じだな。三島は昭和元年生まれ。

●あ、ホントですか。父親は企業戦士じゃなかったけど、まず若い時にご飯が食べられなかった。で、ともかく食べることをちゃんとしないといけないんだって言ってました。それで無農薬の農業とかの発展をやった人なんだけど。

◎そういうリアリティが体の中にある人はいいけどね。

●そういう人たちがいてね、官僚でも企業人でも日本を本当に良くしようと本気で頑張ったわけですよね。でも今は企業人も二世三世になっているし、政治家も二世三世になっているし、官僚は内閣が決めるようになってるしね。

◎官僚のトップの人事権は内閣が握っているでしょ、アメリカの真似をしてね。こんなやり方最低ですよ。

●そんなことがここ何年と続いているわけですよね、10年20年と続いて。

◎天皇陛下自身が三世ですよ。

●でもここは芥さんと違うのかもしれないけど、今の天皇って政治家とかと比べるとちゃんと自分というものを持っていると思っている。持たざると得ないというかね。

◎自分の意志で結婚したからね。それと上皇様たちの教育がいいのかもしれない、ただ共同幻想としては電通システムによって作られた部分が少しやばいかな。

●私、現天皇の浩宮様と同い年何ですよ(笑)。私たちの中学受験の時には、学習院に入る子たちはもともと親や兄弟が入っていたら優先的に入れたんですよ。ところが私たちの代は、ものすごく厳しくなって、いくら親や兄弟が入っていても入れなかったんですよ。正直言って私にとっての天皇というのはそんなもんだなんですよ(笑)。
でも、うちの父は戦時中を生きた人だったから、昭和天皇が亡くなった時、世間ではいろいろいわれるけど、あの人は戦後人々が打ちひしがれた時に、全国を回って膝をついて一緒に頑張ろうと言った人なんだといったんです。

◎でもそれは国王として当然の務めでしょ。

●だから、天皇は戦争をやった責任はあると思うけどね。

◎天皇にすべての責任があったわけじゃないけどね。形式上はそうなるよね。

●そうですね。でも、膝をついて、みんなの手を握って一人ひとりに頭を下げだ

人っていうことをメディアが伝えなかった、私たちの世代はね。

◎昔写真集がありましたよ、僕買ったことがある。

●でも、そういうのって写真集じゃなくて、昭和天皇への非難だけじゃなくてちゃんと伝えないといけないなと思ったことはあった。

◎左翼の狭い攻撃性のせいでもあるな。ただまだあの頃はジャーナリズムがしっかりしていたこともあるけどね。
あと、そういう人間性ということではなく、国の形式上の問題からいけば息子に天皇を譲って、自分はやっぱり退位なさるべきだったと思いますね、僕は。それで平和憲法と共に息子さんが新しい天皇になることで、戦前の自分が絶対者に扱われてきて共同幻想を作られて、その責任を取らなきゃいけなかった自分が、そっちの怨霊達を守らなきゃいけないわけですよ、天皇を引退した後はね。
そして新しい天皇と新しい国のかたちと新しい僕たちが生まれてね、そうしてくれていればもう少し知性的に働けたのよ、分離できるから。分離できなくしたっていうのは、この民主主義が忌まわしい変なものとして残ってしまう原因だと思うんですよ。
天皇が引退してもらえれば、英霊達も天皇の肉体に帰って来れるわけですよ、玉体だから。でも殺人組織のトップにいた人間が、今度は平和のトップに同じ人間がなってるってこと自体が気持ち悪いわけ。

●でもやったのは人間だからね（笑）。

◎だから戦後の人たちは、ものすごい気持ち悪さに耐えてたはずですよ。

●そこが、私と芥さんたちとの世代の違いでわからないんですよ。

◎僕なんかはかわかるんですよ。三島由紀夫は本当に気持ち悪かったんだと思う。だから俺たちが新しい人類として出てきたときに自死するんだよね。

●私は天皇制反対だったんですよ。周りの友達とかそういう人が多かったからね。よくわからなかったけど、そうだよね、とか言ってた。

◎天皇が天皇制を作ったわけじゃないからね（笑）。

●で、昭和天皇が崩御された時に、お父さんからさっきのような話をされて、「そ

うだったんだ、だからみんな頑張れたんだ、あの時にもう一度立ち上がろうと思えたんだ」って思った。その時にお父さんが体調悪かったんで、「おまえ、皇居に行って記帳してくれないか」と言われたので、行って名前を書いてきたんです。

昔だったら、それに対して反発しちゃうんだけど、父親のこともちゃんと尊敬できてたし、その父親が天皇陛下が膝をついて手を握って、それでもう一回頑張ってみようと思ったんだったら、戦後そんなことを体験した人がいるんだったらね。自分の子どもが戦争に行って亡くなった人とかはそういう気持ちではないかも知れないけど、うちはそういうことがなかったから、父はそういう風に言ったのかもしれないけどね。そういうことも感じてしまった。

◎だから昭和天皇が自分の意志で、この手の戦争は二度と繰り替えさないということを覚悟してされたと祈りますけどね。例えば広島にも行かれたと思うけど、原爆の放射能がまだ噴出ているような石を胸に当てて誓って頂きたかったというのはあるなあ。そしたらその石が新しいパンとなって平和憲法の元になっていくかも知れない。

＊＊＊＊＊＊＊＊＊＊＊＊＊＊＊＊＊＊＊＊＊＊＊＊＊＊＊＊
昭和天皇の戦後巡幸（しょうわてんのうのせんごじゅんこう）は、戦後（第二次世界大戦における日本の降伏後）の混乱期と復興期に当たる1946年（昭和21年）2月から1954年（昭和29年）8月までの間に、第124代天皇の昭和天皇が行幸して各地を巡った（巡幸）ことである。
＊＊＊＊＊＊＊＊＊＊＊＊＊＊＊＊＊＊＊＊＊＊＊＊＊＊＊＊

【憲法の空洞化とメディアについて】

◎平和憲法が空洞化した原因は何だろうってずっと考えているのよ。なぜあれを憎まないといけないのか。俺は平和憲法からパンをもらっているし精神をもらっているから、育ててもらっているからなあ。あれが消えるときは俺も消えないといけないという思いは若干あるぜ。

●今回こんな形で安倍さんが殺されて、まず違和感があったのが、まだ何もわからない段階で選挙中だったということもあるけれど、「言論弾圧」という言葉が一斉に飛び交ったじゃないですか。

◎ん？　だって「言論弾圧」って今に始まったわけじゃないじゃない。

●だけど、そういうのは許さないって自民党の政治家も。応援演説を銃で封じ込めたって、何もわからない段階で安倍さんが暗殺されたと。

◎銃を持ち出さないと解決できない問題を引き起こしたのは安倍さんの方にも責任があるよ。

●そう、なのに政治家がみんなして、「言論弾圧はけしからん、ああいうやり方は許さない」とかね。あれは「言論弾圧」なのか個人的な恨みなのかもわからない段階でね。

◎それ以上に、内閣がこぞって平和憲法を無視する右翼クーデターを考えている連中ばかりになるじゃないですか。そんな国家はおかしいんです。国会議員というのは憲法に忠誠を誓わないといけないんですよ。

●それもそうだし、結局安倍さんが殺されて悲願をかなえるために憲法改正をするということを主張していたわけだし。

◎軍産共同体の夢を叶えるためでしょ。それに彼は生い立ちみてもけんかも弱いし、学力も弱いしね（笑）。そうしたらどうしても武力が欲しくなるわけです、北朝鮮観ていると。

●そうなのかなあ（笑）。

◎おじいちゃんたちが、中国や北朝鮮でひどいことばっかりやっているから、どうしても恐怖があるわけ。金正恩さんなんかは若いのに権力握っているでしょ、安倍さんから見れば。じゃあ僕は何を持っているんだということになるじゃないですか。これはあくまで推論ですよ（笑）。

●もちろん推論じゃなきゃ（笑）。

◎安倍さんは国家の形を全部おかしくしたんだから。司法をなし崩しにするしね。だって統一教会はある時点までは公安委員会は敵視扱いしてマークしていたのに、ある時点から突然マークされなくなった。そして統一教会は政界の中に入り込んだわけね。この辺りは全部民主党時代です。政権を失った時代に悪いことをいっぱい考えた連中が寄ってたかって第二次安倍政権を作った気配がありますね。あくまで推論ですよ。
それとさっきの官僚の話だけど、昔東大法学部マフィアっていうのがあったの

よ。東大法学部を卒業した優秀な連中が内閣を支える官僚組織を作っていて、ボスは当然だけど昭和天皇なわけです。それでアメリカと対抗していたんです、日本の国益を考えてね。この東大法学部マフィアを勉強のできない政治家たちが内閣を作り始めてから全部破壊し始めたわけ。それと共に何十年も育ててきた民主主義も壊れ始めたわけ。今はかなり壊れちゃった。みんな人生が壊れるのが怖いから、反論しなくなったでしょ、官僚たちも。それに何ですか忖度なんて、脅されているんですよ。お前もうこれ以上出世できないよ、事務次官になりたくないのとか言われてね。それで司法もNHKはじめマスコミも取り込まれるしね。

●そこがね、どうしようもないと思っている、私はね。

◎問題があるところまで行くと復元力はというと、誰かが神になっちゃうんですよ。

●でも安倍さんが神じゃないでしょ。

◎山上君が一瞬神になって、彼の凍てついた涙が絶対零度ですよ。涙が凍って弾丸になって命中するのよ、神の死の空間を突き抜けて行って。彼はこの星に生まれて来たことと引き換えにそれをやるんだからね。当然星の孤独を彼は持つ、そして一瞬神になる。当然人間の世界では犯罪者になる。こういう話の場合、いいとか悪いとかはなしですよ。

●いい悪いとかを話すんじゃないんだけど、あれは安倍さんじゃなくてもよかったっていうか、逆に言うと統一教会のトップをやりたいけど来ないみたいな。

◎あっちは警戒が厳重で、あんなものを持って近づきようがないじゃない。

●というか、コロナで全然来日しないしね。

◎安倍さんは元首相になったから警備が手薄だし、顔も非常に疲れているしね。もうこの人は生きていたくないという顔しているよ、疲れていて。それに山上君は馬鹿じゃないしね。

●山上君は頭いいっすよ。文章を読んでもちゃんとしているし。

◎それまで安倍の経済政策とかはいいと思っていたのに、なんと宿敵の統一教会とつるんでいたのか、あいつらが安倍と一緒になって急に勢力を伸ばしたのかと

気づいて愕然とするんだよね。この愕然さは埋めようもない落差だから真空状態になると思う。神にならざるを得ないですよ。かつて太平洋戦争の時は、みんな人間は神になったんだから。我が国の美学によると、僕は嫌いですけどね（笑）。でも安倍さんは極右だし民族主義者だし、その一点は統一教会とは相容れない部分は持ってたよね。

●私が思うのは、友人で夫人の昭恵さんを通して安倍さんを知っている人がいてね。昭恵さんってべろんべろんに酔っぱらって、歩けなくなるくらいまで呑むんですって。

◎精神的に満足していない人なのね（笑）。

●家まで送っていくと、安倍さんが出てきて「申し訳なかったですね」って家の中に入れるらしい。ともかく仲がいい。

◎あの姑が居たら、嫁はたまらないっすよ（笑）。

●そっちだと思う、私は（笑）。
本当は第二次政権が終わった時に、安倍さんは政治家を辞めればよかったのになあと思えてしまう。

◎そんなわけにはいきませんよ。安倍が首相でいてくれて助かる悪い人がいっぱいいたわけだから。

●いや、第二次政権が終わってだよ。

◎普通は引退すべきです。

●あの時政治家も引退しておけば、そっちの方が本当の人間安倍晋三だったかも知れないのに。本当は映画を撮りたかったんですって、映画監督になりたかったんだって（笑）。

◎勝手な言い草に過ぎません（笑）。そんなこと言うんだったら、日本国をこんなに破壊しなければよかったんです、夢を叶えるならね。ここまで日本国の土台を破壊しておいて勝手なことを言っちゃいけませんよ。

●まあね。それはそう思いますよ。でもなぁ。

◎もちろんあの満州国の実権を握ってた実業家の岸信介じゃないですか。彼は頭が切れるんで、最後の東条内閣の時に岸が呼び戻されて、商工大臣になるんだけど、戦後3年くらい巣鴨プリズンにいて、吉田茂（1878-1967）の後は岸で、10年は内閣をやらせて日本国の土台を作ろうとしていたんですよね、彼は結構アメリカには文句が言えるからね、満州国の誇りもあるし。ただ満州国のスケール、「五族協和」でアジアにアメリカ合衆国と同じものを作ろうとしていた幻想があるわけで、これが意外と統一原理の考えに影響を与えている気配があるわけですね。それと今の電通の土台は満州鉄道調査部という情報グループだから、それを指揮していたのは岸さんなんです。だから岸で10年やろうとしたけど、60年安保闘争があって2年ぐらいで内閣が終わっちゃった、樺美智子さんが生贄になってね。左翼が勢いをつけて、僕らが出てきて、その裏で反共政策をじっとやって情報をどのように支配しようかということで、電通が総体でやっていたわけだよね。電通はつい最近まで株式を上場していなかったからね、当然よね。今はその電通が政策の宣伝をやっているし、政策を請け負う形になっている。要するに政策が売買される時代になったということですよ。

●そうですよ、芸能界だって、事務所と政治家とがウインウインで行きましょう、みたいな感じになっているわけでしょう。そこに電通が入ってね。

◎こういった堕落がある程度度を超していくと当然、怒りが神と同じ神聖さを持った人間が飛び出てくる可能性が増えるんですよ。たとえば山上君もそうだと思うけども、僕が今考えている「辺境の美学」ではね。中央ではない辺境ね。特殊な美学だけど三島さんの美学もそうだしね。年取ったから少し右側の美学の系譜も考えておこうと（笑）。

●たまたま、若松プロが作った『11・25自決の日 三島由紀夫と若者たち』（2012年公開）がつい何日か前にCSでやってたんです。それで今日芥さんとお会いするので観たんですよ。憲法改正して自衛隊を軍隊にしなきゃいけないっていう三島さんが居て、改正ではなくって新しい憲法を作るんですよね。

【「辺境の美学」からの考察と三島由紀夫の憲法について】

◎三島由紀夫の憲法は、全的に廃棄、新しい憲法を作る。

●今は安倍さんが殺されて、岸田内閣がいっているのは安倍さんの悲願を達成す

るための憲法改正ですね。

◎あれは、単に軍隊を持ちたいっていうことだけですよ。

●時期が時期だけに、ちょうど重なってね、三島さんの映画がね。

◎それって電通が裏で仕組んでたんじゃないの（笑）。

●でもCSだから、地上波ではないいんです。新聞のTV欄に載ってないし。三日くらい前だし。

◎俺も観てないし（笑）。三島の場合天皇をもう一度絶対化するわけだから、「日本国民は何人も天皇に命を捧げる権利を有する」これが憲法第一条なんですよ。

●神とするでしょ。三島さんのいう天皇って神でしょ。

◎わからん。

●だけど、東大安田講堂での討論会では、三島さんは「天皇は神です」って言ってたよ。

◎それは、スノッブ的な用語で文学的な意味じゃないな。
だた、三島憲法によると第一条は、「日本国民は何人も天皇に命を捧げる権利を有する」なんだよ。「天皇は神聖にして侵すべからず」みたいな明治憲法のではない。国民が命を捧げる対象として天皇というものがあるっていうところによって国が始まるというね。だから憲法全体がロマン主義者の文学的作品に近いんだけどね。盾の会での「憲法座談会」の座長が僕の知り合いだった阿部勉（1946-1999）というのもあるんだけど（笑）。ただこの人は、水戸学の橘孝三郎（1893-1974）というを研究していてね。橘孝三郎は空想社会主義も勉強していてトルストイとかも読んでいるのかな。5.15事件の時に唯一民間人として参加しているんだよね。阿部は、橘孝三郎の息子さんがその遺志を引き継いでやっている「土とま心」に参加していたんです。彼に「芥さん、今度橘さんの息子さんのところに一緒に遊びに行きましょうよ」とかいわれてたんだよね（笑）。

●え、それ最近の話？

◎いや、阿部勉はもう死んでいるからずいぶん前の話だよ。

●芥さんの話はたまにいつの時代かわからなくなる(笑)。

◎随分前の話です(笑)。
だから俺はね、そういう自分の美学をもってやる人はいいと思ってるんだよ、グループ作ったり政治的な主張を出してるわけじゃないから。むしろそういう人がいなくなっちゃった事が日本の右翼を駄目にしてるんだと思うのね。犬みたいな動きしかしないような利権右翼しかいない。あとは青年を操って自分は表に出てこないで悪いことばっかやる右翼の大物とかさ。

●右翼っていつぐらいから変わってきたんでしょうね。私たちの頃は、街宣車にっている連中は暴走族が多くって、何故かっていうと、日当5千円もらえたんですよ。だから暴走族の子がバイトで街宣車に乗ってるのって多かったのよね。

◎わかる(笑)。暴走族を右翼に変える男がいて、ルポルタージュしようとなって、あるNHKのディレクターに話をして、中上健次(1946-1992)をレポーターにして始めたのよ。そしたら途中で上から差し金が来てストップさせられたのよ。当時まだ社会党の上田哲(1928-2008)がNHKの労働組合にいて、下の意見を尊重してくれていたんだけど、突然守らなくなったんです。そしたら笹川良一(1899-1955)から2000万円くらいもらっていたのかな、家を建て替えるって。それで友達のディレクターは泣く泣く中止したんだけどね(笑)。
その時に正体は勝共連合だって言ってたな。

●で、三島さんの憲法は?

◎三島憲法は「日本国民は何人も天皇に命を捧げる権利を有する」なんです、義務じゃない。それと表現の自由は認めるというのがちゃんと入っている。

●芥さんは、三島さんがああいう形で自殺したことをどう思うの。

◎自決したのは自分の愛の美学に殉じたんだから他人が何も言えないよね。

●そういうことなのかなぁ。

◎だって「何人も天皇に命を捧げる権利を有する」って自分で憲法草案の頭に書いといて、恋人と命を捧げたわけだから。あれは心中事件だからね。天皇に捧げるための儀式ですよ。だから「辺境の美学」としては正々堂々とやってね。太宰治が心中したって別に刑事事件にはなっていないんだしね。有島武郎が波多野秋子と

駆け落ちのように心中した時は、叩かれて有島さんの業績が半分くらい消された状態になっているけどね。同じ学習院出での事件なんで、まず有島さんが出るんですね。

彼はホモセクシュアルな心中は誰もやっていないということで、戦前に戻るには、2.26も5.15も天皇という絶世の美女に命を捧げるわけだから、あり得ない美なわけですね。「美と真理と愛」なんですよ。だから怖いんだよ。愛だけだったらまだいい、そこへ美が備わったらなおのこと限界から限界まで行く力になっちゃうからさ。そこに真理が入ると切れ味が出てくるから、「愛、真理、美」といったら人間の手に負えなくなる。芸術家としては一回そこに突っ込むわけ。それを通過して、これがこれであると。例えば文字を書くことは、それはそれでひとつのものを指示しひとつの意味を与える。そういう限定されたものを集めて、愛、真理、美とすればいいけど、イエスみたいに自分の肉体でやったら、消されますね（笑）。で、未だかつてこの地球上には、イエスを超える「愛、真理、美」はないからね。だから他はキリスト教を装ったカルトですよ。ちょっと言い過ぎた、ごめんね（笑）。

【三島由紀夫の「反革命の美学」と襲撃事件の背景にあるものについて】

●いえいえ（笑）。芥さんは、文学以外に三島さんが残したものは何だと思う？

◎「反革命の美学」ともう一つは、みんな忘れてるけどかつてはこういう美学だったということを知らせたかったんだろうね、遅ればせながら。2.26や5.15の兵士に憧れてたわけだから、特攻隊とかね。特攻隊とかは行きたくない人がいたから問題があるけどね。やっぱり行きたくない人たちが志願してまんじりともせず飛び立っていくわけだから、水飲んでさ。ところが命令した連中は夜通し軍歌を歌って「天皇陛下万歳」とか叫んで酔っ払ってるわけですよ。そこから何メートルも離れていない宿舎では明日行かなきゃいけない特攻隊員たちがじーっとこうしているわけだからね。この落差を考えると、まず命令した奴が「自分がトップに行くからお前らと付いて来い」とかやればいいのよ。「何人も天皇に命を捧げる権利がある」んだから。

●頭を張っている人は、そういう風にしないと下の者は絶対についてこない。

◎だからこの戦争は負けるんですよ。合理主義とロマン主義の戦いだから負けるんですよ、戦争はロマン主義じゃないからね。鉛の球を一定のスピードで標的に当てるわけだから、あと殺人力のどちらが大きいかを競うんだから。一対一だと別ですよ、戦争じゃないから。一人一殺というのは日本の美学だけど、ある意味武士の美学に近いと思うんですよ、失敗しても成功しても実行した奴は死なな

216

きゃいけないんだけど、本当はね。

一人一殺でも山上君は死なない方がいいな。国家が捕まえてお前はこんなことを
やった極悪人だということで、私が用意した暗い部屋で死がやってくるまで反省
するのだ、となったら彼はようやく安堵できる。だって14歳の時から安堵できて
いないから、子供の時からお母さんが子育てしなくてネグレクトしているんだよ
ね。おむつして寒い冬にうんこだらけになっているのに、朝起き会とかいう変な
宗教にはまっていて、お母さんは朝5時くらいにはいなくなるのよ。子供たちは
「お母さん」ってうんこを垂れ流していてもお父さんも面倒見ないから、生まれた
時からネグレクトされているのよ。サイレントヒルなんですよ、神の死の沈黙っ
ていってもいいなあ。彼のツイッターアカウントは「silent hill 333」でしたっけ。
(現在は閉鎖)

●でも、彼のうちは元々裕福だったんだよね。

◎いやあ、わからんよ、人間幸せがなかったら裕福もへちまもありゃしないから
ね。

●そうそう、お父さんがお母さんを暴力でって。

◎お母さんは社長の娘だっていうけど、成り上がりの社長さんでしょ。たしか実
家はたたき上げの土建屋さんで、子育てみたいな普遍的な文化には目もくれない
で、金とか出世とかに追いまくられていた節があるなあ。お母さん自身が愛情不
足だから、そうなるわけじゃないですか。

●山上君のお父さんは自殺。お母さんはそのお父さんにDVを受けていたみたい
ですよ。

◎そこはわからん。今回は週刊誌は一切読まないことにしたから。ツイッターか
ら適当に流れてくる落ち葉のような感じで、ぱっぱっぱとやっているわけだけ
ど。

●週刊誌ネタじゃないんだけど、私は今回メディアが右に倣えで、最初は選挙の
絡みで「言論弾圧」だとね、まだわからないのにみんながバンバンそれをいってい
るのが滑稽で滑稽でたまらなかったですね。

◎まだ「言論弾圧」とかいっているの。テレビに出て偉そうなこといってるタレン
トもどきの評論家たちでしょ。

●それは知らない。私テレビはあんまり見ないからわからないけど、政治家が口をそろえてみんないってたよね。

◎恐ろしい問題だよね。被ったタナトスが本人を超えて伝わっちゃう。

【ジャーナリズムの空洞化とメディアの本質について】

●私は、報道はきちんとしないといけないと思うけど、スピード感も大事だけど、間違っていたら、それは間違いだったとちゃんというべきだと思う。

◎報道とジャーナリズムの違いがあるからね。今はジャーナリズムがなくなって、報道だけになってるから、どうしようもないんだよね。

●少し話は違うけど、ルワンダでジェノサイドがあった時も、ひとつのラジオ放送から起こって、ツチ族とフツ族が殺し合いをしたんですよね。やっぱりメディアの持つ力が大きい分怖いですよね。

◎最近は電通の影響もあって、集団ヒステリー化を促進させる報道ばっかりになるからね。

●しかもNHK含め民放各局が、みんな同じ放送をするこというこが気持ち悪いつーか。

◎権力側に都合の悪いことはとりあえず言わないことにするということだから。

●報道が間違っているんだったら、間違っていましたとはっきりといえるメディアであれば、この人たちが言っていることは信じられるけど、全部言ってないことにして、今度また新しいことを発信していく。たとえばワクチンのことでもそうなんだけど。それが信用できなくする。だけど大方の人は簡単にメディア・コントロールされてしまうということがありますね。アメリカや海外では、日本でも少しあるけど、ペイ・パー・ビューとかで自分でお金を払って選択できるようになってきたけど、ちゃんと自分たちが選ぶということを最初からするんですよ。日本では無料で見れるから垂れ流しているものを見ているわけですね。

◎NHKは無料じゃないのに、垂れ流しているけどね(笑)。

●コマーシャルを流しているからだと思うけど、だから何なのかっていうね。

◎大企業同士が大同団結してファシズム化している政権を２０年近くやって来たということでしょ。

●だからそこがどうにかならない限りどうしようもない。若い子がテレビ離れしていくのは正解だと思っていて、前はテレビの主題歌に使われたり、CMで流されたら全部ヒットしたけど、今はそんなヒットの仕方はしないじゃないですか。自分たちで選んでいくということを自分たちの頭で考えてね。

◎ちゃんとやらんといかんよね。個が個であるようなね。人間の場合、最初から個があるわけじゃないから、この弱々しい生物から始まって、強いひとつの個になっていくプロセスが必要なんだけどね。でも今教育システムもおかしくなっているからこのプロセスを踏まなくなっているんじゃないかな。
今日、高校３年生からの変なツイートがあったんだけど、芥さんは高校３年生の時どんな本を読んでたんですか、と聞かれたんですよ。それでドストエフスキーとかニーチェの「ツァラトゥストラはかく語りき」とかを読んでましたって返したんだけど（笑）。

◎メディアは元々あの人を殺すけど何も生み出さないんですよね。ギリシャ神話の『王女メディア』がそうだからね。田舎の小さな国の王女が世間知らずで、都からやって来た美しい青年に惚れて、父親と兄の反対を押し切って、それでも引きとめようとする父も兄も殺して一緒になるんだけど、都に着いて王妃になって子供産んだ後に、夫が浮気ばかりするので子供を皆殺しにして、天翔ける戦車に乗って追っ手を振り切って天空を飛び回ってるっていう話ですよね。結局子供を殺し兄を殺し父を殺し何一つ生み出さない無責任な魔女っていうか、田舎の女なんですよ。だからね、山上君のお母さんもちょっと王女メディアに近いし（笑）。
メディアそのものが薄っぺらだから、スピードが速くて一時に多くの人に伝わっちゃう。

●私の後輩がキー局に報道で入ったんですよ。ちょうどガザとイスラエルの紛争があって、パレスチナの現場からの映像が入ったので「その放送をやりたい」と言ったら、「そういうのをやっても大衆は喜ばない」と言われて、それよりも平和の壁にミッキーマウスの絵を描いたのがあって「そのレベルのことをやっとけばいいんだ」と言われたらしいんですよ。
おいおいおい（笑）。その子はちゃんと報道に入れば、放送ができると思っていたのが、体制としてもそうなっていることに愕然として、結局その子はやめて、今は自分でやっているんですけど。そこまで人を馬鹿にしているっていうかね。

◎まあ、NHKのドキュメンタリーだって勝共連合の差し金で撮影中止になったりするからな、何十年も前だけど。

●私はNHKで作らせてもらったけど、NHKが一番まとも、正直言って。

◎70年くらいまではまともだったのよ。僕の親友の桜井っていう奴が「ドキュメンタリー日本」とかやってて、いくつも賞を取っているんだけど、結局勝共連合のお陰でダメになったってやつね。暴走族を捕まえて右翼に変えていくっていうやつ。

●暴走族ってそんなに頭ないっすから（笑）。

◎それをドキュメンタリーにするっていうのをやめさせるわけだからさ。だってもう撮影も始まっていたのよ。

●でももしそれをやったら、やらせになったと思う。そんなもんじゃないから。だから私は今メディアに関わっている人たちがもっと頑張らなきゃいけないなと思っています。

◎問題は貨幣ですよ。自分の意志を押し通したら飯が食えなくなるんですよ。報道がダメになった原因は、数と貨幣ですよ。要するにユダヤの神は、私は数と量で表されるといっているんです。今の資本主義経済って全部そうでしょ。数と量（貨幣）とエネルギーも、情報もそうで、数と量の矢継ぎ早の交換システムで、人が自分として認識して生きようとしていくのを全部崩すんですよ。安倍のやり方もそうだけど、じっくり考えて「これはおかしい」というのを全部崩していく。だから民主主義も崩しちゃう。一番手っ取り早い時間も掛からない金も安く済むような方法でやるメディア至上主義。要するに企業が人の生活を保障しない、全部パソナ的なやり方でいいんだという一番悪いアメリカ経済のやり方まで導入しているからね。まだ自民党がマシだった頃は、就職すれば定年までちゃんと家族経営を営めるだけの経済でなくてはならないというモラルを持っていた。安倍内閣の頃から企業は労働者の家庭や生活に責任を持つ必要はないという風潮に変わったんだよ。

●竹中平蔵がね（笑）。

◎竹中とか、右翼がいたらああいうのを消さないといけないわけ（笑）。

●だから今竹中さんがパソナでやっているけど、安倍さんが亡くなってどう変わるのかが見ものね（笑）。

◎だって、中抜きやってさあ、オリンピックにしても使途不明金ばっかりでしょ。電通もそうだよね。オリンピックの女性ディレクターが突然交代させられたのも、中抜きできなくなったからだという噂もあるし。最初の予算を全部使うつもりでプランを立てて作り始めたら、あるところから横やりが入ってきて降ろされちゃう。

●私は彼女たちのチームは全部知っているから、一緒に仕事をやっているから、彼女の旦那さんとね。

◎これはあり得る話だなあと思って。あの女性はまじめで有能な人だしね。

●彼女たちは本気だからね、表現することに。

◎誰だって予算にあったプランを作るわね、俺だってそうするし。

●だからものを作る人と分かれていない。電通が抜くんだったら抜くでいいんですよ。たとえば予算が10億あります、で電通が2億もらいますよと、その代わりに後の8億は好きに使っていいですよっていうならまだいいけど。違うんだもん。

◎でも公金だから、公に決算報告しないといけないわけ。そうだろう。
問題は政治ですよ。税金だから決算報告もちゃんとしないといけない。お金は神の言語だから、神の前で一円たりともごまかすことはできないはずなんですよ、本当の経済は。今の日本は猥褻な経済だから（笑）。

●それは聞かないでしょう、電通は（笑）。私は3.11の時におばあちゃんと布草履のプロジェクトやったりいろんなことをやってたんだけど、その時に向こうで知り合った大手新聞社の女の子が泣きながら話すんですよ。「私はこんなことをやりに来たんじゃないんです」って。「どうしたの」って言ったら、本社から「家を回っていきなりピンポンピンポンやって被災者から直接話を引き出してこい」って言われると。でもみんな悲しみに打ちひしがれていて、そんな状況じゃないところにアポも取らないでピンポンやって、そうしたら、「アポなんかいらない」って言われると。私はそんなことできないと、でもそれをやらないと首になると。

◎悪い軍隊と同じやり方だなあ。

●それって、被災者の気持ちとかのことは一切何もなくて、そこにはね。如何にどういうニュースソースを取って来れるかということしかなくて、その女の子もやりたくないって泣くんだよね、まだ入りたてだし。なんか最低だなと思って。やめちゃえばいいじゃんって言ってたんだけど。

◎無人島で一人で生きなきゃならない感じになるよ、都会の真ん中で。僕は何十年って生きて来たけどさ(笑)。これはこれでつらいものがありますよ(笑)。

●そう？　私は全然平気だわ(笑)。

◎あなたは無人島じゃないんだわ(笑)。村人が絶対いるんだよ(笑)。

●わかんないけど。でも、一人でアフリカ行ったって、そこでこんにちはって言って歩けばいいだけの話でしょ(笑)。

◎それは暴走族だからでしょ(笑)。

ラジオJAG『REVOLUTION＋1』
2023年1月24日収録

平野悠×浅野典子×加藤梅造

平野悠（ロフト創立者／REVOLUTION＋1　エグゼクティブ・プロデューサー）
加藤梅造（ロフト社長／REVOLUTION＋1　プロデューサー）
浅野典子（ラジオJAGパーソナリティ）

【足立正生監督作品『REVOLUTION＋1』を語る】

浅野：今日はロフトの平野悠さんと加藤梅造さんに来ていただきました。なぜお招きしたかと言うと、足立正生（1939-）監督が撮った安倍元首相を銃撃した山上徹也容疑者をモデルにした映画『REVOLUTION＋1』が公開されます。東京は2023年3月からですけど、ロフトがその制作に出資をなさったということですよね。

平野：そうですね。一番初めの話は7月15日なんです。あるYouTubeのビデオ撮影があってその後に足立さんが「おい平野、飲みに行こう」って言うからいいですよって飲みに行ったんです。それまでは何もないですよ。新宿の焼肉屋で彼と飲んでたら一発目に「俺は映画を作ろうと思ってるんだけど」と「それはすばらしいですね。足立さんの撮った映画を見てみたいから大賛成です」と。そうしたら足立さんが「金出せ」って言い出して（笑）。

浅野：足立さんとはその時が初めてじゃないでしょ。

平野：若松孝二（1936-2012）監督のころからだから昔から知ってます。それで「うちが金出せるとしたら500万くらいですよ」と。「そうか分かった」とね。それで話が終わったんですよ。でもこの段階では何の映画を作るかわからない。「何の映画を作るんですか」って聞いたら「山上の映画を作る」と。「ちょっと待ってくださいよ、そんなむちゃな。そんな映画できるわけないでしょ。安倍ファンも多いし、それに統一教会が何をするかわからないし。日本にはネトウヨがゴロゴロしているしね。できるわけない」と言ったら、足立さんは「いや、作る」とね。おまけに9月の国葬までに間に合わせると言い出す（笑）。えっ二カ月もないじゃん（笑）。でも足立さんは作るという。すごいよね。
「昔の若松プロでは何か事件が起こったら予算とか関係なくすぐ作ったよ。だから作るんだ」とね。僕はまさか500万でできるとは思ってないですから、当然いろ

んなファンドとかがあるから一緒に集めて最低でも4-5人ぐらいで何百万ずつ出しあって映画を作るだろうと思ったら、集まったのが俺の金だけなんですよ（笑）。みんなびびりますよね、こんな映画（笑）。

浅野：すごいリスキーだと思いますね。

平野：撮影現場に統一教会の集団が現れたりして邪魔されたらと思うとそれが一番怖かったね。いろんな人に迷惑が掛かるでしょ。撮影で借りた工場だとか家だとかね。それが現場では相当神経質だったね。だから何の映画を撮っているかは一切言わないですよ。最後の最後まで山上の映画を作ってますって言えないんですね。言ったら統一教会とかが来て荒らされるかもしれないし、もしそうなったら映画はできないですよね。それを一番怖がってましたね。でも幸か不幸かそれはなかった。
その後ロフトでマスコミ試写会をやった時も妨害は来なかった。一応防衛隊を集めて統一教会来るなら来いよと思ったんだけどね（笑）。あまりに事件の衝撃が大きすぎて統一教会も動けなかったんだろうね。
国葬の時の上映会には公安警察が二人くらい来ていただけで。

加藤：抗議はたくさんきましたよ。

平野：一国の首相が死んだんだし、その狙撃犯を映画で撮るなんてどういうことだ、これは問題だって話になるんでしょう。それで死んだ人を鞭打ってどうするんだみたいなね。言葉ではいっぱい出てくるわけですね、抗議が。

浅野：全共闘の話でもそうだし、浅間山荘でもそうだし日本赤軍でもそうだけど、やっぱりその昭和の汚点だっていうことで残さないように、それを見えないようにしていくというやり方がありますよね。なぜそれをやったのかということをちゃんと突き詰めないでね。例えばオーム事件だってそうなんですけど、出来事をちゃんと残していかないといけないと思います。なぜそういうことをやらなきゃならなかったのかということを残さないと、原因がわからなければ、権力とか体制っていうのが力で押しつぶしてそれを表現させないようにするとか、それを残さないようにさせるという事は間違っていると思います。
今回隠密裏というか秘密裏にでも撮って残せたということに、この映画の意義があると私は思うんですよ。しかも短期間でね。

加藤：クランクインから国葬まで一カ月もなかったですから。

平野：一カ月で作ったのはすごいね。浅野さんまだ見てないですか。

浅野：見ましたよ、ダイジェスト版は。

平野：完成版はもっといいですよ。しっかり出来上がってほっとしました（笑）。なんか左翼番組みたいになってきたな（笑）。

浅野：私自身は左翼でも右翼でもないのですが左翼とか右翼とか関係なしにそういうことをなかったようなことにしてしまうっていうのは、私は間違っていると思っているから、そういう形で残せたって事は意味があることだと思っています。

【『REVOLUTION＋1』が描く意味と意義】

平野：この統一教会問題がなかったら新聞もマスコミも全部無視だからね。あれがなかったらほとんどの政党が統一教会にはまっていくのは目に見えてますよ。それ程統一教会が政界に忍び込むやり方が巧妙でうまかったということなんでしょうね。

浅野：銃撃事件により、いろんなものが浮き彫りなった。
今まで全共闘の60年安保70年安保があって暴走族があってオームがあって何があって、それが全部あったねで終わっちゃう。なぜそれが行われて、なぜそこにいったのかというところまでちゃんと追求しなきゃダメだと思うんです。そうじゃないと、もっともっと地下に潜るようになると思うんですね。山上君が普通に生活をしていて、まさかそんなものをアパートの一室で作ってるとは誰も思ってなくてね。結局なぜそこでそれをやったのか、宗教の問題もあったと思うんだけど、そこを追求していかなかったらまた同じことが繰り返されると思う。

平野：そうです。映画では足立監督は山上をそんなには持ち上げてはいないんです。お前は正しいとかね。そういうことは一切なくてシビアに俯瞰的に撮って、なぜ銃撃に至ったのかを俯瞰で見てますよね。だから山上を賛美する映画だというふうに思われるかもしれないけど全く違いますね。

浅野：そういう人たちってみんな映画を見る前から、山上君を扱ったというだけで持ち上げているんだろうと、そうじゃないんだって言いたい。事実をどう残すかってことが大事なんだから。

『突入せよ！あさま山荘事件』(原田眞人監督　2002年)だって警察側の目線でし
かやらせないとか出させない、ということは表現の自由とかみんな言うけど、そ
れを冒しているのは。。。。と私は思うし。

平野：表現の自由とか報道の自由とかは世界の先進国の中では最下位の国ですか
らね。それをわかっているのか、日本の人たちは。

浅野：SNSとかで人をバッシングして人の事をいじめて、それを表現の自由だっ
て言う。それと本当に残さないといけないものを作れないという現実と、そう
なったときにどうするか、そこは評価するべきじゃないかなと思ってますけど
ね。

平野：梅造さんはどう評価しています？

加藤：権力側の視点で作られた『突入せよ！あさま山荘事件』を観て怒った若松
孝二監督が学生側の視点で『実録・連合赤軍 あさま山荘への道程』(若松孝二監督
2008年)を撮りました。今回のは似てますよね。
もうひとつ例をあげると、オウム事件のバッシングが激しかった時に森達也
(1956-)監督が撮ったドキュメンタリー映画『A』(1998年)ですね。これは教団施
設内にカメラを持ち込んで信者たちを撮った映画でしたが、何でオウムの味方を
するんだと森監督も散々言われたようです。だけどオウムが何であんな事件を起
こしたかって、やっぱり教団の中の人に聞かないと分かんないよねと。

浅野：本当にそうだと思う。だから今は山上君と直接話せないわけだから、国葬に
ぶつけるということでスピードが重要だったり、話題性もあったり、いかに作品
を多くの人に伝えるかっていうところで戦略的にはすごく正解だったと思う。平
野さんも思い切ってお金を出したんだなあと思って(笑)。

平野：僕はあの人が好きだからね。だけどまさか俺一人とはね(笑)。もちろん作る
のに500万ではすまないですよ。ロフトだけが出しているとは思わなかったから
びっくりしましたけどね(笑)。

浅野：でもちゃんと出来上がって良かったですね、というかちゃんと上映できて
良かったです。

平野：はじめは一軒もなくてね(笑)。どうなんですか。

加藤：国葬の時に全国で上映をやったんですけど、鹿児島の映画館は抗議が来て上映中止になりました。あそこは商業施設に入っていたのでしょうがないんですけど。

最近表現に対して「あいちトリエンナーレ表現の不自由展」がまさにそうでしたけど、抗議を恐れて中止になるというのが前より多くなってるんですよね。以前、『靖国 YASUKUNI』（リ・イン監督　2007年）という映画が一部の政治家や右翼の抗議により映画館で上映できなくなった事件がありました。そんな時に右翼団体を対象にした試写会をロフトでやったんですよ。全国から活動家が集まって、平野さんが司会をして討論会をやりました。ああいうことですよね、ちゃんと映画を見てから議論しようという。

平野：ちゃんと見てからスクリーンを切るなり何なりしてくれって。そしたらみんな、そんなひどい映画じゃないねって話になるんですよ。

浅野：そうなんですね。ちゃんと見てもらうことが重要。

平野：今回だって、山上への批判は当然ありますよ、人を殺しているんだから。でもこの事件の背景はもっと複雑だし、映画はそこに斬り込んでいる。だからまず映画を見てから文句を言ってくれっていうのは、いつもの合言葉で言ってますよね。見てからならいくらでも批判に応じるよと。

浅野：誰かがヒステリックに「山上を持ち上げて、この野郎」と一人が言い出すと、みんながそれにつられて同じことを言い出して、でもちょっと待ってよって、そこに作品があるんだから自分で見ればいいじゃんって思うんですよ。

平野：都内での上映がなかなか決まらなくて。今年3月にやっとユーロスペースを口説けた。

加藤：コロナ渦の時の影響で上映作品がつかえていて、今はどこもスケジュールが取れないのもありますね。

ロフトでは2月1日に東京先行上映で場所はLOFT9 Shibuyaです。ユーロスペースの1階にあるライブハウスなんですけど、上映後に討論会で足立監督と宮台真司さんと有田芳生さんとダースレイダーさんが来てみんなで話そうという企画です。

平野：浅野さんも是非来てください。

浅野：もちろんですよ（笑）。『REVOLUTION＋1』の東京の一般公開が3月11日からですよね。やっぱりみんなに見て欲しいし、あとどこですか。

加藤：結構やりますよ。神奈川、新潟、長野、京都、大阪、神戸、広島、愛媛、福岡でもやるし、全国の30館位です。

平野：やっと動き出したというかねぇ。みんなびびってたよね。

加藤：でも国葬の時でもミニシアター中心で10館以上でやってましたよ。

浅野：国葬の時の反応はどうだったんですか。

加藤：見に来てくれたお客様は面白かったって言ってくれました。思った以上に反響が多くて、東京もソールドアウトになったし、名古屋でも急遽追加上映したりしました。

浅野：来られた年代とかは？

加藤：足立さんを知っている全共闘世代の人はもちろん来るんですけど、若い人たちも結構来ましたね。山上が派遣労働を転々としているとか、足立監督は敢えてそこを強調して描いている部分もありますよね。かつて統一教会の霊感商法があれだけ社会問題になったのに結局今の方がもっとひどくなってる。政治に期待できない、政治に救いを求めても結局何もしてくれなかった。そういうところにロスジェネ以降の若い人たちにもある種の共感を得ているんじゃないかと思います。事件そのものは良くないと思っても、山上の境遇には共感できる部分があるのではないかと思いましたね。
足立監督は見に来た人と喋るんですよ、終わった後に外に出て。実は私は宗教二世なんですよって言うお客さんも何人かいたっておっしゃってました。

浅野：私は山上君のこともあるんだけど、お母さんがなぜそこまで宗教に入信したのかって思っていて。私の友達のお母さんも献金したのが一億ですよ。統一教会じゃないですけどね。お父さんもすごく立派な人だったのに、母さんがそんなにお金を全部使っちゃったことを知らなかったって。蓋を開けてみたらびっくりで大変だったんだけど、なぜ日本人がそうやって宗教にそこまで入れ込むのかってことも知りたいなぁって思ってね。

平野：宗教を信じる事は対象が絶対神だからね。そこでは理論は要らない、宗教っ

てのは信じるか信じないかって話でしかないわけだから。神が人間を作ったなんて理論ではあり得ない。山上のお母さんがあの事件の後、一人でアパート借りて住み始めたけども、統一教会に連れ戻されて今は韓国にいるって話ですね。結局あの宗教から離れられない。これもすごいよね。

自分がこれをやめたらサタンに狙われるとか、本当に思ってるわけだから。宗教は多分そういうことなんでしょう。もちろんカルト宗教は他の既存の大きな宗教とは違ってアブノーマルなんだろうけども、基本的にそういうことですよね。だからどこの宗教だって金集めはしっかりやるわけだよね。キリスト教だろうが創価学会だろうがね。

浅野:私は中学の時に仏教の学校に行かされたんです。覚えてるのが「親が死に子が死に孫が死に」という、お釈迦様がこの世で一番おめでたい言葉を言ってくださいと言う時の言葉です。仏教の授業も受けたけど覚えているのはこれしかない（笑）。情けないけどね（笑）。

でもそれは何か順番にその命が召されて、それが一番の幸せなんだっていうのはすごくわかるし、それ以外にお釈迦様が言いたかったことっていうのは、他力本願じゃなくて自力本願になりなさいっていうことなんじゃないかなぁってずっと思っています。

だから自分で頑張ろうって、もちろん人の力を借りなきゃ生きていけないからね。でもそういうふうに単純に考えられないものなのかなぁって思ってしまう。政治が利用するとかするのはちょっと違うと思うし、そこはお金が絡んでくるからかもしれないけどね。

ところで映画は元が取れそうなんですか。

平野:でも大した額じゃないからね、何億も出したわけじゃないし（笑）。

加藤:ちゃんと儲けましょうよ！（笑）。

浅野:何か協力できることがあるならやります。

平野:2月1日に来てくださいね。招待しますよ、梅造社長から誘われたって言えば入れますから。その時には完全版の映画が見れますからね。見て評価していただいて、ぜひこの番組でもしゃべってほしいですね、見たよって（笑）。

浅野:というわけで、平野悠さんとロフトの社長さんの加藤梅造さんに来ていただきました。今日はどうもありがとうございました。

ラジオJAG『足立正生　REVOLUTION+1 』
2023年2月7日収録

足立正生×浅野典子

浅野：今回は安倍元首相の襲撃、山上君をモデルにした映画をお撮りになった映画監督の足立正生さんにお越しいただきました。よろしくお願いします。

足立：よろしく。

浅野：この間試写会に行かせていただいて、初めて足立さんとお会いしたんですが、その時なんでもお話して良いとおっしゃっていたので、今回は連合赤軍と日本赤軍の違いもそうなんですが、当時何があったかということも含めてお話を聞いていきたいと思います。

足立：どうぞどうぞ。

浅野：足立さんは日本赤軍に参加する以前は若松プロで映画撮っていたんですよね。

足立：そうですね。ずいぶん若松の方ではやりました。合計七十本ぐらいシナリオを書いて映画になったのは三十本くらいあるね。それから私も近景画というフィールドで3、4本撮って、それで金を作ったので、当時セックスの解放と言って週刊誌でもセックスが大体半分ぐらいのページを占めてるような時代でしたから、そのセックス文化をそういう具合に扱うことに対して反発があったので、インドの聖典カーマ・スートラを題材に映画を出したんです。

　それが大当たりして、金を儲けたからどうするかというところで、もう俺らはいつも密室とか地下室とか、そうでなくても密室から屋上まで撮っているから、もう他のことをやろうというような話をしている時に、カンヌ映画祭に招待されたんですよ。そこに行くことになったんで、じゃあその帰りに世界中で一番難しい民族解放闘争がパレスチナというところで行われているから、それを取材に行こうという話になったんです。

浅野：では元々は取材に行ったんですね。

足立：うん、勉強しないと駄目だということで。私は少し勉強していましたけど、若松孝二なんか東北人の特性の話し方をするんだけど、パレスチナって言えなく

てね。パレチナパレチナって言うから「お前、東北人は"す"は言えるだろう」なん
て言って笑いながら、そのパレスチナ解放闘争が何かというのをカンヌの行き
帰りにパレスチナ難民が広がっているレバノン、シリア、ヨルダンで取材しよう
と言って出かけて行ったんです。それがきっかけでした。実際に日本の中では暴
力革命路線というのが新左翼の中から突出して現れたりしてた時代なんだけど
……

浅野：あれは何年ぐらいですか？

足立：行ったのは71年ですかね。ですからもう随分前の話ですね。
　そこで一応長期滞在をするから日本大使館にも届出した方がいいだろうと届
出に行ったら、「足立さんが片言の英語を話すだけであなた方は二人ともアラビ
ア語も出来ないのによく取材なんて行くね。」というようなことを言われたので、
「そんなのはいいんですよ。言葉なんてのは通じなくたっていいんだ。」とかなん
とか言ってる間に、いい人を紹介すると……。「解放闘争や革命とかにも明るい、
うちには赤軍ちゃんというのがいるんだ。」と言ってね。
　そこの大使館の領事が書記官に「すぐ探してこい」と言って引き合わせられた
のが重信房子だったんですね。それで彼女は後で色々出てくるかもしれないけ
ど、当時は赤軍派がまだ形ぐらいは残ってて、よど号をハイジャックして北朝鮮
に行ったり、それから色んな外国にメンバーが出張してはそこの革命と連帯して
いた。

浅野：ダッカとかもそうですよね？

足立：それはちょっと違うんですけど、今言おうとしているのはその世界中の革
命戦線と共闘するということでカナダ、アメリカ、キューバ、南米にみんな派遣し
てたんです。でも全部断られる。よど号事件をやっちゃってるから。
　それで重信はパレスチナ担当でパレスチナに来ていたんだけど、別に追われて
る身ではないし、日本人社会の中で野球大会やったら応援団長やったりとかね。
そういうことであだ名が赤軍ちゃんって呼ばれていて、そこで紹介されましたけ
ど、今でいうプロモーターというような役でもないし通訳でもないしその両方み
たいなとことでじゃあ一緒に回ろうと言ったのがスタートでしたね。

　それで一応ゲリラ活動というのは難民キャンプが母体なんだとかそういうこ
とがいっぱい勉強になるわけで、それでドキュメンタリーのようなプロパガンダ
映画を作るんですけど、
　その一方で連赤というのができてしまうわけですね。

それで同時にその連赤の山岳ゲリラ基地での同士殺しが発覚したのを聞いたアラブにいた青年たちが、同士殺しなんてとんでもない話だってガックリきていて、そしてガックリで終わるわけじゃないんですね。だからどうするかって言ったら戦場で死ぬ権利があるということで、決死作戦、イスラエルのテルアビブ、パレスチナ側はリッダと呼んでいるところで三人の若者が突撃作戦をやったわけです。

　だからパレスチナに行ったことは非常に勉強になったんです。
　日本なんてのは当時の言葉で言えば先進的な工業経済的に発達した国で、そうじゃない民族解放闘争をまだやっているエリアの特性とのものすごく大きな隔たりの中で、じゃあその解放闘争、革命運動をどういう具合にやるべきかということをテーマにドキュメンタリー、プロパガンダ映画を作ったわけですから。
　ところがそれを上映してる時に連赤の同士殺しがあり、それからアラブ赤軍、後に日本赤軍というのがリッダ空港に決死作戦をやったと。
　だからこういう経過があってパレスチナ側は日本で上映運動もやってキャンペーン活動もするけど、パレスチナでは僕らが作ったものを難民キャンプを中心にずっとアラブエリアで上映してたんですね。

　その途中でそういうことになったので、そこでも非常に重要なことが起こったりするんですね。
　そういう撮影をしている時に突然山から降りろと言われるわけですよ。つまり山でイスラエルに向かってトンネルを掘っていたわけですけど、そこで今まではあまり顔がバレたり陣形がバレるからあまり撮影するなって言われたのに全部撮って良いと。
　なんだろうと思いながら、イスラエルとヨルダンの国境地帯を撮り終わってレバノンのベイルートまで帰っていたら、新聞に三日前まで一緒に飯食って一緒にトンネル掘ってたりしていた人たちがイスラエル側では吊るされてるし、ヨルダン側では鉄条網に死体がぶら下げられている写真が出ていて、そこのイスラエルとヨルダンの間のジェラシという山なんですけど、そこが両側から総攻撃されたんです。だからその気配があるから降りろって言って僕らを救ったんだなって分かったんです。
　これに若松が怒り出してね。そうか、救われた命か、というところから彼がわりあい燃えて帰ってきて、その映画を見てもらうのにバスがいるって言うからバスを買ってきて、それを真っ赤に色を塗って「赤軍−PFLP世界戦争宣言」というのを上映して回る、それが日本側であった。

　だから1971年に撮影に行って71年の末からそういう上映運動を日本側とパレ

スチナ側でやっていて、それであなたが聞いてきたようなイスラエルへの決死作戦というのをやって、というようなことが2、3年ありましたね。

あなたがおっしゃったように俺や若松孝二、その若松孝二は既にピンク映画の黒澤明と言われる巨匠なんです。だからそいつらがそんなものを撮ってなんなんだという話になり、いわゆる真面目な新左翼の人たちからは「あいつら右翼だろ」ってあんまり信用されないんですね。だけど「いや僕らは心に染みたものをキャンペーンして回っているんだ。」ということで。

それが大体二年間ぐらい続いて、僕はその続きを撮ろうと特に北アフリカの色んな解放戦線がありましたが、それを取材しようと出かけて行って、その当時アラブ赤軍と呼んでいた人たちと合流してみたら、若い人たちがみんなゲリラの活動はしているけど、それ以外は休暇になると普通の兄ちゃん姉ちゃんになってるというのがあってね。

だけど日本の革命家なんだからそこで終わる話じゃないんじゃないかって。みんながその解放闘争の現場で学習したことを日本に持って帰って、日本の変革というか日本の革命運動の蓄積にするんだとかみんな言ってるわけですね。

その割には重信は赤軍派だったけど、他の人はみんな違う党派でした。当時の新左翼は四分五裂していたんです。みんな一本独鈷でやってるのでそれはおかしいんじゃないかということで、みんなで集まって今自分たちが何をやっているのか、勉強しているのか、じゃあ日本にどういうことを返すのかという話を始めて、そこからやっぱり連合赤軍の問題というのをどういう具合に考えるのかというところまで話が行くわけですよね。

それでその三人の青年たちが決死作戦やった理由の一つに同士殺しまでやった自分たちの失敗を引き受けようと、仲間を殺すことは許されないけど、戦場で死ぬ権利があると。

そういう革命戦士の志をちゃんと実行しようということでパレスチナ解放人民戦線という組織と一緒にやった訳ですよね。

だからそういうようなことを考えながらみんなに返していく、そういうキャンペーン運動というのをやっていると、パレスチナ側でそこで撮った記録映像を難民キャンプで上映してるとね、若い娘だけじゃなくておばあさんがスクリーンに近づいてスクリーンを撫でるんですよね。つまり戦争で死んだ息子の姿が残っていたということで、映画の内容はともかくあいつはちゃんと自分の仕事をして死んだんだというか、上映運動というものがそういう慰問活動にもなったりする状態の時期でした。

その上映運動やってる間にあまりにも大きな連合赤軍の仲間殺しの事件、それ

から決死作戦をやったアラブ赤軍のこと両方とも僕らに関係があるだろうということで、若松とか私とかはその後ボディガードが付くぐらいの、事務所のガサ入れぐらいあって、取調べを受けるわけでもないけど、全部お巡りさんが付いてくるし取り囲まれるし、というようなことが続いていまして、それでしょうがないから若松プロから僕は一歩離れた方がいいんじゃないかというようなことで離れてね。

　そこで上映隊運動事務所というのを作ってやっておりました。そういうようなことがスタートになり、さっき言いましたようにその続編を作ろうとして、特に今も続いているモロッコのボルサリオ解放戦線を取り上げて、今や世界中の三分の一の国ぐらいは西サハラはモロッコではなくてサハラ共和国ではないかと認められたりしている、公式の国家にはまだなっていないんですが。そのあたりは典子さんの方がよく知ってるかもしれないけど。

浅野：私は今世界の五十数カ国行って、都市数でいうとかなり行っていて、やっぱりアフリカを色々見ていると、アフリカは今でいうと54か国、でも民族の数は五千とか六千とかあって、それを西側が線を引いて、西側が例えば武器を売ることによって物が無いところで限られた物の取り合いをさせる。例えば植民地にすることによってある民族だけを優位にすることで他の民族が滅びていくような縮図を作るとか、そういうものをずっと見てきて。そこに対して立ち向かったりとかそういうことは多くあるんだけど、ただやっぱり本当に貧しいところは疲弊しすぎている。立ち上がれないぐらい疲弊しているじゃないですか。

　私が今入って支援しているところはそういうところなんです。
　本来だったら選挙がある時に変えようみたいな、例えばウガンダの選挙の時なんかはもうすごいですよ。本当にもうこれから選挙だってなるんですけど、マラウイという私が今支援している国というのは、貧困地域であるせいもあるんだけど、今日生きること、今日一日生きることが大事で、未来に対して、明日のことも考えられないような人たちがいっぱいいて。

足立：はい、実は解放に立ち上がれるというのは余裕がある時でないと。
　実を言えば彼らが日々を生きる、生き残ることが非常に大きな戦いで、それが民族、あるいは部族の解放闘争の根幹をなしているわけですよね。
　だから外側から見れば単に自然の災害で、干ばつで食物一つ取れなくなっている。でもそれが何のためにそうなっているのかというと、気候問題、アフリカの干ばつなんて俺ら関係ないってやってた人たちまで自分たちの近代以降の産業が気候を壊してその辺りに干ばつをもたらしているというのはもう明らかなわけで。

そこで僕はパレスチナを最初に取材したんだけど、その後のアフリカ各地を見て回って分かるのは、つまり日々を生きること、その戦いをまず作らないとダメだと。それを支援、連帯するのはそこから始めないとダメだというのはもう明瞭に分かっているわけですね。

　だからそれは豊かな北半球の人が南半球の貧困を援助するという考えではなくて、その豊かさを作り出すために犯していた罪の償いとして今の干ばつ、貧困、医療システムさえ作れない、そういった問題をやっぱり償いとしてやらないとおかしいわけですよね。

浅野：だから今マラウイなんかは例えばどうにか大学を出てお医者さんの資格を取ったとするでしょう。そうすると国で医療をやるんじゃないんですよ。ヨーロッパの大病院がその人たちを全部持っていっちゃうんですよ。で、欧米だったり日本からもそうだけど、そういうボランティア精神がある人たちがそこの国に行ってボランティアして医療をどうにかしているけど、本来そこで育ったお医者さんはヨーロッパがみんな持ってっちゃうんですよね。だから医療の貧困みたいなところは本当に酷くて。

足立：しかもそれは短い期間じゃないですからね。

　アフリカも最後は解放闘争もちゃんと勝利したけれども、それまで何年かかったのか。あるいはアメリカの第一次の民族解放闘争の波の中で解放されたけれども、実際に人々の生活が少しでも改善されたかっていったら、それがやっぱり腐敗とかいろんな問題の中でなかなか進まなかった。つまり最初の革命だけではなくて第二革命が必要だということです。

浅野：はい。私が悲しいなと思ったのは、エリトリアがエチオピアから独立するための独立闘争を何十年とやって、93年にエリトリアはエチオピアから独立したんですよ。

　私はその時にエリトリアとエチオピアに行ったんだけど、エリトリアの博物館に行ってびっくりしたのは、民族闘争の怖さというのはDNAの根絶だから、女の人のおっぱいを切り落としてミルクを飲ませなくする、赤ちゃんがいる女の人のお腹を刺すんです。だから先進国のいわゆる戦争のような状況で女子供に手を出すなというのは綺麗事で、本当にそれが生き延びるということなんだなと、それをまざまざと見せられたんですね。

足立：それはアフリカだけじゃないですよね。例えばベトナムの解放、カンボジアの解放、そういったところでも同じような部族間の対立を利用したアメリカのやり方の中で全く同じことがいっぱい起こってるんですね。つまり虐殺するという

ことはそういう民族浄化作戦にまでになるわけで、それはおっしゃってるように九十年代ぐらいには、そのエリトリアの独立の前後から非常に実態が明らかになってきていて。

浅野：ちょうどアパルトヘイトも94年とかそのぐらいですもんね。

足立：そうですね。で、そのアフリカにおいてはそういう第二革命が必要なぐらいまで実は欧米の資本というものがアフリカの富をどれだけ上手に持って帰るかというところで、独立国家はみんなそういう風情になるし、その解放されたエリアの鉱物資源も解放闘争の援助をしてくれたツケがそのまま鉱物資源の所有権になっていたり。

浅野：私が94年に行った時に、エチオピアも本当になにも無くて、いわゆる独立をさせてしまって、経済制裁はどちらかというとエチオピアにされていたから、エチオピアはすごく貧しくて、ストリートチルドレンが本当にもうどんだけというぐらいいて。

足立：あなたはエチオピアのハイレ・セラシエの時代から見てる？

浅野：はい、それ以降勉強はしました。そのエチオピアは今は逆に言うと、中国が全部支援して空港から何から物凄い綺麗になって、もう今エチオピアは大都市ですよ。だからはっきり言って結局また中国の支配が始まってるいというかね。ただ私が支援していてすごく思うのは、マラウイなんかはやっぱり停電ばっかりなんです。都市部でもそうなんです。電気が本当になくて、車でちょっと五分十分走ったらもう電気なんか全然ないんですよ。そこでまず出産の時に赤ちゃんが死ぬんですよ。お母さんも死ぬんです。そういう電気が全くないところで出産をしてきれいな水もないしというところでね。
　で、今中国が化石燃料の発電所を作っているんです。でも日本大使館の人はそれを悪だと言うんですよ。今時化石燃料のって。でもだったら技術もあってお金もあって無駄なODAばっかりやってんだったら、それをもっと有効に使えば良いのに。

足立：そうですね。もっと自然エネルギーを使えるようなものを作れば良い。だけど日本政府は原子力発電所を輸出しようとしていたわけでしょ。じゃあ化石燃料駄目だったら原子力発電ならいいのかってそっち側にしか批判が向いていない。

浅野：そう、マラウイは国土の三分の一が湖なんです。そしたら水力だったり風力

だったりなんかで考えることはいくらでもできるのに、なぜそれをしないで中国が化石燃料の発電所を作ることを非難するのかというが分からない。

足立:作るほうもそういう資本力を持っているから提供しながら、そういった国の基本構造を作っていくと、なんとなくそれで支配してしまいそうなレベルまで行く。じゃあそれに反対して日本がその再生可能エネエネルギーを使った発電所を作れるように支援するかと言えばしないわけでしょ。

浅野:はい、私からすれば本当にそこが問題なんですよ。

足立:そこでこういうことを声で言うだけではダメで、典子さんが一生懸命やっていることで知っていたのはそういうことなんですね。日々を生きること、生き続けるということ自体が彼らの戦いだし、部族の解放とか……。民族の解放というのはそこから始まるわけですからね。だから最低限食べられる社会になるまでは、さっきから繰り返し僕の考えの中から言ってるけど、アフリカの富を全部持って帰っている欧米が謝罪としてそこまでを保証しないといけないというのは基本的な構図ですよね。

もう一つは医療の問題にあなたは詳しいと思うけど、欧米で試薬品をいっぱいつくったり、あまり効能がはっきり確定してない薬、捨てる薬を全部医療支援という名目で持っていって、逆に薬害を振りまいてきたというのもありますよね。HIVというのはそこから発生したんじゃないかと僕なんかは思っていましたけど、実証的に、科学的に証明できていないからには陰謀論になってしまうから言えないけれども。そういうことで、いわゆる現代になっていろんな薬害が生み出しているものも考えないといけない。

浅野:それもそうだし、それが本当の貧困国ですよ。今回コロナがすごかったじゃないですか。でも彼らは正直言って日常からマラリア、コレラ、赤痢、ポリオ、エイズなんかが蔓延しているわけです。だから免疫力も向こうの方が強いんです。エチオピアで私がちょっと喘息があって苦しくなって、そしたらエチオピアの人が「ソーリー、ソーリー」って言って来てくれて、お水をくれたんですよ。でも茶色い水なんです。

足立:それはしょうがないよ。

浅野:そうなんですけど、私はそれを飲んだらお腹を壊してもっとひどいことになってしまう。だから「ごめんね、飲めない。」と言わなきゃならない。でもその茶

色い水さえもすごく貴重な水なわけです。だからそういうことをすごく考えるようにはなりましたね。

足立：それを飲んで赤痢を筆頭とする菌にやられないで済んだということですよね。最低限そういう具合に自分を守りながらでもやれることをやるっていうのは。

浅野：今度行きます？一緒に。

足立：あなたは気軽に言うね。

浅野：だって私心臓の発作を去年二回起こして腎臓はもう移植をしなきゃいけないぐらい悪くて、歩くのも今あんまり歩けないんですね。だから空港とかそういうところは全部車椅子ですよ。だけど元気ですもん。頭が元気なら何か出来ることがあるんですよ。

足立：さっきそういう連赤事件の反省から始めた日本赤軍だって、そこまでは話しましたけど、私一応日本赤軍のスポークスマン的なこともやっていましたので、三十年間海外出張している間は自由でしたけど、捕まって帰ってきて映画祭に出品したり、特殊上映で招待されたりしても一切行けないです。17回旅券申請を出してくださいって言って、最初は行き先の国が入国拒否する可能性があるので出しませんという理由でした。あまり国名を出すと迷惑がかかるからあれだけど、ヨーロッパの国とか中南米の国が映画祭をやる時は国が主催するんですね。ですからそこの大使館の人が外務省に行って自分たちがこれだけ公式に招待して24時間きちっと何も悪いことをする時間がないようなスケジュールだから出してくれって言ったらそこからガラッと変わってね。内政干渉するなと外務省側が答えたんですよ。それはどういうことかって思ってたら、後でやっぱり発券拒否理由というのが三点ぐらい帰ってくるわけですよ。その第一点目は過去の活動を反省していないと。つまり暴力革命路線でやっていたことを本気で反省していないと。二点目はいまだ逃亡中の人と毎週のように連絡を取り合っている。それはさっき言ったリッダ闘争で手榴弾が不発に終わって生き残って逮捕された岡本公三っていう人がいるんですけれど、彼とタダになった国際電話なんかでやっていると。だから「おーい元気か。風邪ひいてないか。声がおかしいぞ」とかそういう具合にやっているのをいまだ逃亡中の犯人と緊密に連絡している、したがって結論として日本国の財産と保安を著しく損なう恐れがあるので出しませんと。八十三年生きてきてこんな老人になってる奴が今からまた大使館に閉じこもったり、飛行機を奪ったりするそんな時代じゃないでしょ。だけどそういう理由で

僕は旅券がないので、今度作った映画で招待されて、監督が招待されているんだけど、私は行けないのです。日本に幽閉されているんです。

　話を戻しましょう。こういう話はあんまりつまんないでしょ。

浅野：いや良いじゃないですか。そういうのどんどん言った方がいいですよ。

足立：いやいや言ってるんだけど変わらない。もっとはっきり言うと私たちがハイジャックやった時の首相がとてもいいこと言ったんですね。福田首相だったかな。申し訳ないけど必要悪だと思ってその当時やってた旅客機に乗ってる人たちは人質に取られてるわけじゃないですか。だから日本で捕まって刑務所に入れられているのと交換するから解放しろと言うわけですよ。それに応じたらダメだというのが世界中でもあったけど、特にアメリカが絶対にそういう犯人とは交渉しないっていう立場を表向きで取っている。そういう時に福田首相は「人の命は地球よりも重い」と有名なことを言って人質交換をしたわけでしょ。

　その次にまたやった時に今度は安倍晋太郎、安倍晋三のお父さんが外務大臣で次首相になると言われていたんだけど、同じセリフを言っちゃったよね。そうすると首相になるところがなれなかった。それはアメリカ側からの押さえつけというのが随分ひどかったみたいですね。

　したがってそういう過去があり、僕が送還されてすぐの首相が福田首相であり、その後いくつか隔てて安倍首相でしょ。彼らは親父の政策秘書として働いていたから、日本赤軍には恨みが凄く溜まっているのね。なおかつ旅券を出す出さないというのは最終的には内閣府が決められるわけでしょ。だからそれは非常に大きな武器だし、僕はそんな過去に悪いことをやったところのスポークスマンだったのだから絶対出さないって言えばいいのにね。そういう具合に未だ日本国の保安と財産を傷つける可能性があるらしい。僕は報復を受けているというふうには思っています。

浅野：まあ国はそう言うのかもしれない。

足立：いやもうそれははっきりしているわけで、そんなことはどうでもいいんだけど、なおかつ今度撮った映画はその安倍元首相を銃撃する話だからね。僕はそういう具合に安倍一族との戦争をしているつもりなんかはありませんし。

浅野：なるほどね。とりあえず映画の話にそろそろ行きますか。

足立：それもいいけどあなたの仕事の話をもうちょっと聞きたいけど、いつもそういう話をしてるんですか？

浅野：はい、いつもこの番組でしています。私は音楽とか映像のプロデューサーが多いんですけど、一応94年ぐらいからアフリカとかにすごく行き始めて、アフリカの支援というよりは本当は自分が勉強に行っているようなもので、生きることの根本をなんか教えてもらったり。あとやっぱり日本とかで私も十代のとき悪くて、それで当時は「シャコタン・ブギ」のモデルになり、暴走族の一番全盛期に東京の下町から千葉一帯にかけての暴走族、男の子ばっかり四千人いて、その頭をやっていたということで捕まって、一年間少年院に入って出てきて表現の世界に入ったんですね。

足立：その転換はどういう具合に典子さんの中で起こったの？

浅野：転換？

足立：転換というか、族の頭をやってたこと、僕はそういう生き方、活動も表現だと思っているのね。生きるということは表現するということだと思ってるから。そうやって閉じ込められている間にその表現の問題を結構真面目に考えたの？

浅野：表現の問題というよりも、十代の時にそうやって人には迷惑かけたんだろうけど、暴走族を道交法変えるまでやって、喧嘩もすごかったし。逮捕前も逮捕状は何回か出てたから、その時は保護観察、試験観察で済んでいたけど最後に捕まったのはやってない事件だったんですよ。やってない事件、逆に言うと止めに行った事件が道交法改正前のキャンペーンみたいなものに使われたというのがあって。で、多分成人だったらこれは逮捕起訴できないだろうと弁護士が言ってたんだけど、未成年だから要するに少年院送致になるわけですよ。
　そこで少年院に一年間入っていたわけですけど、少年院に入ったのは私にとってすごい良かったです。なぜかと言うと、それが十代の、例えば15、16ぐらいのときだったら箔がついてもっと悪くなってたかもしれないけど。

足立：それで反逆精神が固まったかもしれないね。

浅野：うん、箔が付いていたかもしれないけど、19でこれからどうしようかなって思ってたその時に一年入ったことは私にとってはすごく良かったですね。色々と今後何をしていきたいのかとか、あとやっぱり少年院に入ると色んな子供たちがいっぱいいて、自分は母親が中学のときに亡くなってそれでいろんなことがあったんで正直言って不幸だと思ってたけど、とんでもない、どれだけ私は恵まれてるんだろうということが判って、それでやっぱりそうじゃない子供たちというのはすごく多いわけですよ。帰る場所もないような子供たちが十代で更生したって

言われて退院するんだけど、退院っていうんです、少年院は。退園じゃなくて退院なんです。で、退院する時にもうこの子は更生したとみなされて退院するにもかかわらず、親がうちでは引き取れないからと言って違う施設に入られる子とか、そういう子たちがいっぱいいるんですね。それに比べたらうちは最後の事件は私はやってないというところを父親が信じてくれて、この子は散々悪いことをやってきたから少年院に入れられることは仕方ないと、だけどこの件で逮捕されるのは違うだろうと、弁護士を雇って最高裁までやってくれたんですよ。で、私は途中で逆に「もういいよお父さん」って言ったのね。そしたらお父さんが「お前がやってないんだったら、負ける勝つとかじゃなくて最後まで戦え」って言われたんですよ。

足立:それは良い教育だね。

浅野:はい、なので14、15の時から散々悪いことやって、もう本当にドラッグに始まりなにしろ悪いことばっかりやっててどうにもならなかったのに、父親がそうやって信じてくれたのと、帰る場所をつくっておいてくれたこと、やっぱりそれはもう私にとっては決定的だったんですよ

足立:実に恵まれてるね。

浅野:そうなんですよ。うちの父は実は社会的なポジションもある人だったんですよ。だけど私が警察捕まるたんびに警察に迎えに来て、それで少年院にも毎月一回は面会に必ず来てくれて、毎週手紙もくれて。そんな親っていないんですよ。

足立:そういう親も持ってない、帰るところもない人っていうのはやっぱり今でもいっぱいいるんでしょう?

浅野:はい、私たちの時、今の子たちは分からないけども、そういう子はやっぱり再犯するんですよ。再犯率が高いんですよ。そういう子たちは帰るところがないから。要するに例えば覚醒剤で入った子が一年入って更生したと見なされて退院が決まっても、親が拒否して帰る場所がなければ元いた場所に戻るしかなかったり。だからヤクザになりたくてなったんじゃない子たちもすごくいっぱいいるんですね。そういうことを考えないと結局明日は我が身で、その六十年安保七十年安保の人たちもみんな学力的には優秀な人が多かったと思うんですよ。だってみんな大学生の闘争でしょ?

足立:新左翼運動は学生運動からスタートしているから、そういう意味では恵ま

れた一部の若者達だった。ただし、若松孝二は天才とかなんとか言われてて、「あの生意気なやつが映画館でレイトショーやったらぐるぐる映画館を取り巻いてるから連れてこい」と言って俺と会うことなるんだけど、彼は学生運動を本当に恵まれた兄ちゃんたちの運動だということで毛嫌いして一切認めないとか言ってね。で、その代表みたいに私を扱うわけです。彼は宮城県の農業高校中退で、ヤクザの味も一時味わって、叩き上げてきた自分っていうのを全面的に信じているからね。だから「そんなのお坊っちゃんだから連れてこい」って言うんで、それで行ったら三日後から「お前助監督になれ」っていう話になるんだけど、それをやったら撮影の日に空が曇っていて、天気が悪くなるとお前のせいだって言う、そういういじめを俺に対してやるわけよ。楽しかったですよ。どこまで俺はいじめられるのかなと思ってやってたら、最後は彼が根負けするんだけどね。それであとずっと一緒にやることになったけれど、彼も本当に帰るところがなかったらどうなったか分かんない。だから宮城県から上野まで出てきて、そこからすぐ広告にあった菓子屋に行って奉公に入って、というのから新聞配達、絨毯洗いまで全部やっていくわけですよね。だけど心の中には帰る場所、実家があり、そういう意味で言えば故郷があるんです。だから故郷あるいは自分の帰るところがあるということの重要さを色んな救援活動とか更生教育に、刑務所の中の教育っていうのは根性つける以外何の教育にもなってないじゃないですか。だからそういうようなことを考えると、本当に帰るところが無い人に帰るところを、ここにおいでとはっきり言えるところを作らなければ再犯は終わらないと僕は思ってるんですね。

浅野：あとは変な話だけど明日は我が身なんですよ。正直言って私はめちゃくちゃ優等生で、それこそ生徒会の役員までやるような健康優良児で小学校の時から表彰されるばっかりの子がいきなりもうお母さんが癌になって、お嬢さん学校でいる場所がなくなって、いろんなことが重なって。その時にふと思ったのが二、三日徹夜すれば中間とか期末のテストってそこそこ点が取れて、でも今これやんなきゃいけないのかなみたいな、それよりもツッパリで日本一になればそれは十代しかできないんじゃないかと思ったんですよ。私はもう馬鹿だから、単純だから。

足立：でも僕らに言わせればゲリラになるというのも頭の中と情熱とロマンですからね。
　似たようなもんですよ。だからあなたがツッパリでいっちょやってみようかっていうのもよく考えてみたら全く同じそういう情熱とロマンでしょ。

浅野：でもそんな綺麗でかっこいいもんではなく…。

足立：そういう熟語で言ったり、言葉で言うと狭く美しく聞こえるかもしれないけど。

浅野：でも私最初から二十歳になったら、十代で辞めるっていうのは自分で決めてましたもん。だからずるいですよ私は。

足立：だからそれは好き勝手言ったら、優等生の考え方の一つでしょう。

浅野：どうかなあ。だから本当に少年院に出てこの業界、表現の世界に入ってからも最初は映像なのか音楽なのかとか色んなこと思ったんだけど、やっぱり自分がすごい悩むわけでしょう。色んなことでね。現実問題で色んなことに悩んだ時になんか幽体離脱とかし出して、結構やばい時期があって、そのときにふと思ったのは私、表現というものがやりたいんだったら生き様自体を自分の表現にしようと思ったんですよね。だからどう生きるかということを考える、別に音楽とか映像とかアートとかそういう一つのジャンルにこだわるわけではなく、その時の自分の感情の中にすっと入ってきて、これ良いよって思ったことをやろう。それをちゃんと見せていくことでそれがやっぱり自分なりの落とし前、暴走族で私が引っ張っちゃった子もいっぱいいたし、覚せい剤だったり何なりを教えちゃった子たちもいっぱいいて、あいつらに対しての落とし前をどうつけるかっていうところでいうと、やっぱり自分の生き様を見せることだなと思ったんですね。今は逆に言うと自分の死に様をどう見せるかっていうことだと思ってるけど。

足立：早すぎる。

浅野：いやでも去年あんなに心臓発作を起こして本当に呼吸できなくて、やばいって思った時に本気でやっぱりそこは考えなきゃ駄目だと思ったんです。

足立：あまり観念的で難しい話にはしたくないけど、あなた男嫌いなの？　恋愛とか普通通りできる人でしょう。

浅野：嫌いじゃないですよ。恋愛はやっぱり出来ちゃうけど、才能のある人が好きかな。でもそれが恋愛なのか、それともプロデューサー気質でのものなのかみたいな。

足立：まあ区分けする必要ないじゃん。明らかでないものが恋愛なんだからさ。じゃあ腎臓以外は安全じゃないですか。普通じゃないですか。

浅野：どうかな。問題は腎臓移植ができないっていうなったんで。

足立：族の時から酒タバコ、あるいはヤクも早くからやってきたと言われるけど、体が健康で……

浅野：いや全然。足立さん私の飲んでる薬の量見たらびっくりしますよ。お巡りさんから「お前本当に合法ジャンキーだな」って言われたぐらい、どれだけの薬飲んでんのっていうぐらい、ご飯みたいにいっぱい飲む。もう凄い量。だからそれをやめたいんだけどなかなかね。
　去年、約三十年マネジメント、プロデュースをしたアーティストとの契約を終了したんですよ。それが終わったんで、もうちょっと最後自由に動けるようにしようと思って。アフリカに行く機会も多くなると思うから。向こうってそういうのを薬で身体を治しているのかっていうと違うから、やっぱりそういうのを取り入れながら生きられるだけ生きてみようかなみたいな感じかな。

足立：でもアフリカに行って健康になるでしょ。心だけじゃなくて。

浅野：そう、全然元気。要するに今から大体四月の半ばぐらいまでは花粉、ヒノキとスギがもうすごくて、アレルギーですごく免疫力が落ちるんですよ。いつも大きい病気やって入院して死にそうになってっていうのがなくなるというかね。向こうに行くと全然違うんですよ。ただ今もう航空運賃が倍でしょう。

足立：あ、そんなに高い。俺、閉じ込められてるからそこは知らないんだけど。

浅野：昨日、三月末から四月の頭に行こうかなと思ってチケットとかチェックしたりそういうのしてたんだけど、もう軽く百万超えますもんね。色んなもので。二人で行くとね。

足立：実は私もあの海外出張長かったので、日本に送還されて帰ってきてからはみんなが大騒ぎしてる花粉症とかなんとか全く関係なかったのね。だけどもう日本に帰ってきてから約二十年を超えるから４年ぐらい前から花粉症っていうのにかかり始めました。だからもう一回どこかに出張すれば治るだろうなとは思ったんだけどね。

浅野：だからもうマラウイなんか行くと何もないですもん。電気もないようなところだから電磁波だってないし、そういう意味ではすごくクリアに目も見えるようになるし、それから耳も聞こえるようになるし、五感が研ぎ澄まされるわけ

じゃないですか。だからすごく面白いですよ。パスポート戻してもらったら行きます？

足立：だから向こうをセンターにしたらどう？

浅野：だからそうしようと思ってるところ。

足立：今はもうオンラインだよ。隣のビルのにいようがアフリカ大陸にいようが同じでしょ。

浅野：ただマラウイだとやっぱり医療が本当に無いでしょ。だから南アフリカを拠点にして、マラウイに行ったりしようかなとか考えてて、そこでできるビジネスもあるし。

足立：羨ましいなあ。それは今のうちに実行してくださいよ。

浅野：そうですね。ずっとアフリカのゲットーだったり、そこのミュージシャンとも色々やってきたし、だからそういう連中が「来るならいつでも。」って言ってて。

足立：そういうタイミングというか、実際に自分の周囲の問題とやりたいことの間はよく見える人でしょうから、すぐやった方がいいんじゃないのかな。

浅野：だから確定申告と決算が終わったら荷物の整理とかもやってて、とりあえず四月に向こうへ行って、最低でも三か月は向こうにいて、このRadio JAGもあるからと思ってはいるんです。
　というわけで、この辺でそろそろ本題の方に。今日の本題は安倍晋三さんの銃撃事件の犯人である山上君をモデルにした「REVOLUTION＋1」という映画を撮ったこと、それについて今からお話したいと思います。まずなぜこの映画を撮ったのですか？

足立：これは撮らないといけないなと思ったのね。山上が銃撃したニュースを聞いた時はもう大変なことが起こったなと思っただけだったんだけど、なにか違うものを感じたのね。
　何か震えのようなものと言ってもいいかもしれないけど。
　それで少し時間が経って情報が色々と入ってくるし、色んな新聞記者とかテレビの人があなたの関係じゃないでしょうねとか、どういう背景があるか教えてくれませんかとか、そういう具合に言ってきたりするんだけど、そういう問題じゃ

ないと。

　二日三日したらこれは個人的な決起だというのが分かってきて、そうなるとなぜ銃撃するに至ったかということを僕自身が引き受けて考えてみて、これは重大なことだと思うし、事件そのものが非常に歴史的な事件だと思っているから、その背景というものを探り当ててしっかり表現しない限り、山上の行ったこと、あるいはその背景というのがぐちゃぐちゃに潰されたり消されたりすると思ったので、これは即映画を作ろうというぐらいに思ったんですね。

　それで僕に比べれば若い井上淳一君という監督もやったことあるライターと電話していて、「どうします？」って言うんで、「いや、やるってことでしょ」と。で「分かりました」と。そこでシナリオを書きたいと言ったのでじゃあピンポンで二人で書こうというようなことでスタートして、あとはそこにいらっしゃる藤原さんという、僕はあの人がいないと映画を作れないみたいなところがあるんだけど、彼にやってくれないかと言えば「まあいいです。やりましょう。」という具合に。

　なぜそのぐらいにぐちゃぐちゃにされるのを恐れたかと言うと、以前に永山則夫少年が連続射殺魔として騒がれていた時、これは即映画を作らないとダメだと同じように思ったことがあって、それで実際に作ったんですが、もっと分かり易く言えばその永山少年が原宿辺りで逮捕された時、両側で腕を取られてぼうっと、おそらく新聞社か何かのカメラをぼうっと見てるんですね。それを見た時にやっぱりこれも彼が発砲するに至る背景というものを見ない限りは連続射殺魔ってもう巨大な悪人みたいなキャンペーンがもう二年ぐらい続いてたわけですからね。

　だからその彼自身を知るというところからやろうということで、随分調べながら映画を作ったということはあるのですが、今度はおそらくまた元首相をやったという非常に大きな事件性の側が表に出てしまって、彼がなぜというころもみんな本気で考えるかもしれないけど、そっち側が薄いだろうというのもあって。

浅野：最初銃撃があってすぐの時というのはみんなまだ何も判ってないのに言論弾圧だと、選挙の時に安倍さんの言論妨害だとかというふうなことを政治家もメディアも一斉に言ってたじゃないですか。私はそれはおかしいだろとやっぱり思った方なんです。

　で、この間平野さんがいらしてくれた時にちょっとお話ししたんですけど、私は正直言って今回の映画は作って良かったと思ってるんですよ。色んな人たちが色んなことを言って、安倍さんを殺したテロの犯人を賞賛してるとか、見る前からそうやって色々言ってる人たちがいっぱいいたでしょう。私はそれがどんな映画であれ、正直言ってその連合赤軍の時も前回もちょっとこの話をしたんですけど、それは暴走族であってもそうなんだけど、要するに全部弾圧していくわけで

すよ。学生運動もそうだったと思うし、安保もそうだったと思うけど、みんな政府が潰してくわけですよね。でもなぜみんなそれをやったのかということをなにも会話しないままで。例えば暴走族だったら私たち側からの話を聞かずに、社会現象としてだけ捉えていくから、どんどんそれを弾圧しても地下に潜ってもっと凶悪なところに行くと思っているんですよ。

　だからやっぱり今回の映画もそういう意味では作る意義というか、警察側の発表うんぬんじゃなくて、山上君側からの視点を持ったものを作るということはすごく意義があるんじゃないかなっていうのを強く思った。

足立：うん、意義はそういうことなんだけど、今おっしゃったような意義は非常に鮮明にみんなが掴むことはできると思うんだけど、もっと山上徹也自身の中ではそれがどうなってるかというところから解き明かさないと、結論がつまり民主主義に敵対した銃撃だとか言うけど、映画でも言ってますが民主主義を八年かけて壊してきたのは安倍ですからね。安倍元首相の方ですから、そういったことを例えば民主主義という一つの言葉についても、安倍と山上を平に繋げて、安倍が良くて山上が悪いとかそういう話ではないわけですからね。

浅野：そう、それは片方の人間からだけの視点で、だからあさま山荘の時の映画って最初警察側からの映画みたいになっていて。

足立：「突入せよ！あさま山荘事件」という佐々淳行という警察官を軸に描いたものですよね。

浅野：そう、だから本当はその前にもっとみんなそういうのをやりたくて動いたけど、全部潰されたじゃないですか。

足立：それは潰されただけじゃなくて、結局誰もつくりきれなかったんですね。

浅野：でも若松さんやったでしょ。

足立：最後はね。そういう意味で映画が証言できることはあると思う。それは別に私の映画だけではなくて、じっくりと事実性を確かめてつくるというじっくりとした映画作りもできるし、そういう人がいれば、やればいいんだけど、問題の本質はそんなにじっくりしなくてもいいと。

　今僕らが受け止めている内容というのを一緒に出すことによってしか山上評価をしてはいけないと思ったわけよ。だから山上さんがやったことは銃撃して殺すという犯行ではあるわけですよね。犯行だけ取り上げたらそれは殺人事件以上

のものではないんだけど、なぜそうなるかという動機と根拠を明確にしないといけないというのがあるわけですよね。で、それを追求するだけの映画を撮りたいと思ったんですね。

浅野：でももしこれが、安倍さんが銃撃されたんじゃなければ撮りました？

足立：僕はおそらく撮ったと思う。安倍さんではなくて、そういう言い方をすれば秋葉原無差別殺人、あるいはそういった類似的な、電車の中で切り回すとか色々と起こったりするんだけど、それぞれ根拠を見るということはするから、安倍でなくても撮ったと思う。
　例えば私の時代の大昔の話になるけど六十年安保に僕らが負けてがっかりしている時に希望の星みたいに社会党の浅沼稲次郎という書記長が出てきたら、山口よって彼が刺殺されたんですね。その刺殺の根拠というものを勉強していくと、山上とは全く違う内容持っているというのもありましたけど、やっぱり根拠動機を問えば、あの時も当初単に親米右翼に煽られて刺殺したというだけになっているけども、彼自身の溜め込んでたものがいっぱいあって、それがそういう構造によって決壊したということなんです。

　つまりこういう言い方は難しいかもしれないけど、山上君の場合も、永山の場合もそうだったんですけど、あなたと先程話してて、お父さんがあなたを手放さなかった、帰る所があった。これは決定的なことなんです。永山の場合は母親からも捨てられ、自分の生まれた網走のリンゴ園の監視小屋で生まれただけなんだけど、帰る場所って言ったらそこしかないけどそれももうなくなっている。つまり母親だけではなくて故郷まで喪失してるというのがあって、自分はなんだというものがどんどん白紙に、全部消えていくわけですよね。

　で、山上の場合はそういう意味で言えばはっきりと自分がなんでこういう人生を送り、なんでこういう目に遭っているのかというのを怨念で考えるんじゃなくて冷静に考え続けた上で、それが怨念に固まっていくという経過があった。だから元統一教会憎し、その広告塔をやってる安倍憎しという具合に非常に鮮明に見えてるんだけど、じゃあその怨念の度合いってどこまで行ってるのかって言ったら非常に冷静な山上君だったわけですよね。
　で、その冷静さってなんだって言ったらさっきちょっと言おうとした、自分はそういうものを取ったら幸せな人生を送った普通の子だったかもしれないと思う側面と、そこからが分からない。つまり自分が本当に幸せに生きたらとか、"もし"をいろいろ考えてみても自分が幸せに生きられたかどうかというのが分からなかったんだと思うね。それでどんどん自分が空っぽになっていく。それで自分

を撃つぐらい、自分が何者かというのを決めるためにも撃つというか、そういう
意味では自分を撃つつもりで安倍を撃ったというところが僕なんかが受け止め
た内容なんだよね。

　だからどうしてもそこが表現したいというのがあって、映画でも言っていま
すけど、つまり撃つことによって何を実現して何を乗り越えて自分なのかという
ところは見えないわけですから、さっき長々と話し合ったリッダ闘争の戦士の一
人と山上の親父はダチ公だったわけですから、その人たちは決死作戦の後には星
になるんだと言って、じゃあ自分は何の星になるかと言ったら、あるいはなんで
星の話するのかとか、つまり統一教会とか父の自殺とかお兄さんの自殺とかそ
ういったものが全部溜まっていなかったら自分はどうしたのかというところに
答えがないわけよ。そこが重要だったのかなと思いますが、映画を見てどうです
か？

浅野：そういえばちょっと一つだけ疑問だったのは、なぜあそこで革命戦士なん
だろうというのはちょっと思いました。

足立：全ての話を簡略化するためにあのそうしてしまっているんだけど、じゃあ
もうちょっと説明的に全部入れてもいいかって言ったらそれも何となく解説す
るのは嫌だから入れてないんだけど、実際に山上の親父さんとリッダ闘争の戦士
がダチ公だったということを言っているわけですよね。それで最後は山上のお父
さんも鬱とアル中になって自殺するわけだけど、そのときにそういう関係性、山
上がそれに関係あるのかと言ったら全くないとは言えないけど、そこは重要じゃ
ないということを示すために、あと宗教二世とか革命家二世とか出てくるけど、
それはみんなそういう人生を送っていて、似たような素振りはあるんだけど、山
上の場合は全く違うということを示すためにこそ対比させているんです。

浅野：なんというか正直言っちゃうと、その革命の前まではすっと入ってくるも
のがあったんだけど、あそこで後半に革命二世のあの女の子が出てくるところで
正直言うとセリフの言い方とかも割と舞台の女優さんっぽかったのもあった
んだけど、私の中ではそこでだけが浮いたんですよね。それ逆に足立さんのバッ
クボーンが日本赤軍ということ、そういう革命というところをクロスさせるため
にそれを入れてるのかなというふうに思われても仕方がないというふうに私は
思っちゃったんですよ。だからすごくセリフの言い方が舞台的というかアジテー
トな言い方だったから余計にあそこが浮くというか、そういうことはすごく思っ
た。

足立：それは反省しますけど、別にそういう意図ではなかったんです。

浅野：いや反省しなくていいんですけど、やっぱり監督のバックボーンを知っているとそれがどうしてもクロスしちゃうというか、そこがどうしても思っちゃった。

足立：なるほどね。僕はもうちょっと気軽に……

浅野：いややっぱり革命二世ってそんなに気軽じゃないですよ。

足立：いやそれは分かっています。宗教二世も気軽じゃないし、それからあれは実際にはその一緒に本を書いた井上くんがどうしても俺の事もブチ込みたいっていうのもあって、私の娘のことも知ってるから、割合もうちょっとリアルに書いたりしているのをできるだけ抽象的にしたというのもあるんですけれども、つまり二世という問題を出すっていうのが重要ではあったわけですね。
　それで題名に「REVOLUTION」ではなくて「REVOLUTION＋1」となっているように、山上は決起したけど革命をする考えはなかった。それを出すためにご都合主義じゃないかと言われるかもしれないけど、どうしてもそれと対比して出すことの中から、じゃあ実際にはこの世の中を全部底抜けに駄目にしている政治の底が抜けてもうどうしようもない危機状態なわけでしょ。この現実は。だからそれに対しては反抗したというのがあると。そこだけを出したいっていうのがあって、別にこの「REVOLUTION＋1」の「＋1」というのはここから革命しましょうと言っているんではなくて。

浅野：それはあの映画で全然そういう風には思わないですよ。

足立：かつての革命っていうのを温めても、後生大事に持っていてもそんなもので革命が再スタートするわけではないし、だからもう一度社会変革を行おうとしたら、底が抜けてしまっているところから中身をつくってやる以外にないというのが僕の考えにあって、さっき言ったように山上も自分が白紙状態になるまで追い詰められているけど、そこで革命を起こすかということではなくて、その白紙になるまで追い詰めてしまったものに対しては反抗するという基本的なところだけを、そこからもう一回考え直さないと僕らがやってきたようなやり方じゃ何にも変わんないよということが言いたいのが「＋1」になってるんです。
だからそういう意味で革命二世とか宗教二世が持っている苦しさというものがどのぐらい描けたかと言ったら、これが第一歩でいいやくらいに思ってるから。

浅野：なんか革命二世に関しては別枠でちゃんと描いて欲しいなと思った。

足立：そういう人が見たあと怒ってました。それから宗教二世の方についても実はもう既にイベント上映とかで回ったんですが、必ず宗教二世が見に来ててね、最後にポスターにでもサインしてあげますとやっててそれが終わるとね、「実はとても嬉しかったです。実は私も山上さんと同じ宗教二世です。」という方がちゃんと来てくれた。そういう人が全部で四人ぐらいいるんだけど、そういう場合に正面から描いてくれてありがとうと言うのと同時に、やっぱり宗教二世をもっともっと描いてほしかったとなるのね。だから主人公の山上は宗教二世として描いてるんだけど、その若い人が一人とおじさん一人なんだけど、実は宗教二世の苦しみというのは宗教二世同士で語り合っても語り尽くせないものがあると。それに元々そういうコミュニケートを自分がやることすらも禁じられてきたわけだから、それだけでは足りないという具合になってくるこのもどかしさみたいなものを訴えてるんだと僕は捉えたのね。だから正面から描いてくれて嬉しかったけど、もっと描いてほしかったというのはそういうことかなと受け止めてね。

浅野：だからこの間、平野さんが見えた時にちょっと話したんですけど、私はやっぱり日本ってそういうふうに宗教にのめり込む人ってすごく多いじゃないですか。多くないですか？

足立：うーん、どう言ったらいいんだろう。

浅野：いわゆる献金が、要するに言われてすぐにお金を出す人がやたら多いなって思う。私の友達にもいます。

足立：浅野さん、すぐ出す人なんかいないよ。例えば元統一教会なんて宗教の名前を借りた詐欺犯罪集団じゃないですか。献金を出させるように作られたものですよ。

浅野：もちろんそうなんですけど、そうじゃなくてなぜそこにそんなに頼るのかということは、原因があるわけじゃないですか。それはもちろん宗教に入ってからいろんなテクニックがあるのはあるけど、なぜ宗教にいくのかっていうところを思った時に……

足立：やっぱり救いを求めるから。

浅野：だから何でそんなに救いを求めるのだろうと思って。

足立：救いを求める人はみんな自分が悪いと思っているよね。日本人はなんでなのって言うけど、それはあまりここを長く話してもしょうがないけど、僕自身が思っているのは、村落共同体、日本独特の村思想という集団の話するでしょ。つまり日本独特の思想基盤であり家族主義の基盤っていうけど、実は真っ赤な嘘で、例えば村八分という言葉があるように、その集団にそぐわないもの、あるいはあの従わないもの、そういったものは全部弾き出してきているわけね。で、おそらく救いを求めるというのは弾き出されないために求めているんだと思う。だから宗教は全部そういったところあるんだけど、例えば宗教と政治の話をするのに一番適しているのは、あなたはよく分かると思うけど、あのキリスト教の新興宗教に等しいプロテスタントがアメリカの八割ぐらい。アメリカって宗教世界、宗教社会ですよね。

　なぜそれがそうなったのかということとも等しいんだけど、他との違いを同じものにして受け止めてくれるから救いになるというのが宗教のシステムでしょ。あなたが宗教をやってるなら失礼だけど。

浅野：いややってないですよ。やってないと言うよりも……

足立：宗教はみんなファナチズムというんだけど、それこそあのデタラメな妄想と言ってもいいんだよね。だから宗教哲学とか何とかかんとか言ってるように、非常に人間が作り出した想念の問題でしかないから、宗派によって色々違ってもそれはその宗派の好みにつくられてるだけというぐらいに僕は捉えていて。

浅野：私なんかはアフリカに行くと、アフリカはイスラム教徒とか他の宗教徒も色々いるわけですよ。だけどみんなちゃんとコミュニティの中でちゃんとうまくやってはいるんですよ。それがあることをきっかけに非難し合って、みたいなことがいきなり起こったりするんです。でも日本なんかはみんな本当は貧富の差がすごくあるけれども、みんな流されているというか。

足立：現代社会はみんなそうでしょ。宗教って言わなくても横並びでやってれば安全かなって。

浅野：でも世界って凸凹だから、はっきり言って。だから例えば一千万あってね、ヒルズは一年もたないけど、アフリカに行けば一千万で何年暮らしていけるんだって話だし、だからみんなが自分に合ったところで、自分が呼吸しやすいところで生きていけばいいんじゃないかなって私は思ってるから、前にも平野さんにも言ったけど、私、中学はあの仏教のお嬢さん学校に入れられたんですね。で、そこで宗教の勉強するんですよ。やっぱり。お釈迦様の話だけどね。そこでまあ要す

るにお釈迦様が言いたかったのは他力本願でなく自力本願で生きられるように強くなりなさいってことなんだろうというのが私の大雑把な考えだから、確かに人の力は借りるけれども、借りないと生きてはいけないんだけども、基本自分をしっかり持つことで踏ん張れるんじゃないかというかね。最終的には自分が頑張らなかったら生きていけないから。

足立：いや浅野さん、だから自分が踏ん張らなきゃ生きていけないということが分かれば隣りの人ともやれるわけじゃないですか。つまり他力本願にならないでもいいというのはそこなわけですよね。だから救いを求めなくていいわけですよ。そこだと思うのね。

浅野：そう、だから日本人は変な話自分の親でも兄弟でも誰でも、それは友達でも彼氏でも彼女でも何でもいいんだけど、自分も含めてもう一人自分を分かってくれる人がいればそれでいいじゃんって。

足立：それはもう一人いれば百人も千人も一万人もいるというのと同じですからね。

浅野：そう、だから私が仕事している時に、例えば私たちがやってたクラブは、昔と今は違うと思う、今は分かんないけど、昔はやっぱりドラッグがすごかったわけですよ。でもドラッグをやっていると、レコード出しから何から全部ダメになってものすごく多くの人たちに迷惑かけるわけじゃないですか。だから私は自分でその立場で、プロデューサーの立場から言うわけですよ。ドラッグやめろって。そうするとあいつは頭が硬いだとか色んなことを言われるわけですよ。

足立：そりゃそうですよ。

浅野：うん、それで色んなこと言われて、悪口も言われるけど何のためにこれを止めてるんだと思ってんの！というのがあって、すごく疎外感を感じてたんですよ。でも一人の人間が全くの業界じゃない人と話したらその人は分かってくれる。それは正しいよと。頑張れよと。その一言だけで頑張れちゃって。無茶苦茶逆境だったんだけど頑張れるってそんなすごい単純な話をしただけなんだけど、そんなことだと思うし、私、ラジオにハガキくれてすごいなと思ったらその人のことをいくらでも褒めますよ。

足立：うん、それはみんな一般的な話でもあるんだけど、ダースレイダー君が自分と山上徹也を比較したのね。山上徹也は信者にはならなかった、母親を筆頭に統

一教会の研修にも行ってみたりしてるだけだけど、距離をおいて実際に信者には
ならなかったというプロセスはあるけど、同時に誰とも心を開いて話せなかった
という結果が銃撃にまで行くわけだけどさ。ダースレイダー君はたまたまいたず
らを一緒にやっただけかもしれないけれども、あるいは自分はああいう場合に縛
られないで隣のやつとコミュニケートができたりした。これが自分が今生きら
れてる根拠だろうという具合にはっきり言うわけですよ。

　今あなたがおっしゃったこともそうだと思うね。話せる相手がいる、論争して
擦り合わしてもう感動的なぐらい同じ考えだねというような仕方もあるかもし
んないけど、現実の毎日で、息吸ってる中でそういう人がいるというそのこと以
上に重要なものはないと思ってるね。さっき恋愛はどうなのって偉そうに俺が浅
野さんに聞いたけど、尊敬することと愛することとが同じかもしれないと言うの
と同じことです。そのぐらい浅野さんが開けちゃってるからそう言えるんだよ
ね。だから普通の人もみんなそこまでやれると思うのよ。

浅野: だから正直すごい人はいっぱいいるんですよ。例えば私がこの業界にいる
から「浅野さんすごいですね。」とかと違うんだって。はっきり言ってアフリカで
孤児院なんかに行くとその孤児院をしてるのがもう本当におばあちゃんで、自分
の子供の五人のうちの四人をエイズで亡くして、あとの一人もエイズでもう死に
そうなのに孤児院をやってるんですよ。私なんかが褒められるより、そのおばあ
ちゃんの方が全然すごいし、彼女はアフリカのある村の全然無名の人だけど超リ
スペクトするし。

足立: だからそこですよ。そのおばあちゃんは救いを求める代わりにそれを引き
受ける関係を最も大切にしているわけでしょ。

浅野: やっぱりそういう人たちを日本だけじゃなく世界中で見てきたから、自分
たちがすごいなんて全く。日本人は驕り過ぎていると思ってるから。そういう意
味ではやっぱりもっと謙虚になるべきだと思うし、そうすればもっともっと色ん
なものが見えてくるし、お友達もできるし。

足立: そうだね。その運動みたいなものはつくれないの？　あなたはこうやって
ラジオやったり、表現をいっぱいやってるのはそういった主張や提案ができるか
らだと思うし、あるいはもうちょっと実体的にやると良いね。

浅野: 私は今African JAG（アフリカン・ジャグ）というので、世界中の表現者だっ
たり私の友達だったり表現者じゃない人もいっぱいいるけど、そういう人たちと
一緒に例えば日本にいながらにして出来ることってあるじゃないですか。そうい

うのは何かって、みんなでアフリカの子どもたち、エイズ孤児だったりとか、親も みんないない貧しい子供たちをどうやったら二十歳まで生きさせられるかとか、 いうそういうことをやってるから。

足立：それは愛を生きることができるし愛の表現にもできているから、それは幸 せなアーティストたちだね。

浅野：もう一つは日本でもう頑張れなくなった人たちが一緒に頑張れるんです よ。はっきり言って自分が日本でどんなに貧乏でもアフリカの貧乏と比べてみ ろっていう話で、そしたらまだこの子たちのためにできることあるわって。3.11 の時におばあちゃんたちの支援をやったんだけど、その時私がやったのは心の復 興プロジェクトだったんですよ。物質的なプロジェクトは政府がやるべきだと 思ってたし、お金のある人がやればいいけど、私はおばあちゃんたちにアフリカ の子どもたちに布草履を編んでもらって、それをアフリカの子供達に渡して、ア フリカの子供達は笑顔をおばあちゃんたちに届ける。そうするとおばあちゃん たちは「まだ私たちにできることがあったのね。」って言う。私もお父さんが亡く なった時にそういうことを思ったけど、自分に何かできることがあるということ は生きてる意味になるわけじゃないですか。だから日本にいてもお手伝いしてく れれば、いくらでもみんなの笑顔をあげられるとは思ってる。

足立：うん、素晴らしいよね。

浅野：私にできることってそういうことだなって。

足立：素晴らしい。俺なんか不器用だから映画をつくることぐらいしかできない けど、映画をつくるからにはそういう本質的な問題にどこまで迫れるかという、 その途中のものぐらいしかまだつくれていないんだけど、つくることでやっぱり 役に立ちたいと思ってるね。

浅野：やっぱり映画って色んな表現要素が全部入ってできるものですし、そうい う意味ではすごく面白いものではあるしね。

足立：うん、だから面白いものではないといけないと思ってるの。だから芥正彦み たいな奴もいるし俺みたいな奴もいるし、それらがもうそれぞれ表現にしがみつ いて一生懸命やってるぐらいに思ってもらえればいいんだけど、それが面白いも のでないと。別に喜劇である必要もないしラブロマンスである必要もないんだけ ど、それぐらいに今の時代に必要なものを表現して出していくということがまあ

やっとできてる。あるいはこれを続けなきゃいけないなとは思うね。

浅野：だからその「REVOLUTION＋1」は東京や各地で公開されて、それが内容も分からないで彼はあのテロリストを賞賛したとかね、そういうことを言ってた人たちもいっぱいいるのを知ってるけど、とりあえず見てよっていう感じはすごくする。

足立：ありがとう。でも最近はそういうような見ずに批判するっていう声も無くなったね。

浅野：あ、ほんと。

足立：うん、どうしたんだろうと思っているんだけど。

浅野：まああれはやっぱり最初の上映を国葬にぶつけたっていうのがあるから。

足立：それで恨まれたっていうのはあるけど。

浅野：でももしあれを国葬にぶつけなかったら話題を潰されたと思いますよ。

足立：あ、そう。

浅野：うん、私はそう思う。だから国葬にぶつけたから良かったんだと思う。良かったっていう言い方するとまた怒る人たちがいっぱいいるけど。

足立：まあ国葬にぶつけるのが元々重要な目的だったからね。だからそうしたわけですけど、出てくれた俳優さんもスタッフもみんな賛成したから最後にリストを出すとかそういうようなことをやったりもしましたけど、そういうことが表現する側には別にプロパガンダとかキャンペーンとかっていうよりも最低限例えば国葬に反対って言うんだったら最低限やる表現だと思ったよね。そういう仕方もあると。
　だから反対というだけの表現はありえないわけであって、何に反対っていうことが明確に表現できればいいと。あるいは何に賛成っていうのがあったらそれも明確にすればいい訳ですよね。
　あとちょっと外れすぎるけれども、統一教会がいいと思って自民党の大半は付き合ってきたわけでしょ。それを統一教会と付き合って何が悪いっていう人は一人もいないじゃん。

あれおかしいよね。

浅野：うん、おかしい。自分がないんだよね。

足立：だから細田議長だって統一教会は安倍さんでしょって、私はここ短い間だけですよとかっていうような、短い間ならなんでもいいのかと、いうそういう問題じゃないよね。

浅野：違いますよね。だからやっぱり今の政治家の質が落ちているというか、それもすごくあるし。

足立：政治家はいないでしょ。政治屋がいるという、政治ビジネスですね。

浅野：そういう意味でも本当は日本は変わっていかなきゃいけないんだけど、ただやっぱり私なんかは日本から脱出する人のお手伝いはしますよっていう。

足立：物理的に、あるいは自分の肉体的に日本じゃなくてアフリカに行ってとかいうのは脱出でもなんでもないじゃないですか。日本を全部引きずってやるってことになるじゃん。

浅野：もちろんそうですよ。

足立：だから重要なのは日本の状況をどのぐらい批評的に見ているのか、それがないとあなたみたいにアフリカに行くっていうのもできないし、あるいはそういった余裕もなく働いてるだけ、あるいはその観光旅行に年末やお盆にはものすごい量の外国へ行く人がいっぱいいますよね。みんなそういう日本からの脱出という気持ちがいいことをしにいってるわけでしょ。だからあれで本当に休養が取れるんだろうかとか僕は思ったりするんですね。

浅野：みんな休みはその時に合わせるからね。なんか知らないけど。そんなことじゃないんだけどなって思うんだけど。

足立：それが休暇の取り方、休暇の内容になっているんだったらそれはそれでいいけれども、それでどうすんのっていうところがないね。そこを考えたいなと思ってて。

浅野：だから休暇って多分擦り切れちゃって、どんどん擦り切れていく部分を補

う作業だと思うんですよ。私はどっちかっていうと。

足立：具体的には浅野さん休暇が取れたら何をしているんですか？

浅野：昔ちょっと忙しかった時私は7月8月と二ヶ月を休んでいたんですが、あと十カ月はめっちゃ仕事してストレスをあと一ミリだけ残して全部貯めるぐらいの仕事の仕方をしていて、七月になるとスパンとスタッフに言っていなくなるんですよ。そうすると最初の一週間はやっぱりそのストレスが徐々に徐々に出ていって、例えばアフリカに行っててもイライラしてるんです。それが一週間を超えてくるとだんだん向こうのペースになってって。

足立：こういう時間を持てて良いなってなってくるわけね。

浅野：そう、だからファックスを一個送るのでも一日作業だったり、そういうのがあるから、日本だったらもうイライライライラしてることが、でもしょうがないじゃん、送れないんだから。だからみんなに余計なファックス送るなっていうぐらいで。で、休暇も八月の末までって決めてるから、その一週間前には今度ロンドンだったりそういうところ、割と先進国の海外に移る。そこで少し体を日本に慣らして帰ってくると初日からフルで動ける。

足立：スタミナがたまってるんだね。

浅野：そうそう、だから休暇の時はアフリカに行くか、あとはシュノーケリングとかで。

足立：あなた腎臓が悪いとか薬漬けだって言いながらスキューバできるの？

浅野：スキューバダイビングじゃなくてシュノーケルだけで。

足立：それも大変じゃん。

浅野：でも自分のペースでブレスできるじゃないですか。それが出来るし、やっぱり水の中で自分のブレス音だけ聴くのって多分お母さんの羊水の中にいるのと同じようなものだと思うんですよ。だからストレスが溶けだしていくみたいな。

足立：なるほど。

浅野：じゃあ今度それはやります？

足立：うん、私はせっかちね、シュノーケルもちょっとやったことがあるんだけど、これなら息つぐ必要ないなって泳ぎ方に興味があってね。だから顔をあげないでどのぐらい泳げるかなってやったりするんですね。

浅野：でもシュノーケルって何があるかっていうとやっぱり魚ですよ。フィジーのある島があるんですけど、そこのサイドでシュノーケリングしてて、そうするといきなりドロップオフするんですよ。すっごい真っ暗な闇の中にすごい大きいサンゴがいっぱいあって、そこから魚がいっぱい湧いてくるんですよ。あんなのナウシカの世界がそのまま沈んだ感じだもん。だからやっぱり見てないものとか経験してないものが世界にはいっぱいあって、だからあとどれぐらい生きれるか分かんないけどやりましょう。足立さんも一緒に行きましょうか。国内の。

足立：まあ国内ならねやれるけど、それよりもう僕は強制送還で帰ってきて22年経ってるわけだから、それで旅券なぜ出さないんだっていうのはやっぱり恨まれてるとしか思えないね。

浅野：実は私の友達もパスポート無くて、それでルワンダに入ったんですよ。ルワンダのジェノサイドの時にフリーのジャーナリストの子が行ったんですね。それで捕まったりとかして、そうするとやっぱり結構大変な目に遭うわけですよ。アフガンでアフガン戦争のときも彼はもう有名になっちゃったけど、パキスタンからアフガンに入って拘束されたというわりと有名な事件があったじゃないですか。あれ私の友達なんですよ。彼なんかはやっぱりパスポート取られちゃって、そこから国指定になって、その後回復していたそうで。しかも彼二度目ですよ。一回シベリアに入ってシベリアで捕まって、まだソ連のころに。それで国境警備隊みたいなのに捕まってパスポート取られて、その後またアフガンで捕まって二度目ですよ。でも今パスポートあるから大丈夫じゃないですか。そういう奴もいるんですよ。

足立：なるほどね。まあソ連にしろアフガンにしろ日本政府にとっては敵視してたけど、そこでやられたことは大丈夫なんですね。

浅野：しかも帰って帰国会見の時にアメリカの悪口をすごい言ったんですよ。それで大変だったみたいですよ。公安にマークされて。

足立：それはそうでしょうね。アフガンでアメリカは何をやってるかとか、そうい

うのは言うだけ言わないと。そこで旅券取り上げられたってはっきり言わないとダメだよね。

浅野：うん、だからそうやって戦ってる奴もまだいるんですよ。

足立：あっぱれです。

浅野：でも今日その赤軍の話に始まり民族闘争の話とかもいっぱいできて、映画の話もできてすごく楽しかったし、これからお友達になってください。

足立：はい、よろしく。とにかく色々尻切れトンボで浅野さんの話も俺が打ち切って言おうとしたりすることあったけど、本当はそういう、民族解放闘争って堅苦しく言わなくてもいいんだけど、やっぱ日本の若い人たちには世界を見てほしいですね。

浅野：そうですね。本当に。

足立：だから一人でも二人でも連れていってやってくださいよ。それが一番重要だなと思ってる。それで世界を見たら、日本がめちゃめちゃに底が抜けてしまっているダメさもよく見えるから、もっとやるべきことをいっぱい見つけてやりがいのある人生をやれるんじゃないかと思うんだよね。このまま縮こまって押さえつけられて押さえつけられて生きてるということが分かれば、みんなエネルギーを持てると思う。だからさっきから言いたくて言えなかったのは、犯罪を犯そうが間違いを犯そうが間違いを恐れないで生きてほしいって僕は若者に言いたいし、若者の100％支持というのを連呼して回ってるのはそういうことなんですよね。是非自分であって欲しい、そのためにはどんどんやることを見つける旅でもいいし、やることを一回やって失敗したらまたやればいいんだからという具合に言いたかった。
それがこの映画を作った基本の根拠でもあるわけです。

浅野：はい、足立さんの話はちゃんとみんなの心に染みたと思うので、「REVOLUTION＋1」を是非みんな足を運んでちゃんと自分の目で見て欲しいと思います。というわけで今日は足立先生、先生になっちゃった。

足立：私は"せいせい"ではありますよ。というのは読み方を変えればそうなりますから。

浅野：そうじゃなくて足立正生さん、に来ていただきました。今日は本当に楽しかったです。ありがとうございました。

足立：どうもこちらこそ。楽しい時間でした。

浅野：この後は足立さんの映画で使われている楽曲をかけますんで聴いてください。
今日はどうもありがとうございました。

足立：ありがとう。

第五章

足立正生
宮台真司

「つまらない社会に外はあるのか？」

足立正生×宮台真司

　前日に生配信番組に出演をしていた監督を事務所で見ていた宮台さんの感想から始まる。

宮台：足立作品の劇場作品は最初の『銀河系』(1967)から見ています。今回の『REVOLUTION＋１』(2023)まで半世紀以上もモチーフが一貫しています。一口で「つまらない世界に外はあるのか？」。正確には「社会はつまらないから、外に出ようとしたが、そこは外じゃなかった」です。昨日の番組ではそれが取り逃されていたことが残念でした。

足立：内から外に出るってのはわかりにくいんですかね？

宮台：番組内コメントを見る限りは難しそうです。

足立：あそこがテーマなんだけど、いつも話がずれてくるですよ。

宮台：これは無意識の問題です。説明します。今年日本で公開されたロウ・イエ監督『シャドウ・プレイ』もパク・チャヌク監督『別れる決心』も共通して、「刑事と犯罪者の性愛」がモチーフです。実は百年来の定番です。例えば、戦間期の江戸川乱歩『黒蜥蜴』(1933)もそう。『怪奇大作戦』シリーズ第25話、実相寺昭雄監督『京都買います』(1969)もそう。
　犯罪者は、犯罪を成功裏に達成し続けることで、むしろ「こんなはずじゃなかった感」としての「つまらなさ」にさいなまれます。刑事(や探偵)も、犯罪者を追ううちに、社会秩序を守るための仕事の「つまらなさ」に気付きます。そして、その「つまらなさ」に於いて刑事(や探偵)と犯罪者が「同じ世界で一つになる」。それが「刑事と犯罪者の性愛」です。
　『シャドウ・プレイ』でも『別れる決心』でも、主人公の刑事はエース級です。それは警察組織に所属しているようで、心は所属していないからです。その意味で探偵的です。探偵小説は歴史的産物です。産業革命後期の都市化で生まれた「都市生活者」を象徴します。都市生活者は所属のない存在です。労働者達の連帯からも資本家達のコネとも無縁です。
　それどころか家族集団からも地域集団からも心が離れています。だから所属にまみれた従来の人々から見えないものが見えます。それが探偵(または一匹狼の

刑事)です。戦間期のマンハイムによる「知識人」の定義と同じです。知識人は浮動する(＝所属を欠く)存在たるがゆえに「全体性」に近づけるとしました。マンハイムに於いては知識人＝探偵なのです。

『シャドウ・プレイ』でも『別れる決心』でも、古くは『京都買います』でも、刑事と犯罪者は屋上や上層階など高い場所から(多くは夜の)街を見下ろします。これは二人が社会の「内に」いないことの隠喩です。「社会の外／社会の内」＝「屋上／屋内」or「高層階の風景／低層階の風景」or「夜の風景／昼の風景」という、無意識の隠喩的二項図式です。そして、「社会の内」は所詮「つまらない」。

伏線として話しておくと、僕が中２で初めてみた足立正生脚本・若松孝二監督『ゆけゆけ二度目の処女』(1969)。そこにも、この隠喩的二項図式があります。この「つまらなさの外／つまらなさの内」という無意識の二項図式を、強く刻印されていない人達には、足立作品はよく分からないということになります。

とはいえ、「社会はつまらないから、外に出ようとしたが、そこは外じゃなかった」に於いてシンクロする刑事と犯罪者の性愛を、見事に描く中国映画『シャドウ・プレイ』と韓国映画『別れる決心』が同時公開された事実は重大です。「つまらない社会から外に出たい！」という無意識の願望、内圧が高まっている現実を示しているだろうと思います。

「社会はつまらないから、外に出ようとしたが、そこは外じゃなかった」というモチーフの作品は、例外なく誘惑的です。地位が上昇すれば／起業に成功すれば／犯罪をやり遂げれば／乱交をすれば／革命をすれば、つまらなくなくなると思っているお前。実際やってみてどうだ？無意識では「こんなはずじゃなかった」と感じているはずだ・はずだ・はずだ……。

この誘惑の畳みかけに反応できる無意識的二項図式「つまらない／つまらなくない」の内圧を、高めた者が増えました。そのことは、キャラ＆テンプレの性愛にウンザリした20歳前後の女子から、愛のない者の乱交と区別された、90年代まで普通だった夫婦や恋人のスワッピングなどの「愛のゲーム」を教えてくれという要求の高まりとしても表れています。

僕は『季刊エス』での２年間連載してきた「性愛が苦手な女の子のために」で、最近そうした要求を受け取るようになりました。テレビ東京の連続ドラマ『夫婦円満レシピ〜交換しない？一晩だけ〜』がスワッピング(夫婦交換)を描いて、若い女子界隈で話題になったこともあります。「リア充」どころか「性愛がつまらない」という意識が高まっています。

この意識は「社会はつまらないから、性愛という外に出ようとしたが、そこは外じゃなかった」とパラフレーズできます。

だから僕への要求は「つまらない社会の、本当の外であるような性愛はあるか？」とパラフレーズできます。答えは「ある」。

問いを「つまらない社会の、本当の外はあるか」と一般化したのが足立監督作品です。その答えも「ある」。

　その「ある」は、地位が上昇すれば、起業に成功すれば、犯罪をやり遂げれば、乱交をすれば、革命をすれば「外に出られる」という、それこそ「つまらない思い込み」に閉ざされた「つまんねえ奴」を徹底して否定したものです。むしろ「お前の周りにいる友人や恋人を見てみろ。所詮はそうした『つまんねえ奴』だろう」と挑発する意味での、「ある」です。

　かつて足立監督がピンク映画の監督や脚本を重ねていた時、別に「性愛について」語りたかったのではなく、「性愛を通じて」もっと一般的な問題を語りたかったはずで、それは僕も同じです。右翼や左翼を自称しようがフェミニストを自称しようが、よく見てみろよ、単に所属集団でポジション取りしたいだけの、浅ましくもさもしい「つまんねえ奴」だろうがと。

　人類学や認知考古学を援用した学問的な正当化は『季刊エス』連載に譲りますが、「つまんねえ奴」の共通項は「言葉・法・損得への閉ざされ」＝「言葉の自動機械・法の奴隷・損得計算機」です。定住で大規模化した集団(社会)を回すべく、言葉で語られた法に罰が嫌で従う営みが始まりましたが、言外・法外・損得外でシンクロする祝祭と性愛を不可欠としました。

　つまり、「社会＝言葉・法・損得の界隈」が「つまんねえ時空」ゆえに人から力を失わせるので、「社会の外＝言外・法外・損得外の界隈」で「おもしえ時空」を体験して力を再充填して、また社会という「つまんねえ時空」に戻る訳です。さて「社会の外」で享楽するには二つの条件が必要です。「共同身体性」と「共通無意識」。祝祭にも性愛にも必須です。

　「共同身体性」は、物質や身体の動的配置に呼び掛けられて自動的(中動的)に体が動く態勢が、複数の身体に共有された状態。諸事物にコールされて自動的にレスポンスする「アフォーダンス」に注目する生態心理学の概念です。だから「共同身体性」は「言外・法外・損得外＝社会の外」への身体次元での開かれを意味します。昨今これが失われてきています。

　「共通無意識」は、「社会の内＝正しい(快)／社会の外＝正しくない(不快)」という規範図式の＜建前＞にも拘らず、元々は全成員に実装されていた「社会の内＝つまんねえ(不快)／社会の外＝おもしえ(快)」という逆転図式の＜本音＞です。だから「共通無意識」は「言外・法外・損得外＝社会の外」への無意識次元での開かれを意味します。これも失われています。

　僕は中学時代から足立作品に「共通無意識」の次元でシンクロしていました。90年代には中東から強制送還された足立監督の裁判を繰り返し傍聴し、判事や検事などのヘタレな佇まいとは圧倒的に異なる立派な身体的佇まいを目撃して「共同

身体性」の次元でシンクロしました。言外の両次元でシンクロしたので、足立監督に声をかけさせていただき、今に到ります。

　繰り返すと、足立正生脚本作品・監督作品の共通モチーフは「外だと思ったら外じゃなかった」という「こんなはずじゃなかった感」です。朝日新聞に若松孝二監督の追悼文を頼まれて、それが若松作品の通奏低音だと書いたのですが、実際は、反権力をモチーフとする若松作品に「外だと思ったら外じゃなかった」のモチーフを刻んだのは足立さんだった訳です。

足立：宮台さん、いろいろ考えてきてくれてありがとう。僕は今日ここに向かいながら考えていたんだけど、僕らは山上のような人を、あんな不幸な人間を二人も三人もつくれなんて言えないです。それと同時に、じゃあ山上を救えと言えるのか、救える問題なのか。そこのところを宮台さんに話してもらいたいと思ったのね。

宮台：ダース（レイダー）さんにもよく言っているんだけれど、僕が教員になって35年間、ノートやメモを持ち込むことはないんですね。それはなぞることがつまらないということと、やっぱりその時に降りてくるものが大事なんだと僕は思うんですよ。僕の精神分析学の勉強から見てそう思うんです。もちろんいろんなことを考えてきているわけだけど、構成とかあんまり考えないでしゃべりたいなと思っています。足立さんも若松監督も、そういう系統の人ですよね（笑）。

足立：一生懸命にノートをとったりしても、ノートをとったことを忘れちゃうんです。だけどあなたみたいに全部頭の中で整理して話していて、どんどん記憶や体験がそのままずるずる継続して見えてくるというのはやっぱり訓練したの？

宮台：はい、それは足立さんも多分そうですよね、書いてしまうとそれを意識することになる。それがやっぱり人間の心のメカニズムの不思議ということですよね。フロイトは前意識と言っていますけれど、前意識は確率の項みたいになっていて、もやっとした思考の連続みたいになるんですけど、たまたましゃべる時は、どの場面でどんな人を相手に、書く場合だったらどんな媒体に書くのか、それでたまたま書いちゃうわけですよ。書くとそれを意識していることになり、それを意識していることを前提にいろんな会話ができたり、自分の行動ができたりするので、それは自分で考えているのかと思うと、これがまた前意識のグラウンドが変わり、メカニズムが変わり……。いつでも始めてください。

足立：もう始まっていますが（笑）。

藤原：今回の国葬バージョンを上映した後、それぞれの場所でのＱ＆Ａ、ディスカッションの内容がけっこう面白かったので、それを文字として残したいなと思い、今回の『REVOLUTION＋1』という単行本を出そうとしています。それにむけて今回お二人で、国葬バージョン、完成版と両方を見ていただいた中でのご感想含め、自由にお話ください。

宮台：僕としては国葬なんてどうでもいいんで、足立監督が何を表現しているのかが重要です。

足立：宮台さんに参加して話してもらったけど（9/26国葬上映前日）、あのあたりから「ズレ」が激しくなってきているんですよ。

宮台：僕が若松プロの作品に触れたのは中学2年の時です。その時、最初に見たのが二つあって、足立さんが書かれた「ゆけゆけ二度目の処女」と、当時学生だった人たちが書いた「現代性犯罪絶叫篇　理由なき暴行」（1969年）、一般には「理由なき暴行」といわれている作品です。これ書いた学生、確か大沢という役で出ていたと思うけれど、こいつが去年か一昨年かに本を書いています。どういう顛末で脚本やることになったのか、その時自分たちがどんな生活だったのかを書いていて面白かったです。僕が麻布中学校に入った時から学園闘争があって、学園闘争はまあ勝利して、追い出したかった山内一郎校長代行を追い出し、しかも学校がしばらくロックアウト状態になったので学校に行けなかった。僕を含めた連中は町をほっつき歩いたり、ジャズ喫茶に行ったり、僕みたいに足立さんや若松さんの映画観たりしていた。そういう流れなんですね。でも僕の流れは闘争の勝利で、今日のキーワードで言えば「内から外に」出た、解放されたという感じなんだけれど、そこがあまりにもつまんない。闘争勝利の前もつまんなかったですが、闘争の後も。あんまり偉そうに言えないですけど、皆も多分そう思っていながら、他に方法がわからなかったと思いますね。

足立：ああ。

宮台：授業中にラーメンの出前とったり、廊下を走りまわったり、禁止されているから意味があるだけで、別にそれ自体に意味があったとは思わない。で、当時の僕のキーワードっていうか決まり文句は、「つまんねーな」だったんです。

足立：言葉になって出たりもした？　それとも心でつぶやいてた？

宮台：いや、いや。友達に会うたびに、「何か面白いことないの？」って。「なんだよ

いつも「だってつまんねーじゃん」「お前がつまんねーんだったら、他の奴は地獄だろ」ってよく言われていましたけど。そういう時にさっきの2本を見て、その後わりとすぐに足立監督の「銀河系」を見る機会があり、ああ、僕の気持ちが完全に判っている人がいると思った。若松・足立両監督が、ほめ殺しとかじゃなく、本当に僕にとっては神になったという感じですね。まあほめ殺しが嫌なので、つまりそういうモチーフはひとつの型であって、それを若松・足立両監督が表に出されたんだと言ってもいいです、そう言ったほうがよければ。

　ちょっと飛びますけど、若松監督が亡くなったとき、すぐ朝日新聞に追悼文を、多分800字くらいあったと思いますが、内と外っていう言葉は使ってないけれど、国際的に見ても特異な作品群をつくっていたということを書きました。先進国はどこでも、60年代というのは戦後復興とか高度経済成長の時代で、多くの人は豊かになると思った。豊かになったら貧乏から解放されて幸せになる、あるいはつまんない生活は終わると思っていたけれども、実際はそうならなかった。それを描いている作品は、今村昌平さん、1967年の「人間蒸発」が一番わかりやすいかなと思います。

　そこに描かれているのは実際に起こっていた蒸発現象ですよね。団地に住んで、まあ文化的な生活を送っていた家族の中から突然父親が疾走する。見つからないか、見つけてもホームレスになっていたりする、みたいな事件が実際に続発して、蒸発という言葉は流行語になるんですね。

　つまり貧乏から外に出たら幸せになると思ったらそうじゃなかった。この発想や感じ方というのはけっこう国際的なもので、だったらさらにその外に出ようという話と、国際的な新左翼運動がすごく結びついていたのですね。旧左翼、共産党と民生は、豊かになったものを再配分すればいいという話だったんだけれど、そんなことじゃ幸せにならないんだ、じゃどうすれば幸せになれるのか、どう突き進むのか。そういうのが、足立さんや若松さん、あるいはその影響をめちゃくちゃ受けているベルナルド・ベルトルッチたちの発想になったと思います。当時、風景映画とか密室映画とかと呼ばれていたけれど、ベルナルド・ベルトルッチの72年でしたっけ、ラストタンゴ・イン・パリ（日本公開1973年）では、密室が外なんですね。密室の外に出ると社会なんです。外は密室なんじゃないのかというモチーフは、間違いなく足立若松両監督の作品群から影響を受けたと思う。だって65年に、ベルリン国辱問題っていうのがあったので、「壁の中の秘事」を100%見ているはずなんですよね。そう、外って密室、あるいは密室での性交、SEXなんじゃないか、これも早い時期にすごいなと思いました。さらにもう一つ、密室であれそうでなくても、その外って本当に外なのかというモチーフはすごく強烈でした。だから僕が最初に見たのは「ゆけゆけ二度目の処女」なんですけれど、あの秋山未痴汚くんが主人公で、マンションの管理人をしていて、昨日もう一度見てみたんだけれども、引きこもっていたのに最近外に出るようになった、しかし地下は遠いの

でより近い屋上に出るようになった、屋上が自分の外になった。ただこの屋上って、外であるのかどうか。まず柵があって飛び降りないと出られないし、鍵をかければまさに階下に降りることもできない。まあ両義的な外ですよね。そのことを主人公の二人の男女、少年少女と言ってもいいでしょうが、秋山未痴汚と小桜ミミは知っていて、出かける。「ママ、外に出かける」という言葉を発しながら、飛び降りる。こんなに美しい映画はないと最初に蓮見ゼミに出たときに言ったら、みんなからすごいひんしゅくをかったのを覚えてるんですよ。

足立：あっそう。ひんしゅくの意見は、どういうことだったの？

宮台：彼がシネフィルなので。シネフィルは単純にそういう考えですよね。映画の表現は文章表現に比べればボキャブラリーが限られている。なのでクラッシックの演奏と同じで、反復芸術であると。その反復芸術であることを意識して、良い反復なのか悪い反復なのかということを意識して表現したり、享受したりするだけであると。それから見ると、若松・足立両監督の作品はいったい何を反復しているというのだ、みたいなね。はっきり言ってどうでもいい話ですけど、残念だなあと思いました。そういう意味で僕はいつでもどこでもＫＹでしたけれど、おかしいと思いました。ただ当時、『映画芸術』とか『映画批評』で、よく松田政男さんが、裏読み批評だとか、Ｂ級裏読み批評などと言っていて……

足立：言葉に出してね。

宮台：要は映画をだしに使って革命を呼びかけるのだ！みたいな。まあ松田政男さんって四トロ、第四インターナショナルの人なんで、グラムシ主義者なんですね。グラムシ主義者というのは、要するに生産者環境を変えて人々の意識を変えるっていうことは間違いで、ヨーロッパの先進国で革命が起きないで田舎のロシアで革命が起きた理由は本当は逆だから、と言うんです。人々の意識が変わり、そこで初めて革命的主体形成の可能性が生まれて、そして革命に至るのが革命的主体形成を助ける、それが表現だということを言って、Ｂ級裏読み批評を肯定されるんですけれど。

　僕はそれもちょっと違うなと、それは映画をだしに使っているだけで。そうじゃなくて映画そのものが、そんな解説なんかされなくても、革命的主体性形成をすることがあるんですよ。

　その実例が僕だと言いたいんですけど、それは人によって解釈が違うと思いますので任せますが、今申し上げたような流れで、「それって本当の外なの？」というモチーフは当時の若松プロの作品をすごく象徴している。で、足立さんが諸般の事情であの出口出（でぐちいずる）というペンネームを使い始めて、この言葉

も最初に「ゆけゆけ二度目の処女」を見たときに、出口出とオープニングロールが出るのですごいなと思いました。なんでこんなにすべてが一貫しているんだろうという思い。でもその出口を出ることは、お前らが思っているほど簡単じゃないんだぞ、というモチーフがとにかく一貫しているんですね。まあ、その学生たちが作った「理由なき暴行」もそうで、網走番外地を歌うんだよね、主人公の予備校生と大学生は。番外地というのは番地がない場所ということで、社会の外ということですよね。番外地を歌って電車に乗ってたどり着くのは江ノ島だという、そういう話で。そこで無礼講をはたらいた後、戻ってくるんですけれど、結局どこにも外がないなという思いでやはり暴走暴発。だから、もう何に反抗しているのかがはっきりしないような痛みが出口になるんですね。これはすごいと思いませんか？　つまり足立さんや若松さんの影響を受けた若い学生さんたちが完全にモチーフに取り込まれて、モチーフを完全に理解して表現をしていたんですね。その意味ではB級裏読み批評なんて要らないんですよ。作品そのものがあの世界観を教えたというか、正確に言うと、本当は無意識に抱いていたビジョンを映画によって引き金をひかれて、表に出たんだと思いますね。内から外へ、でもその外は本当に外なのか、というモチーフがある。朝日新聞の追悼文でも書いたけど。あの当時は、足立・若松作品にしか、両監督の作品にしか実はなかったんですよ。例えばベルトリッチにも実はない。そういう意味で言うと、後から振り返ってのことですけれども、間違いなくエポックメイキング、画期的な作品で、そのことは記録されるべきだと思って、僕なりにずっと映画批評の中では頑張ってきてるつもりですが、そんなものを読むやつもいないんで、今回こうやって語らせていただけるのはすごくよいですね。足立監督の、あるいは足立さんがやられた脚本の数々、あれって30本位ですかね？

足立: そうですね。

宮台: 全部素晴らしいなあ。

足立: ちょっと時間があったから数えてみたんだけど、若松用に書いたのが７９本。映画になったのは３０本くらい。

宮台: すごいな。

足立: それで、いま宮台さんが分析してくれたように大半が全部そうで、その内から外に行ったつもりがまだ行けていない、同じじゃんっていうのがあるけど、若松はそれが激しい転換になるシナリオが嫌いなんですよね。

宮台：ほう。

足立：それが強度に出ると嫌いなの。

宮台：なるほど。しかし……

足立：だからそういうことになると、例えば、この「REVOLUTION+1」で言えば、妹に国葬会場を爆破させたら、それをやれば皆納得してほっとしてスカッとなるんだけど、そうかな？というのが僕にはいつもある。だから、さっきもおっしゃってた、セックスジャック（1970年）でも彼は出かける。おそらく自分のところに押しかけてきてた新左翼の活動家がいろいろ言っているわりには、行動がその内側から外に出ていないというのがわかる。まさに「ママ、僕出かける」みたいに、秋山未痴汚は明らかに爆破に出かけると。それが草加次郎（注：1962年〜63年にかけて起きた爆破、脅迫、狙撃などの一連の未解決事件）なんだという設定ですけれども、そこで終わりたくないから、その先を、それでは終わらないという具合にするにはどうしたらいいのかというのはいっぱいあったんですね。それで、あの映画の中でも、若松のドラマツルギーの側からしてもしっくりしない部分がいっぱいあるというのはわかっているけれど、若松さんはもう少ししっくりと、あるいはスカッとしたい側だっていうのが……

宮台：いつもおっしゃっていました。警察官をぶち殺せばいいんだって言ってました。

足立：そうそう、それだけでいい（笑）。そこがずっと戦争だったんですね。だから、まあ事実も踏まえて、最後に「実録連赤」（2008年）というのがあったでしょ。あれも最初は僕が書いて、あさま山荘だけで撮ったらどうだ、と。で、なおかつ面白いのは、連赤の部隊の一部があさま山荘に行ったら奥さんしかいなくて、部隊に向かって奥さんは両手を上げる。服装はドロドロで猟銃とかは凍り付かないようにこも（むしろ）に巻いてる。だから、その奥さんは山岳警備隊が来たと思った。農林金庫から金盗んで、妻子持ちと一緒にずらかっていた人ですからね。ついにそれがバレて逮捕されるんだと思って手を上げたんですよ。これは坂東から聞いたんです。出張先の基地に若松さんも来たから、一緒に聞いた。その坂東の話、これで行こうと。最初奥さんは逮捕されると思ったら、そうじゃなくて、逃げてきた連中だとわかったし、自分も逃げてきた身だから、ものすごく親切に扱うんですよね、青年たちを。

宮台：面白すぎ。

足立：今度の「REVOLUTION＋1」で主役をやったタモト君の役が、一番若い加藤さんの末っ子役でしょう。それが可愛くてね。ご飯の炊き方から何から教えたりしながら、共同生活をやるんですよ。

宮台：驚きました。そうだったんですね。

足立：最終的に突入されて逮捕されたときに、約1日、半日近い間、奥さんは彼らを擁護する発言をするわけですよ。それでさっと奥さんが行方不明になる。都合が悪いから、警察が囲い込んで。こっちの発想としては、警察はネゴシエートして、奥さんの発言を封じると、その代わりに過去をきれいにしてやるとでも言ったんでしょう。
　逮捕されるところまでを中心に描いて、むしろ奥さんと5人がどういう関係だったのか、中に訓練の問題とか同志殺しの問題とか全部出てくる。最後に皆逮捕されてつぶやくんですよ。「僕らの逮捕も含めて、これで落とし前ついたんじゃないか」と自慢げに。それに対して末っ子は、「いや、落とし前なんかついてない！」と言って、あさま山荘に至るまでの思いを語るところで終わるというような本を書いたんです。

宮台：圧倒的に素晴らしい本じゃないですか。

足立：いやいや、だからこれでよしっ、これでやろうということで、製作委員会ができて、調べもし、どんどんやっていっていたら、やはり最終的に残るのは管理人の女性の人権問題。これをクリアしないと映画にできないということなんですね。じゃあ、そのくらいなら誰かが書けるでしょうから、逆に「仮説あさま山荘事件」という本を書いてくれ。それを映画化しようということまで決めるんですね。それでやっていたけど、どこまで行っても人権問題をクリアに出来そうにないと。じゃ、どこに住んでいてどこにいるかを調べて、直接ネゴシエーションをしようと。製作委員会の中にやばいのがいたのかもしれないけれど、そのこと自体が大変な作業だから、それだったら降りるっていうことになって、その最初の案はポシャッたんですね。

宮台：それはものすごく大事な情報ですね。

足立：山岳警備隊についにバレて逮捕されるというところからの話にしてあって、だからこれは普通の人が見ても面白くなるのに。

宮台：悪と正義の対抗図式ではなくて。

足立：そうそう、そこが重要なのね。

宮台：社会から外されている人間たちの連携って話になるじゃないですか。事情は全然違うんだけど、でもそれこそ「社会つまんねえな」と思っている人たちの連帯はあった。

足立：うん。それがポシャった。若松さんは金持ちになった新左翼は信用しないと言うし、再度本を作り直すというのは諦めたんですね。連合赤軍の問題については、それ以前から、長谷川和彦とか色んな人が書いているし、私が師匠と思っている田村孟さんが長谷川さんのために本を書いたりするんですけれども、なんか全部最終的には宮台さんが言うところの、外に出ていくのはもう死しかないというような本になっていたみたいで。それを読ませてくれと言っても、誰も読ませてくれないんです。死によって外に出ていくというのは、つまりそれは諦めているということじゃないのかと。やっぱり生きるという側から見たほうがいいんじゃないか。いくら死んだ本人の「つもり」があっても、男になるんだろ、何になるんだろ、そういう具合に思うのはいいんだけれど、そういうのは「出た」ことにならないということが僕の発想にはあって……

宮台：完全に同感です。

足立：長谷川さんも、最後はもう撮るとか言いながらも結局踏み切れなかった。宮台さんの話を長谷川和彦さんが聞いていたら、どうでしょうか。やれない根拠はそこだったんだというくらいにはわかったかもしれない。残念ではあるけれども。

宮台：なるほど。あの決定稿を若松さんから送っていただいたんですが、つまらなかったですね。何がつまらなかったかという理由は、お送りしました。まあ、今日の話と同じで。単純な敵味方の図式。それだと観客ははじめからどっちの味方になれるか識別されてしまう。それだと映画としての平盛がない。それで、プランA・プランB・プランCとか提案したんですけれど、完全に無視されて、現ナマを受け渡す役として出てくれで終わったんですよ。

足立：（笑）

宮台：僕は映画に出ているんです。ちょっとだけね。サングラスして、闘争グループに金を受け渡すという役割として。でもその時点ではさっきのことを蒸し返せる感じは全然なくて、もう映画は走っちゃってますからね。それはしょうがない

なと思いました。

　先程の話ですが、若松監督と足立さんのスタートのバトルの話がすごく印象的だったんです。とはいえ、これも初期の作品にあたりますが、「犯された白衣」（1967年）。これも女という「外」が出てくる。で、女が外だと思ったら、その女は……

足立：あれははっきりそうですよね。女が外なんです。その通り。

宮台：ですよね、女の人ですよね。でもちょっとインチキな外でしたよね。だから完全に足立さんのモチーフが明確にある。で、そのことを90年代半ばに若松さんとロフトプラスワンで会った後に申し上げたんです。観客は当時20人いなかったです。94, 5年だと思いますけど。で、質問ありますかと言うから手を上げて立ち上がって、「ゆけゆけ二度目の処女」の主題歌を通しで歌えますと言って、アカペラで歌ったんですよ。たまたまそこに中村義則さんの娘さんがいらっしゃっていて、つながれたのはよかったんですけれど、若松監督が「いったい君は何者だ！」と（笑）。「ゆけゆけ二度目の処女」から始めた者ですと。

　それで、今話したことですが、外に見えて外じゃない、女が外に見えて外じゃないというのは、日本映画の「聖なる娼婦」の伝統とだいぶ違うじゃないですか。聖なる娼婦というのは性的、セクシュアルであって、しかしセイクリッドホーリーな存在は男を救うということだけれど、それを裏切る。「どうしてこういうモチーフなんですか？」と伺ったんですよ。で、その時若松監督はなんか歯切れが悪くて、やっぱり自分はマザコンだからだと言ったんです。マザコンだから……。でも、それはたぶん足立さんに言われていたんだなと思いましたけど（前記載、足立監督は生配信に出演した際、若松監督はマザコンだったと言ったことに対する発言）。

足立：もともとは自覚してなかったの。若松の映画は、最後は全部女性が勝って解放されて、「これではマザコンじゃん」って言ったら、「いや俺はどっちかというとファザコンだ」って言うから、「あなたファザコンって何か知ってるか」と言ったら、「いや俺はおやじこそを憎んだし殺そうと思ったけど、母親を殺そうと思ったことはない、だから俺はファザコンだ」って言うんだよね。ファザーコンプレックス。まあ、言葉でいえばその通りなんだけど、「だけどマザコンって、母親と一緒にいたい、母の中にいたいっていうことだよ、あんたは父親に取って代わろうとして、本当にそう思ったの？」ってね。半月後くらいに、「ひょっとすると自分はマザコンかもしれない」と自覚したんです。それまでは、自分は行け行けどんどん、ヤクザのチンピラをやった頃からファザコンだと思っていたと言っていました。面白い話ですね。

宮台：はい。だから足立さんのように確信がない状態で撮っておられるので、なぜ
女が解放の時空を構成するのかということについてのお答えだったんですけれ
ど、なぜそれが偽物であるかということについての確たる答えが得られませんで
した。釈然としないなとその時は思いましたが、いまクリアになりました。それは
表現技法とかの問題というよりも、どうしても無意識の問題なんですよね。外が
本当の外なのかというのは、無意識の図式でもありますけれど、必ず何かのトラ
ウマ、それぞれが別々のドラマを持っている。外だと思ったら外じゃなかったっ
ていうことに気が付いて、それによって不安を刻まれることがある。そういう
方々は、足立監督のモチーフに、解釈とか裏読みとかじゃなくて直接反応できる
と思いますね。

足立：宮台さん、それと同じ問題がやっぱりこの「REVOLUTION＋1」の終わり方
をどうするかということで、皆本当に議論したんです。私個人の中でもすっきり
したいと。やっぱり妹が国葬会場に自転車に乗って行って、彼女が消えた直後に
雷鳴ではなくて爆発音がする、そんな終わり方にしたいという意見があって、井
上君を筆頭に助監督の中にもそれを支持する人がいっぱいいるんだけど、僕は
……

宮台：若松監督であれば必ずそうしますからね。

足立：それがこの映画を作るキーワードみたいに皆思ってるわけですよ。僕はそ
れはちょっと違うなと思っていて、反対する人の意見も聞いたんだけれど、それ
も僕にとってはズレてると思った。どういう終わり方にするのかというのが僕
には残っているから、撮影中から非常に楽しくてね。嬉しくて。こねくり回さな
いで、それなりにすっきり終わるとしたら、実は山上は独房にいるけれど、取り
調べでも彼は正直に全部100％自白するはずであるし、山上はまだどこにも行っ
てないということだと思った。ただ自分が白紙だ、自分が何者なのかと問いなが
らやっているわけだから、それは自分が白紙だとわかった時、何者でもないとわ
かった時に、星になれるかもしれないと思ったと同時に、安倍を撃つのは自分を
撃つことだったんだろうという具合に、僕は考えたのです。反対の意見もいまだ
にいっぱいあるから、僕はもうその反対意見を聞くたびに嬉しくてしょうがない
ですね。いや、本当に。皆考えてよと。だから宮台さんにもちょっと告白したけれ
ど、山上、一人二人、十人、あるいは百人の山上が出てきたら、みんなが皆元首相を
銃撃するのか、銃撃すれば外に出ていけるのか。それはない。むしろ山上が味わっ
た辛苦を皆に味わってくれ、それ以外何ものでもない、と。じゃあ、例えばあの山
上をつくるなという具合に私が言うとしたら、山上になる前になんとかしろと言
わないといけないんだけれど。

宮台：まあ説教ですね。

足立：だから、そういうようなことを宮台さんに聞いて、明確にさせたいなと思った。一人じゃなくて、二人三人の山上を、というか、山上になるまえに救え、というようなことを言って意味があるのかと。だから話がプリミティブに戻るかもしれないんだけれど、そこでやっぱり考え直したら、僕も映画作りを続けられるかなと思った。宗教2世とかが、やっぱりいっぱい見にきているんですよ。

宮台：そりゃ当然ですって。当然ですよ。

足立：宗教二世の人に聞いた中で、一番はっきりした意見は、自分たちを正面から描いてくれてありがたかった、嬉しかった、と。それを聞いたら、俺はそのくらいの責任があるのかと思った。と同時に、おそらく宗教から抜けて時間が経っている中年の人が来て、いや、宗教二世の苦しさをもうちょっと突っ込んでほしかった、入口で終わっているような気がします、続編は作るんですか、その場合はやってくださいとか言って。ああ、この人達が抱えている問題というのは、解決したいんだけどやっぱり解決できない、人と話しても解決できないという状態のまま、教団から抜けてもそのまま止まっている人は非常に多いわけですよね。

宮台：森達也監督が「Ａ」と「Ａ２」をつくった後にいくつかのトークイベントで話したことがあります。オウムではないですけれど、80年前後にアベナストレーニングという自己啓発のブームがあって、そのメソッドを取りこんだカルトがいっぱい出る80年代でしたし、実は僕のまわりにもそういう人がいました。昔と違って貧・病・障ではなく、都市型宗教の一つのパターンですけど、例えば創価学会だったら水商売とか風俗の子たちがいっぱいいるのと同じで、性的にアクティブだった子が、80年代後半になると、統一教会とか、創価学会もそうですけれど、そこに入っていくっていう動きがありました。で、これもやっぱり外だと思ったらそうじゃなかったという問題で言えば、僕はフォーカス的承認と言いますけれど、自分は不細工でのろまでドジでもてないと思っていたら、君が「そんな僕のことを一番好きだったんだ」と言ってくれて、すべて承認されて解放されるという夢。80年代半ばまでは、主に少女漫画を通じて多くの女子がこれを持っていたけれど、テレクラブーム、あるいはその前のNEW風俗ブームとかで、実際そういった現場に出てみたらがっくり。だからそれまでは性に乗り出せない悩みだったのが、性に乗り出したけどつまんないという悩みに変わると、フォーカス的承認になる。「そんなあなたを神は愛してくださる」に変わるんですよ。それでは変わらないですよね。オウム真理教もそうです。石井久子とかけっこう美形がいたし、オウムシスターズもいて、なんであんな、どう考えてもリア充なのに、こんなうって

つけの条件がないだけの奴がカルトに入るというのは驚きでした。でもそれは岡田有希子問題と関連すると僕は思っていますけれど、もてると、もてはやされると、性的な関係はいろいろ経験したけどまったくつまらん、話にならん、その「外」はないのかっていうふうにしてカルトを見つける。僕はその後実際にオウム信者何人かに取材しているんだけれど、そこでも同じ問題が起こるんです。それは実は森達也氏も知っている。この教団にはいろんなおかしなところがあるのは判っている。だから社会に帰ってこい、こっちのほうがずっといいからって皆言うけど、でもそれも嘘じゃんって。

足立：それもねえ（笑）。

宮台：その通りですよ。外の欺瞞に気が付いても、外の外もまた地獄みたいな感じで、それを自覚している人たちは信者にはそれなりにいました。足立さんがなんと60年代の後半の早い時期に気が付かれていたモチーフは、少なくとも80年後半には多くの人にもう実際に共有されていて、それとカルトが結びついているんですね。「星の子」(2020年)という宗教二世を描いた映画が公開されましたよね、藤井監督のやつで。そのトークイベントにもー、二回出ましたが、藤井さんもよく意識していた。宗教二世は、この家族がおかしいと思う、でもその家族がそのカルトに入った理由、つまり社会もそもそもおかしいっていう感覚もある。だからさっきの話、そんなカルト家族から出て社会に戻りなさいって言われても……。

足立：なかなかね、学校とかがね。フロイトの話になってはいけないのかもしれないけど、結局失われたマザコンとか失われた家族愛というのは取り戻そうとしても無理なんだ、と。むしろ、それをきっかけというか、バネにしてもう一度自分をつくる、もう一度家族をつくり直す以外ないんだ、というようなところがもう半歩くらい進めるといい。論理構造的にはそうじゃないですか。そう思うのですが、崩壊家族を再建するというわかりやすい一直線の問題ではないから、これもまた宗教的になってしまうのかと。

宮台：イエスの方舟か、みたいになっちゃいますよね。

足立：そうそう、そういうところが悩ましいんですよ。

宮台：映画に戻りますと、この作品はもちろん実話をベースにした再現映像というふうに見ていただいてもかまわないし、そんな事実がわかるはずがないじゃないかと思う方は、もう普通の映画として見ていただければいいですね。しかし社会学者として言わせていただくと、ドキュメンタリーとフィクションの差異をど

こに置くのかが問題であるという感じですし、しょせん皆さんが、あるいは監督が、事実だと思っているものも物語化されている。物語的に粉飾されているのはあたりまえのことなので、本質的なことを言えば、これが現実の再現と銘うとうが、フィクションだと銘うとうが、同じように受け取るべきだと思うんですね。それで、同じように受け取っても、現実に対する批判力、あるいはそれを見ている観客、自身に対する批判力というのはそれでもいささかも変わらないというのがまず僕の考えです。

それを前提として言うと、この2022年23年の映画が、足立監督が脚本家としてかかわった若松孝二監督、「ゆけゆけ2度目の処女」と非常によく似た構成、よく似たモチーフから成り立っています。まずあの主人公の顔、佇まいです。まあ警察がよくいう人着ですが、よく似た感じです。それだけではなくて、モノローグが主体に話が進んでいくということ、そのモノローグつまり独り言は、彼が何を思ってどういう風に世界を感じているのかということですが、それもよく似ています。あともう一つ、その彼を、主人公を外に連れ出してくれるかもしれない存在として少女が出てくるというのもよく似ている。しかしその少女の誘いに、あるいはいざないに乗る力がない。このモチーフもよく似ている。さらにある種、現実から隔絶した、彼の独自のあるいは場合によってはその独自の世界にあともう一人が入ることができるような、ある種の創造的な場所としての雨。雨が降る場所というのが描かれているのもよく似ています。あともう一つ、この映画では星になるというモチーフがでてきますけれど、これは「ゆけゆけ二度目の処女」だけじゃなくて、当時多くの足立脚本の若松監督作品にも見られたことで、どうすれば外に出られるんだろうというのがあります。やっぱり外に出る。しかしその外って本当に外なのか。本当の外はどこだろう？　さっきも言いましたが「ゆけゆけ二度目の処女」では屋上がモチーフなんですけれど、屋上って外なんですよね。しかし屋上って囲いに囲まれていて、囲いを越えれば死にますよね。屋上だけれど密室なんですね。その意味で、ここではないどこかであるようで、ここでしかないという両義性を持っているということですね。で、今回のこの映画も川上/山上、川上ですが、この主人公と妹のコミュニケーションを通じて、この主人公が外だと思っているものが本当に外なのかという問いが妹からなされる。

国葬バージョンの終わりでは、妹は、お兄ちゃんとは違ったやり方で、このクソ社会の外に出る方法を考える。その方法は、映画見ている人の多くが合意できるような、あのダメな宗教を補充しているダメな政治家を放置しているダメな有権者をなんとかするところからはじめるんだってね。僕がちょうど民主党をサポートしていた2009年2010年ぐらいに全く同じこと考えていたんで、わっ！と思って。

それで終わると足立さんっぽくないんで、困ったなあと思って前に正直に申し上げたのですが、でも監督ご自身も絶対に「そう決まっている！」と思っていまし

た。それで長尺の完成版では、素晴らしい終わりになっていたと思います。つまり全面的にこれしかないという終わりです。

　何をしたら外に出られるかなんていうことはよくわからない。でもそれがよくわからないと思っていることが大事。でも例えば川上達也からすれば、もともとどういう手法を使うのかということは、本当は行きがかり的な問題で、時間が過ぎればその方法にこだわる理由は消えていくんですよね。それよりも妹、お前もつまんないだろうって。俺もつまんない。もちろん経済的な問題もいろいろある。でもちょっと急に真面目に言いますけれど、日本よりも経済指標めちゃくちゃ悪くて幸福度が圧倒的に高い国は山のようにあるので、経済問題を不幸せ感、つまんなさ感の理由とすることが社会学者としてはできないんです。それは今回置いておくとして、でも外に出たいという思いは共通している。だから妹と僕、あるいは妹からしたら自分とお兄ちゃんは、やり方は違うんだけど本当は同じことを思っている。つまりさっきの話ですよ。外だと思ったものが本当は外ではないということばっかりで。

　トロツキーの永久革命論じゃないけど、本当に外なのかと疑い続けて前に進むということは、当然今二人が、あるいは複数の人間が、どんな戦略が有効か、あるいはどんな戦略を実行したいと思っているかどうかは、あまり関係がないという感じです。この創造的な連帯で終わるのが素晴らしいです。

　リベラルが今世界中で負けているのは、移民外国人問題が大事だ、社会的性別問題が大事だ、階級問題が大事だとか、フォーカスが別れちゃっているんです。でも僕から言わせると、なぜアメリカや日本その他の国で、いわゆるそれに対抗する勢力がどうして強いのかがもう明白なんですね。いろんな焦点をもったいわゆるリベラルの主張のすべてが、あの嘘の外を主張しているように感じるわけです。自分たちの生活世界、生活形式をこいつらはキャンセルするだけで、その後になんの希望も提示してくれていない。だからよく言われている言い方だと、いや、ちゃんと再配分されます、平等に扱われます、人はあなたを差別しません。そんなことで人が幸せになれるわけないじゃんということです。

足立：うん。

宮台：これは理不尽や不条理が全く消されているし、無視されている。これ最初はハイデガーが言った言葉です。ちょっと難しいけど、本当は単純なことです。皆ここではないどこかを望むんです。ここは嫌だなと。ハイデガーによると、ここが駄目だからなのではなくて、人間の言葉の理性がそういうふうに働く、これが完全再配分平等の、完全無差別の素晴らしい状態。でもつまんないんですよ。理由はわかんない。だからつまんなくないところを、ここではないどこかに行きたいと思うんです。で、そのつまんない「ここ」を非本来性と言い、もしかしたらそこに行け

ばつまんなくなくなるのかというのを本来性というんです。でもその「ここ」で
ね、どこかが現実のものになると、つまり「ここ」になると、途端につまんなくな
る。だから、ここではないどこかをここにすればいい。まあこれは昔マルクスの紛
失疎外論とか言いましたけれど、疎外された本質を取り戻せば幸せになるけれ
ど、それはないんだ、そういうふうに最初に言ったのがマルクスですけれど。ハイ
デガーはそれを追認し、僕の師匠だった廣松渉さんも追認する。社会がよくなれ
ば幸せになりますというのはないんだと言うのは、学問教養的には特に面倒くさ
くはないし、正当化できるんですけど、さっき冒頭で足立監督に申し上げたよう
に、残念だけど、そういう無意識がない人に説得するのは、僕の経験でも不可能で
すね。

足立：あ、そう。

宮台：不可能なので、何となく違和感を感じている人に、ある種の引き金を引い
て、いや、僕が感じた違和感は間違いじゃなかった、違和感を感じていて当然な
んだ、と思うところまでは確実にもっていける。だからそういう意味ではラスト
シーンが国葬大爆破じゃなくて、兄と妹の創造的な連帯で終わるというのは、も
のすごく大事なことですね。
　それと党派対立がどうして起こるかというのは、後で足立監督のメールに送り
ますが、僕はもともとフロイトをすごく勉強しているので、最近その明確なメカ
ニズムを書いたんですよ。同じ無意識があると、その無意識が磁場になって、前意
識のクラウドができると。しかしそのどれが意識として降りてくるかは偶然によ
るので、偶然に降りてきた意識によってまた前意識クラウドが変わる、というこ
の系列がずっとある。本当は外に出たいなって奴が、ウヨ豚になったり、糞リベに
なったり、今の時点から見ると全く違ったイデオロギーになっているのですけれ
ど、出発点はそんなに違わないということはいくらでもある。だからウヨ豚、糞リ
べなんて真に受けて考えるべきではなくて、神経症を見るように眺めるべきだと
思っているんです。例えば死の不安がある。それって逃れられませんよね。そうす
るとそれはガスの元栓閉めたかとか、戸締りしたかというような不安に置き換え
られるんです。死の不安は対処できないけれど、戸締りとかガスになったら戻っ
て確かめられるんですね。だから何度も何度も確かめることによって、不安の埋
め合わせをするというのが神経症。でもこの時に死の不安の擬似的な読み合わせ
が、鍵を閉め忘れたかになるのか、ガスの元栓閉めたかになるのかは完全に偶発
的で、それは無意識の問題じゃないですか。人はガス栓主義者と戸締り主義者に
別れたことになる（笑）。そういうことです。このメカニズムはすごく単純なこと
なのに皆が気付いていない。そこまで考えてみると、子供にネトウヨとか糞リベ
とかいませんし……。いないでしょ？

足立:いないね。

宮台:だから本当は連帯できた人たちのはずが、「なんか知んねーけどこんなに
なっちゃってるなあ」というような感覚を失うのはまずくて、だからそういう意
味では、達也兄に対して、妹が国葬バージョンのように「違うやり方でやるから
ね」というふうに終わるのはまずくて、両方共どちらにもなりえたんですよ。達也
が妹のようにもなり、私、妹も達也のようになりえたんだけど、「今たまたまこう
だよね」というこの感覚が、まず救いになるという意味でも大事です。これは希望
なんですよ。「皆が思っているほど本当は対立してないんじゃね？」ということを
明確にしているんですよね。

足立:特にそこを感じるんですよね。「外に出たってそこも内側だよ」という疑念
を持つことの大切さを宮台さんも言っているけれど、その先でなおかつ外に出る
試みをやらない奴は馬鹿だ、糞だということを言ってらっしゃるね。俺もそうな
んです。外に出る、出て行こうというのは、希望とか願望でしかないんだけれど、
それでもやったほうがいいよと。僕もそこにしか挑発する要素はないと思ってい
ます。そこはどういう具合に自覚しているの？　あなたは、糞とか豚フェミとか、
いろいろ言ってるけど。

宮台:いやいや、今回の映画でもそういう言葉があったので。
　あと僕は映画批評家なので一応そういうポジションから喋れっていうふうに
言われていると勝手に思っていますが、現実との対応関係について予告的に言う
と、やはりロスジェネ問題があります。安倍晋三氏を襲撃した山上氏は41歳、今
は42歳。犯行当時が41歳。僕の襲撃犯も41歳。同年齢で襲撃しているということ
です。もちろん統一教会問題がなければ山上容疑者による襲撃はなかったでしょ
う。しかし同じようにロスジェネ問題がなければ山上氏による襲撃はなかったで
しょう。こういうふうに数学の背理法のように、それがなかった時にあることが
起こるか起こらないかというふうに考えるのが、社会学では非常に重要なんです
よね。だからよく機能、ファンクションという言葉を使いますね。これはTwitter
とかで、機能って言葉で襲撃を擁護しているとか言う、まあやばい人たちがいる
んだけれど。
　（注:9/26のトークイベントにでた時のYouTube動画を見て、宮台さん襲撃事
件後にTwitterで書き込まれていた人たちの言葉）
　まあ学問的な訓練がない人はしょうがない、バカはしょうがないのかなと思
いますけれど。もう一度言いますけど、統一教会問題がなければ山上による襲撃
はなかっただろう、ロスジェネ問題がなかったら山上による襲撃はなかっただろ
う。で同じように山上による襲撃がなければ統一教会問題がこの段階でここまで

明らかになることはなかっただろう。同じように山上による襲撃がなければオリンピックの醜聞がここまで明らかになることもなかっただろう。こういう数学の背理法から事実を記述する。それが機能ということなので、無教養な方は勉強し直せと言いたい。

足立：そういうところに、宮台さんの無意識の強さが出ていて、それで敵が多くなっちゃっているのかなと思ったりするんですけどね。それはどういう具合に自己分析しているの？

宮台：敵が多くなるのは、もちろん想定済みなんですが、まあ慣れちゃって、悪いけど……

足立：いや、仲間内でやっていたつもりはないって言えば、敵が多いのはあたりまえだよね。

宮台：あたりまえですね。なんか面白いです。結婚した時は家族を守ろうとしてセコムいれたり、防犯グッズというか、特殊警棒とかバールとか十手とかいろいろ買って、渋谷警察に一回パクられて全部没収されたんですけど。

足立：ああ、そう、やっぱり。

宮台：そう。その時に安田弁護士とか神保哲生とかが尽力してくれて、不起訴で略式裁判、三か月後通知がいきます、とか言っていたんですが、結局来なかった。不起訴になったという連絡もなかったんですが、まあそれはいいとして、慣れちゃうってことはあります。だから慣れると、俺はいいとして、家族には良くないことをしたという反省はあります。ところで、いま足立さんがおっしゃったことですが、皆が関心を持つだろうと思って、恋愛問題、性愛問題については……。

足立：あれは面白いし、正鵠ついていますよね。

宮台：ありがとうございます。人々は願望と期待をもっている。期待というのは、今この現実に何を期待できるのかということです。恵まれている奴は恵まれた期待、高い期待を持つし、恵まれてない奴、貧乏や争いの中で生きてきた奴は高い期待を持たないで生きる。だからいい学校に育てば高い期待を持つし、変な学校で過ごせば低い期待を持つ。まあ僕は進学校だったけど、あまりにも変な学校だったので。

足立：でもそれで変な期待を持つようにはなっていないじゃないですか。

宮台：なれなくなった。

足立：なれなくなるよね。

宮台：それはつまり社会にいて、人がそもそもどういうものなのかということについておっしゃった通り、やっぱり免疫ができるということなんですよ。さて、僕が実際その変な学校、変な界隈で見ていて思うのは、ここからがやっぱり二つに分かれて、その低くなった願望の方は、ある種ニヒリスティック、シニカルな感覚に従って、もう願望をあきらめちゃう。願望していたことを思い出すと傷ついてしまうから、願望をはじめから持っていなかったというふうにする生き方。こんなのは東横界隈とか、昔から、なんていうんだろう、風俗の界隈にはそれなりにいます。でも全く別の生き方をする人もいて、それは本当に真逆で、高い願望を持つんですよ。で、その高い願望を持つ奴の多くは、僕の経験から言うと、ひどい家族で育ってきて、本当にひどい家族の出発点は、元はといえば、両親が世間にあるような恋愛をしたからなんです。つまり、周りにある「普通」に合わせると、こんなにひどいことが起こると確信した子たちの一部は、図書館にこもるとか、映画を観まくるとかして願望を保つし、実際に性体験をいくつか積み重ねていくと、相対的だけどいい奴、つまりマシな奴とそうじゃない奴がいるというのがわかる。そこでよりマシな奴を見つけるヒントはここにないかなということを、要するに試して学んでいく奴もいるんですね。

　で、さっきの映画の話とぴったりだと思うんだけれど、やっぱりそういう人になって欲しいんですよ。「世の中は甘いもんじゃねえんだよ、お前らが思ってるほど」、「わかりました、じゃあもうすべてのロマンを捨てます」、それをクズと俺は呼んでいるんだけれど、人間そうじゃなく生きられるから。だって周りを見てみろよ、きみが立派だと思う奴って、「社会なんてどうせこんなんだから俺もそれに合わせて広域強盗の指示役になるわ」みたいな奴を君は立派だと思わないし、何の完成もしないだろと。そうじゃなくて、まじで足立正生監督のように、「世の中ひっでーな」というふうに充分思いながら、しかし創造的な革命はあると。人の社会をまともに生きて、そのつまんねえ人間に触れ、その事に適応して、つまんねえ人生を生きる、そういうつまんねえクソ社会に、諦めない人を見ることが大事なんですよ。

足立：乾杯って言いたくなるね。すごくいい結語ですね。

宮台：違和感があれば仰ってください。多分違和感がある奴が僕を刺すんです。

足立：藤原さん、なんか聞きたいことを最後に聞いたら？

藤原：むむむ、、、なんでしょう、、、

宮台：じゃあ、ちょっとだけ。今回襲撃されて、色んなシミュレーションをやりました。ゼミの中でもしたし、僕の頭の中でもしました。でも僕が今行っている処方箋だと、「だったら俺はやっぱりはじめから救われてないじゃん」というふうに絶望する、あるいはもともと絶望していたところにあの言葉が刺さっちゃう、ということがあると思うんです。そうすると「恵まれた学者が何言ってやがるんだ」というような、通り一遍のステレオタイプの中でものを理解するようになるんですね。今の経路自体が動き始めちゃうとそう簡単には変えられないんだけれど、僕に言わせると、それは実はロスジェネ問題なんですね。まあ、足立さんの学生時代、僕の学生時代までは、紛争がありました。平和思想研究会だったり、高校で夜を徹して議論しているわけだけれど、だいたい相手が泣くまで議論したりしていた。

足立：最後はそうなったりするんですね。

宮台：で、このプロセスで思い込みが正されるということがある。なんか全然違うことを言っているんだけれど、本当は同じなのかなっていうふうに思えるというのが一つ。だからこれは、例えば20歳代とかになるとね、もう言葉の自動機械になっちゃうんで、感受性は鈍ると思いますけれど、中学、高校生ぐらいだったら、これが全部バチバチとかもしないな、というふうに思って反省するとか、違っているけど間違いなく同じ穴の貉だなと思うことがあると思う。実証的なデータからいうと、僕も人寄せパンダとして、中学、高校で講義をすることが多いんです。それで10年くらいずっと感じていることがあります。日本の社会は経済指標から見ても社会史指標から見てもこんなにめちゃくちゃだと中学、高校の子たちは思う。君らはそれを学校で教わっていないけど、これから君たちが社会に出ると、そういうダメな日本社会に出ていくんだよ。ダメになった理由はいろいろあるけれど、たった一つ共通するのは、自分が所属する集団の中の座席争いにしか興味がないようなクズが、つまりポジション取り野郎があふれているからだよ、というふうに言うでしょう。

足立：城内一をめざすということね。

宮台：そうです。中学高校ならどんな進学校でも、九割以上の奴が「知らなかった、だったら自分の人生目標を考え直します」と言うんですね。ついこの間も同じで

した、100%そうでした。ところが大学生が微妙で、大学一年生まではまあ大丈夫です。大学二年になると微妙になり、大学三年以降はもうだめ。つまりそういうことを伝えられると、僕の授業にはもう出なくなります。なぜかわかりますよね？

足立：プラスにならないっていうことだよね。

宮台：皆就活モードに入っているんで、就活オーダー入った時は、どこでもいいからもぐり込みたいと。日本の会社のほとんどは既得権益にすがるクソ企業とかなんとか聞いたら、就活の意欲が萎えるということで、学生同士で、就活中は宮台の授業を聞かないほうがいいというようになっています。

足立：正解、だよね（笑）

宮台：正解、ですかね（笑）。いやですよ。

足立：でも少しは聞いて欲しいよね。

宮台：そうです。だから、やりようがあるんだよ、ということを僕のゼミでは伝えるんです。例えばゲームクリエーターになるとかね。マスコミに行くとかという時には、ミイラ取りがミイラにならないように、まあゼミのOBでとにかくつながって、こういう困難があったらこういうふうにやればいいんじゃないかとアドバイスし合うんです。

足立：そういえば、昨日ラジオJAGっていうのに出させてもらったんだけど、浅野典子さんって知っていますか？　面白い人です。この人はキラーグループという東京から千葉に広がっていた暴走族のトップを、4000人のトップをやった女の人なんですよ。

宮台：4000人。僕が知ってるブラックエンペラーは2万人でしたけど、4000人はすごいな。

足立：4000人でもすごい。それでその人が、19歳まではやりたいことをやってやろうって、それで結局パクられて、それも免罪でパクられて、少年院に入っている間に、この先どうするかを考えたんです。これはどういうことだ、自分は何をやってきたのかと考えて、表現という問題にたどり着いた。少年院を出てきて表現をしている人です。一所懸命やっているアーティストとか、全部勉強してまわって、さあ、それじゃあその表現ってやつをやろうという具合になって、ずっとやって

来てて、あんまり頑張って体も壊しちゃったんだけれど、今アフリカの貧困支援やっている。アフリカに行っていると健康になる、なんかそういう人なんですよ。本当に面白い人だから、一回話し合うと面白いと思った。これは宮台と話し合ったほうが、僕なんかよりいいなと思ったの。

宮台：だから足立さん、やっぱり表現続けてほしいですよ。というか僕も表現し続けたいと思うので、そこで足立さんがいなかったら僕はいないんです。

足立：いやいや、またそんな。そんなことないよ。

宮台：いないんですって、本当に。

足立：もっとちょっとがーんとしたところからきたのかもしれないよ。

宮台：いやいや、少なくともそういうものでね。でも僕の本を読んだから、さっきの風俗やってるみたいな奴も含めて、いろんなやつがその表現から間違いなく影響を受ける。表現している側からは想像もしないような影響を受けるんですね。それが社会というものじゃないでしょうか。どちらかというと、面白いものに向けて、面白い表現に向けて人は動くんで。

足立：なんとかせんといかんね。

宮台：よく神保哲生に言うことですけれど、「僕らは25年頑張ってきたのに、日本は全然よくなりませんね」って。そう言うと、神保は「いや、僕達がいなかったら、もっとつまらない国になっていた」って。
　最後に。この完成版の最後に付け加えられているシーンで非常に印象的なのは、川上と妹とのある種の対立が止揚、アウフヘーベンされた形になっているということです。ただ当初主人公が外だと思っていたものが外かどうかということについての想い、あるいはその関心そのものが失われたという形になっている。ある種の内が外の外に解脱したという形になっていて、それがメタファ、隠喩ですからね。それは見た方々にとって何を意味しているのだろう。それを皆さんご自身で考えるところが、まさに今回の完成版において足立監督が皆さんに提示された謎かけである。と同時にそれを解くと、批評になるよという図式ですよね。

足立：うん、そういうことよね。今日は本当にありがとうございました。

第六章

「REVOLUTION＋1」宣材資料

2022年12月24日から公開された「REVOLUTION＋1」に向けて制作された最初の宣伝材料一式を資料としても大変貴重であると思い記録として掲載致します。

この宣伝部が制作したデータを元にプライヤー、ポスターなどが制作されています。（編集部）

日本が誇る稀代のシュールレアリスト

監督 足立正生
6年ぶりの新作にして最大の問題作

REVOLUTION +1

僕は、星になれるのか

監督・脚本:足立正生

出演:タモト清嵐

岩崎聡子　髙橋雄祐　紫木風太　前迫利亜　森山みつき　イザベル矢野　木村知貴

脚本・キャスティング:井上淳一 エグゼクティブ・プロデューサー:平野悠
音楽:大友良英　プロデューサー:加藤梅造・藤原恵美子　撮影監督:髙間賢治JSC
照明:上保正道　美術:黒川通利　音響:藤林繁　編集:蛭田智子
助監督:鎌田義孝・能登秀美 スチール:西垣内牧子
製作:LOFT CINEMA　太秦　足立組　制作会社:ドッグシュガー
【2022年／日本／カラー／DCP／75分】映倫:G-123704
©REVOLUTION +1 Film partners
配給:太秦

あの"衝撃の事件"を基に描く——

【INTRODUCTION】

足立正生監督の 6 年ぶり新作は、2022年8月末に密かにクランクインし、8 日間の撮影、間髪入れずに編集作業に突入、クランクインから一月後にはダイジェスト版を国葬当日に緊急上映を行うという離れ業を演じた。それで映画が持つ本来の荒々しいスピード感を 83 歳の監督が、取り戻した。しかし、それでは終わらない、完成版を劇場公開する。描くは、安倍晋三元首相暗殺犯の山上徹也容疑者。この国は、安保法制や共謀罪がそうであったように、国民の大半の反対意見があるなかで、安倍晋三氏の国葬も強行された。民意をも無視を決め込み、国会は機能を停止し、ジャーナリズムも頼りなく、そのような状況下、足立正生は、再び、映画の持つ創造力と荒々しいスピードを取り戻す。山上容疑者の犯行を人はテロと呼び、民主主義への最大の挑戦と呼んだ。しかし、それは本質をついているだろうか。豈図らんや彼の行動は、自民党のみならず日本の政治家と統一教会の尋常ならざる癒着ぶり、保守を標榜する政党の爛熟の果ての退廃ぶりが公に晒された。この映画はもちろん、その是非を問うものではない。しかし、シングルマザー、宗教二世、派遣労働と、この国の貧困を体現してきた一人の男が自分と対極にある一人の男を暗殺する、それに至る過程を描くことで、この国に決定的に欠けているものを知らしめることになるのではないだろうか。脚本は『止められるか、俺たちを』の井上淳一と足立の共作。撮影は高間賢治。主演は『連合赤軍 あさま山荘への道程』『止められるか、俺たちを』のタモト清嵐。製作は、数々のライブハウスを経営するロフトプロジェクト。

【STORY】

川上達也は、一人、ずっと暗闇の中で生きてきた。記憶のある明るい時間は、父が生きていた時代。普通よりは裕福な家庭で育ち、父が経営する会社も順調、優しい母、頼もしい兄と可愛い妹に囲まれて何不自由のない生活を送っていた。しかし、仕事と人間関係に疲れ果てた父の自殺からすべてが一変する。兄は癌の治療、転移よる後遺症で片目を失明し自暴自棄となり、妹は急に貧しくなった生活に戸惑い反抗的になる。達也は、目指していた大学進学の道を断念する。母は、すがる思いで統一教会に入信する。そして、父が命をかけて家族のために残した生命保険も教団の言うがままに献金を繰り返し、すべてを使い果たして、遂には自己破産をしてしまう。そんな時、母を奪い返すために教団の施設に向かった兄は、屈強な教団職員に囚われの身となる。最も親しみを感じ、頼りにしていた兄も、絶望の果てに自死する。それ以来、希望も失い暗闇のなかを彷徨っていた。自分を、家族をここまで追い込み、すべてを失わせた元凶である教団への復讐を誓う。かつて自

衛隊にいたときの経験を思い出し、改造拳銃を自分の部屋に閉じこもり作り続ける、確かな目的もなく。孤独の中で達也は「僕は星になれるのか」と瞑目する。突然、元首相が、自分が育った場所に選挙応援でやってくることが知らされる。早朝、身を整理した達也は、静かに部屋を出る。

【足立正生監督　コメント】
映画表現者は、現代社会で起こる見過ごせない問題に、必ず対峙する。この映画を作ったのも、その一例で、事件発生の中にある見逃せない物語を紡いだものだ。

【監督・脚本：足立正生】

1939年生まれ。日本大学芸術学部映画学科在学中に自主制作した『鎖陰』で一躍脚光を浴びる。大学中退後、若松孝二の独立プロダクションに加わり、性と革命を主題にした前衛的なピンク映画の脚本を量産する。監督としても1966年に『堕胎』で商業デビュー。
1971年にカンヌ映画祭の帰路、故若松孝二監督とパレスチナへ渡り、パレスチナ解放人民戦線のゲリラ隊に加わり共闘しつつ、パレスチナゲリラの日常を描いた『赤軍－PFLP・世界戦争宣言』を撮影・製作。1974年重信房子率いる日本赤軍に合流、国際指名手配される。1997年にはレバノン・ルミエ刑務所にて逮捕抑留。2000年3月刑期満了、身柄を日本へ強制送還。2007年、赤軍メンバーの岡本公三をモデルに描いた『幽閉者　テロリスト』で35年ぶりにメガホンを取り、日本での創作活動を再開。そして2015年、監督復帰2作目がカフカの短編小説を基にした『断食芸人』で、韓国の光州市民が蜂起して最後の拠点とした県庁舎跡地に新設された光州美術館の柿落としに公開され、日本全国で上映された。また、第45回ロッテルダム国際映画祭（2016年1月27日〜2月7日開催）のディープフォーカス部門に正式出品され、同映画祭では、足立監督の特集上映（旧作6本）も行われ、大きな反響を呼んだ。そして、今年の夏、安倍元首相が銃撃される事件が起こり日本の社会と政治状況を大きくゆさぶった。直ちに、その銃撃犯を主人公として現代日本に生きる青年像を描いたのが、6年ぶりに作られた第3作、この『REVOLUTION＋1』である。家族の愛、宗教と政治の癒着など、多くの課題が一直線に展開されて行く問題作となっている。

～フィルモグラフィ～

今日もまた過ぎた（1960年）- 監督・脚本・製作

椀（1961年）- 共同製作

鎖陰（1963年）- 共同製作

胎児が密猟する時（1966年）- 脚本

堕胎（1966年）- 監督

避妊革命（1966年）- 監督

犯された白衣（1967年）- 脚本

銀河系（1967年）- 監督・脚本・製作

帰って来たヨッパライ（1968年）- 脚本

腹貸し女（1968年）- 脚本

性地帯 セックスゾーン（1968年）- 監督

毛の生えた拳銃（1968年）- 出演

絞死刑（1968年）- 出演

新宿泥棒日記（1969年）- 脚本

ゆけゆけ二度目の処女（1969年）- 脚本

性遊戯（1969年）- 監督

女学生ゲリラ（1969年）- 監督

狂走情死考（1969年）- 脚本・出演

略称・連続射殺魔（1969年）- 監督・共同製作

新宿マッド（1970年）- 脚本

性賊 セックスジャック（1970年）- 脚本

叛女・夢幻地獄（1970年）- 監督

性教育書 愛のテクニック（1970年）- 脚本

性輪廻 死にたい女（1971年）- 脚本

秘花（1971年）- 脚本

愛の行為 続・愛のテクニック（1971年）- 脚本

噴出祈願 十五代の売春婦（1971年）- 監督・脚本

赤軍PFLP・世界戦争宣言（1971年）-監督・撮影・出演

天使の恍惚（1972年）- 脚本・出演

(秘)女子高生 恍惚のアルバイト（1972年）- 脚本

高校生無頼控（1972年）- 脚本

ピンクリボン（2004年）- 出演

幽閉者 テロリスト（2007年）- 監督・脚本

砂の影（2008年）- 出演

革命の子どもたち（2010年）- 出演

美が私たちの決断をいっそう強めたのだろう/足立正生（2011年）- 出演・脚本
断食芸人（2016年）- 監督・脚本・企画・編集
なりゆきな魂（2016年）- 出演
月夜釜合戦（2017年）- 出演
月蝕歌劇団「ねじ式・紅い花」（2017年）- ゲスト出演
REVOLUTION＋1（2022年）- 監督・脚本

【CAST】

タモト清嵐：川上達也
1991年11月12日生まれ、東京都出身。映画『ゴーグル』（06/桜井剛監督）で初主演。『実録・連合赤軍 あさま山荘への道程』（08/若松孝二監督）、『剣岳 点の記』（09/木村大作監督）、『11 ・25 自決の日 自決の日 三島由紀夫と若者たち』（12/若松孝二監督）、『おんな城主 直虎』（17/NHK）、『止められるか、俺たちを』（18/白石和彌監督）など、映画、ドラマ、舞台と活動の幅を広げている。

岩崎聡子：達也の母
東京都港区東麻布生まれ。15歳で今村昌平監督「楢山節考」にてデビュー。倉本聰主宰富良野塾2期生。主な出演映画「女衒ZEGEN」「ゆずり葉」「沈黙～silence～」「ラストレター」今後の公開作品「福田村事件」「青春ジャック～止められるか俺たちを2」。

髙橋雄祐 ：達也の父
1992年5月9日、新潟県出身。2019年に公開したENBUゼミナールのシネマプロジェクト作品『あいが、そいで、こい』（柴田啓佑監督）で主演。同じ年には上田慎一郎、中泉裕矢、浅沼直也の3人監督で話題の『イソップの思うつぼ』や二宮隆太郎監督の『お嬢ちゃん』に出演。2020年には内山拓也監督「佐々木、イン、マイマイン」や宇賀那健一監督「転がるビー玉」に出演。12月には井筒和幸監督の「無頼」が公開するなど出演作品が8本に及んだ。2021年は戸田彬弘監督「僕たちは変わらない朝を迎える」で主演を果たし2022年は「ヘルドッグス」や「ラーゲリより愛を込めて」など10本の出演作品が公開される。今年2023年の待機作としては森達也監督「福田村事件」など6本の作品が待機している。また監督、脚本、主演を努めた「still dark」がとよはし映画祭でグランプリを受賞するなど監督としても活躍している。

紫木風太:達也の兄

1994年生まれ。埼玉県出身。2012年演劇集団アトリエッジ「流れる雲よ2012」にて、デビュー。2013年にドラマ「戦力外捜査官」にてドラマデビュー。2016年に映画「あやしい彼女」(水田伸生監督)で映画デビュー。近年は映画「キングダム」(佐藤信介監督)、2018年 映画「クソ野郎と美しき世界」(園子温監督)、ドラマ「病院の治し方」などに出演している。2023年はYouTubeギガ特撮チャンネル「怪獣戦隊ジュウカイザー」に出演中。

前迫莉亜:達也の妹

1994年生まれ。鹿児島県出身。2018年藤田真一監督の「戦慄女子トル女編」にてデビュー。同監督の「闇金クイーン」(20)で映画デビュー。近年ではNHK BSプレミアムドラマ「今度生まれたら」(松岡錠司監督)、映画「間借り屋の恋」(22/増田嵩虎監督)、「ダラダラ」(22/山城達郎監督)などに出演している。2023年も映画「愛のこむらがえり」「渇水」(高橋正弥監督)の公開が控えている。

森山みつき:若い女

1996年11月大阪生まれ。2018年にデビュー後CM等で活動。2021年樋口慧一監督『共振』で映画に初出演。以降、映画を中心に活動。出演作に難波望監督『オトギネマ』、森永乳業 アロエの力 TVCMなど

イザベル矢野:若くない女

1984年スペイン・マドリード 生まれのトリリンガル。本名は矢野歌織。ドッグシュガー所属。祖父は新宿にある居酒屋どん底の創業者であり本人曰くどん底3世。二十代後半から小劇場を中心に俳優活動を開始。映像作品にも進出し片嶋一貴監督『天上の花』、ダイナマイト・ボンバー・ギャル監督『転生女優』等に出演。

木村知貴:父の友人・安田

1978年8月生まれ、秋田出身。小・中・高とアルペンスキーに明け暮れる日々を過ごす。戦闘機乗りになりたかったが試験不合格だった為、京都の大学に進学。卒業後ひょんなことから自主映画に関わり役者を始めその後上京。劇団東京乾電池アクターズラボを経て映画の現場をメインに活動。2012年に主演短編作品『トゥルボウ』でSSFF&ASIAジャパン部門ベストアクターアワードを受賞、2016年には

長編初主演作品『トータスの旅』でTAMA NEW WAVEベスト男優賞、田辺・弁慶映画祭男優賞を受賞。自主・商業の枠に捉われず、映画を中心に活動している。

【スタッフ】

平野悠：エグゼクティブ・プロデューサー

1944年8月10日、東京生まれ。ライブハウス「ロフト」創立者、またの名を「ロフト席亭」。1971年、ジャズ喫茶「烏山ロフト」をオープン以降、東京になくなってしまったロック・フォーク系のライブハウスを開業。1973年「西荻窪ロフト」、1974年「荻窪ロフト」、1975年「下北沢ロフト」、1976年「新宿ロフト」など次々とオープンさせた後、1982年に無期限の海外放浪に出る。5年にわたる海外でのバックパッカー生活を経て、1987年に日本レストランと貿易会社をドミニカに設立。1990年、大阪花博のドミニカ政府代表代理、ドミニカ館館長に就任。1992年に帰国後は1995年、世界初のトークライブハウス「ロフトプラスワン」をオープンし、トークライブの文化を日本に定着させる。著作「ライブハウス『ロフト』青春記」(2012年、講談社刊)、「セルロイドの海」(2020年、ロフトブックス刊)ほか。

井上淳一：脚本・キャスティング

1965年愛知県生まれ。早稲田大学卒。大学在学中より若松孝二監督に師事し、若松プロダクションにて助監督を勤める。90年、「パンツの穴・ムケそでムケないイチゴたち」で監督デビュー。その後、荒井晴彦氏に師事し、脚本家に。2013年、「戦争と一人の女」で監督再デビュー。数多くの海外映画祭に招待される。16年、福島で苦悩しながら農業を続ける男性を追ったドキュメンタリー「大地を受け継ぐ」を監督。フィクション、ノンフィクション、監督、脚本に関わらず、幅広い活動を続けている。19年、監督作「誰がために憲法はある」で平和・協同ジャーナリスト基金賞を受賞。23年の公開の「福田村事件」(森達也監督)のプロデュース・脚本も。主な脚本作品、「武闘派仁義 完結編」(94)「くノ一忍法帖 柳生外伝」(98)「男たちの大和」(2005)「パートナーズ」(10)「アジアの純真」(11)「あいときぼうのまち」(14)「止められるか、俺たちを」(18)ほか。主な監督作品、「いきもののきろく」(14)ほか。

髙間賢治：撮影監督

日本映画撮影監督協会(JSC)所属。1949年、東京都生まれ。東京都立大学在学中より若松プロで撮影助手を始め、76年CMカメラマンとして独立。79年『月山』で

劇映画デビュー。81年に文化庁芸術家在外研修制度により渡米、ハリウッドと
ニューヨークで1年間、撮影技術を学び、日本映画界に「撮影監督」という概念を持
ち込む。『1999年の夏休み』『風の又三郎-ガラスのマント』で二度のヨコハマ映画
祭撮影賞、『白い馬』でポーランド映画祭子供審査員撮影賞、『ラヂオの時間』で日
本アカデミー賞優秀撮影賞を受賞。
主な撮影監督作品:『就職戦線異状なし』『渋滞』『12人の優しい日本人』『ナビィの
恋』『みんなのいえ』『アイデン&ティティ』『デスノートthe Last name』『春との
旅』『JAZZ爺MEN』『心に吹く風』『漫画誕生』『一粒の麦 - 荻野吟子の生涯』『山中静
夫氏の尊厳死』『祈り-幻に長崎を想う刻』など。翻訳:「マスターズ・オブ・ライト」
完全版

鎌田義孝 :助監督

1964年、北海道名寄市出身。法政大学卒業後、ウッドオフィスに所属。爆笑問題
らが出演した深夜ドラマ「水着でKISS ME」(91)を演出。他、テレビドキュメンタ
リー、Vシネマ、PVを多数手がける。後、フリーとしてサトウトシキ監督、瀬々敬
久監督から映画演出を学ぶ。98年、『若妻不倫の香り(原題:サラ)』で映画監督デ
ビュー。主な監督作として『危ない情事 獣のしたたり(原題:ノーウーマン★ノー
クライ)』(98)、『YUMENO ユメノ』(モントリオール世界映画祭、釜山国際映画祭
ほか出品/05)、「わたしが子供だったころ」(NHK/08)、短編『リュミエールごっ
こ』(19)、短編『水辺の男と女』(20)。2022年、長編映画『TOCKAタスカー』を発
表。足立正生も出演している。

蛭田智子:編集

1973年生まれ。日本映画専門学校卒。フリーの編集助手時代を経て、2001年西山
洋一監督「完全なる飼育 愛の40日」で技師デビュー。主な編集担当作品に2007年
神山征二郎監督「北辰斜にさすところ」、2008年「ラストゲーム 最後の早慶戦」。阪
本順治監督「闇の子供たち」、2014年 安藤尋監督「海を感じる時」、2020年 いま
おかしんじ監督「れいこいるか」等。